Théories linguistiques

et enseignement du français

aux non francophones

Rédactrice en chef
FRANÇOISE PLOQUIN
Ministère de l'Éducation nationale – FIPF

Rédacteur en chef adjoint
JEAN-CLAUDE DEMARI
Ministère de l'Éducation nationale – FIPF

Présentation graphique
DOC'LINE

Conception graphique
Jehanne-Marie Husson

Directrice de la publication
Martine Defontaine – FIPF

COMITÉ DE RÉDACTION
Marc Baconnet, Gabriel Beis, Denis Bertrand, Henri Besse, Robert Bouchard, Daniel Coste, Jean-Marie Gautherot, Annie-Monnerie Goarin, Michèle Grandmangin, Richard Lescure, Simonne Lieutaud, Albert Prévos, Claude Oliviéri, André Reboullet, Michèle Sellier

LE FRANÇAIS DANS LE MONDE est la revue de la Fédération internationale des professeurs de français (FIPF)
1,av. Léon Journault 92310 Sèvres
Tél. : 33 (0) 1 46 26 53 16
Fax : 33 (0) 1 46 26 81 69
Mél : fipf@artinternet.fr

SOUS LE PATRONAGE
du ministère des Affaires étrangères, du ministère de l'Éducation nationale, de la Direction générale de la coopération internationale et du développement, de l'Agence intergouvernementale de la francophonie, du Centre International d'Études Pédagogiques de Sèvres, de l'Institut National de la Recherche Pédagogique, de l'Alliance Française, de la Mission Laïque Française, de l'Alliance Israélite Universelle, du Comité Catholique des Amitiés Françaises dans le monde, du Comité Protestant des Amitiés Françaises à l'Étranger, du Centre de Recherche et d'Étude pour la Diffusion du Français, des Cours de Civilisation Française à la Sorbonne, de la Fédération Internationale des professeurs de Français, de la Fédération des professeurs de Français résidant à l'étranger, du Secrétariat Général de la Commission Française à l'U.N.E.S.C.O., de l'ADACEF, de l'ASDIFLE, l'ANEFLE.

LE FRANÇAIS DANS LE MONDE
27, rue de la Glacière 75013
Rédaction : (33) (0) 1 45 87 43 26
Télécopie : (33) (0) 1 45 87 43 18
Mél : fdlm@vuef.fr
http://www.fdlm.org

© Clé International 2001
Commission paritaire 57432
La reproduction même partielle des articles parus dans ce numéro est strictement interdite, sauf accord préalable.

Recherches et applications

NUMÉRO SPÉCIAL
JUILLET 2001
PRIX DU NUMÉRO : 96 FF. (14,50 €)

Théories linguistiques et enseignement du français aux non francophones

SIMON BOUQUET

Le français dans le monde étant adhérent de l'Association pour l'information et la recherche sur les orthographes et le système d'écriture (AFIRSE), ce numéro suit les règles de l'orthographe nouvelle.

Théories linguistiques et enseignement du français aux non francophones

Introduction
SIMON BOUQUET 9

La didactique des langues : une autonomie en devenir
CLAUDE GERMAIN 13

L'auteur fait le point sur l'état actuel de la didactique des langues, en ayant en vue l'évolution récente de ses liens par rapport à d'autres disciplines : sciences du langage, psychologie, sciences de l'éducation. Concevant la didactique des langues avant tout comme l'étude systématique des relations réciproques entre trois domaines internes (la relation curriculaire, la relation d'apprentissage et la relation d'enseignement), il soutient la thèse qu'à cet égard la discipline est loin d'être une discipline unifiée : ses développements, qui demeurent en outre très inégaux, ne prennent que très rarement en compte simultanément ne serait-ce que deux des trois domaines mentionnés. Une telle situation ne favorise pas, selon Claude Germain, l'établissement des rapports transdisciplinaires entre didactique des langues et sciences du langage.

Peut-on « naturaliser » l'enseignement des langues en général, et celui du français en particulier ?
HENRI BESSE 29

Les langues vivantes pouvant s'acquérir hors institution scolaire, la question de la " naturalisation " de leur enseignement/apprentissage hante la réflexion occidentale au moins depuis que la notion de *loi de la nature* s'est imposée dans les sciences. La plupart des travaux actuels qui s'appuient sur les neuro-sciences et sur les sciences cognitives semblent partager cette croyance : la connaissance des processus (neuro-biologiques ou psycho-linguistiques) par lesquels on apprend " naturellement " une langue est le seul fondement possible de toute didactique des langues quelque peu scientifique. Henri Besse montre en quoi cette position relève d'une épistémologie datée (celle d'un positivisme logique ou expérimental) et rappelle d'autre part que tout apprentissage d'une langue, fût-il réputé naturel, met en jeu des interactions qui sont d'une façon ou d'une autre *enseignantes*, avec ce que cela implique d'intentionnalité socio-culturellement et historiquement située.

Représentations métalinguistiques ordinaires et enseignement/apprentissage de langues
JEAN-CLAUDE BEACCO 59

Revenant sur les relations problématiques entre didactique des langues et sciences du langage, J.-C. Beacco affirme que le problème est moins celui de l'autonomie de cette didactique que celui de sa cohérence et de sa légitimité sociale, qui ne se constituera sans doute pas par accroissement de sa scientificité. La scientificité des connaissances produites dans la communauté des didacticiens est d'autant plus malaisée à évaluer que de multiples discours y interagissent, qui diffusent des connaissances fondées sur des données et produites par des méthodologies de recherche très différenciées. À ce propos, Beacco indique comment les grammaires dites " pédagogiques " sont à situer au confluent de descriptions d'origine savante, de descriptions vulgarisées et de représentations métalinguistiques – celles des apprenants (issues du " métalexique naturel " de leur langue première) et celles ayant pour origine l'enseignement de cette langue. En ce lieu de contact, les enseignants de langue étrangère sont susceptibles de créer des descriptions *ad hoc* qu'il importe d'inventorier.

Genre, interprétance et didactique des langues étrangères
SIMON BOUQUET 81

L'article de Simon Bouquet comprend deux volets. Le premier volet s'inscrit dans le débat sur la question des " genres " (genres de l'écrit et genres de l'oral) en linguistique aujourd'hui. L'auteur considère que les linguistes n'ont pas pris au pied de la lettre deux propositions convergentes faites par le théoricien de la littérature Mikhaïl Bakhtine et le philosophe

L. Wittgenstein dans les années 1950 (propositions tenant compte de ce que Bouquet appelle l'" interprétance " dans les phénomènes langagiers), à partir desquelles il est pourtant possible de donner une représentation du " sens " plus claire que celle de la plupart des théoriques de linguistique contemporaine. Le second volet de l'article montre comment la dimension pragmatique de l'" interprétance " travaille justement en profondeur l'histoire récente de la didactique des langues étrangères. Il propose de prendre cette dimension en considération pour dédramatiser le rapport entre théorie linguistique et réflexion didactique (sans verser pour autant dans un éclectisme inutile) et articuler du même coup ce qui relève de faits linguistiques et ce qui ressortit à des faits culturels.

Des actes de langage à l'activité langagière et cognitive

Grammaire et action en didactique des langues

HENRI PORTINE 91

L'auteur adopte le principe suivant : si tout apprentissage d'une langue se fonde sur la compréhension de l'adéquation pragmatique des énoncés, il nécessite en complément un travail sur les structures grammaticales de ladite langue. Après avoir décrit la genèse des approches communicatives et le passage des approches communicatives à une didactique orientée vers la cognition, Henri Portine revisite la théorie des actes de langage, pour en analyser précisément les notions ; il rappelle l'éviction de la grammaire qui a procédé de cette théorie ; il montre comment une didactique de la grammaire, fondée sur le travail des apprenants, peut (doit ?) compléter une approche pragmatique.

Interactions acquisitionnelles en contexte

Perspectives théoriques et enjeux didactiques

LORENZA MONDADA, SIMONA PEKAREK DOEHLER..107

L'article de Lorenza Mondada et Simona Pekarek-Doehler s'interroge sur les apports d'une position socio-interactionniste forte dans le cadre de la recherche sur l'acquisition et l'enseignement des langues étrangères. Les auteures présentent les principes théoriques et méthodologiques caractéristiques de cette position en la comparant à d'autres courants actuels et en discutant ses liens avec une approche située de la cognition. Sur cette base, elles montrent que la perspective interactionniste permet de (re)définir les activités des apprenants et la notion de " tâche scolaire " d'une façon qui répond à des enjeux didactiques centraux. Une telle perspective devrait, selon elles, renouveler le regard que portent le didacticien et les enseignants sur les pratiques interactionnelles propres à la classe de langue, en ce qu'elle contribue à intégrer une conception praxéologique et contextuelle du langage (et de la cognition) dans la définition de la compétence des apprenants.

Pragmatique et approche communicative

La contribution du corpus LANCOM

DANIÈLE FLAMENT-BOISTRANCOURT...143

S'appuyant sur sa double expérience de professeur de français langue étrangère et de linguiste, Danièle Flament-Boistrancourt illustre dans son article comment, en dépit des désillusions provoquées par la linguistique dite " appliquée ", il reste possible de continuer à travailler à l'existence de rapports fructueux entre linguistique et didactique. À propos d'un fait de langue parfois mal intégré, encore aujourd'hui, par les grammaires dites " communicatives " (l'interrogation totale, qui s'oppose à l'interrogation partielle), cet article présente une expérience d'analyse d'un corpus différentiel d'interactions verbales (LANCOM), réalisé à l'occasion du passage à l'approche communicative en Belgique néerlandophone. Cette expérience, qui a donné lieu à nombre de recherches linguistiques et a été utilisée par les concepteurs d'une nouvelle collection de manuels, montre comment, paradoxalement, l'examen de la pratique didactique peut avoir des effets en retour sur la théorie linguistique.

Activité langagière et pédagogie du projet

AGNÈS BRACKE 175

Dans cet article, Agnès Bracke se propose, en première partie, d'analyser la notion " d'activité langagière " en lien avec une pratique particulière d'enseignement : *la pédagogie du projet*. Ceci l'amène à souligner l'importance de la dimension interactive de l'acquisition mais aussi de l'enseignement. Dans les deux parties suivantes, sa réflexion porte sur les trois composantes du triangle didactique au sein même de l'enseignement et dans le cadre de la recherche en général, en insistant sur le caractère contextuel de l'acquisition.

Introduction

Simon Bouquet

La didactique des langues étrangères apparait aujourd'hui comme une discipline possédant institutionnellement mais surtout dans ses productions éditoriales un versant général et autant de versants particuliers qu'il est de langues particulières concernées par elle. Sa constitution disciplinaire, pour récente qu'elle soit, se soutient de plusieurs démarcations qui limitent son champ et garantissent son autonomie : (1) une démarcation d'avec une didactique générale (si tant est qu'il y ait une discipline générale dite *didactique* et qu'il n'y ait pas plutôt des " sciences de l'éducation " plurielles, diversement liées à une psychologie de l'éducation) ; (2) une démarcation d'avec une " didactique de la langue maternelle " (et des didactiques des langues maternelles particulières), champ disciplinaire constitué, si c'en est un comparable à la DLE[1], plus récemment que cette dernière (que l'on se situe à l'échelle d'un siècle ou à celle de deux millénaires) ; (3) une démarcation d'avec la linguistique[2], plus complexe que les deux précédentes, et que le présent numéro veut tenter d'éclairer : il suffira momentanément, pour évoquer cette démarcation, de noter que la DLE refuse de plus en plus fortement d'être considérée comme une " linguistique appliquée "[3]. Il n'en demeure pas moins que c'est avec la linguistique que la DLE entretient (dès lors qu'on la considère comme une discipline à part entière) les rapports interdisciplinaires les plus nourris. Et l'on remarque cet apparent paradoxe : c'est alors même qu'elle prend son essor comme discipline indépendante de la linguistique que la didactique des langues étrangères se retrouve liée académiquement avec elle, dans de nombreux pays francophones au moins, au sein de départements de " sciences du langage et de didactique des langues ".

La rencontre du 8 décembre 2000 à l'Auditorium Marc Blancpain de l'Alliance Française de Paris, tenue sous le titre de " Quelle linguistique aujourd'hui pour l'enseignement du français langue étrangère? "[4], entendait témoigner des rapports actuels entre sciences du langage et didactique du français langue étrangère. Son propos a été, en particulier, d'examiner les répercussions didactiques d'une dualité bien installée dans les sciences linguistiques, depuis des siècles certes, mais selon des modalités spécifiques au moment contemporain, à savoir : la dualité entre l'élaboration de savoirs " grammaticaux "

---

1. Quoi qu'il en soit, parler parallèlement de *didactique d'une langue X, langue maternelle* et de *didactique d'une langue X, langue étrangère* ne renvoie pas à un objet " langue " commun (en terme d'acquisition de compétence... donc de didactique). Le récent colloque de Poitiers qui entendait réunir ces deux " didactiques " du français a montré, dans les discussions notamment, combien leurs démarches sont peu comparables.
2. J'entends pour l'instant cette étiquette comme synonyme de celle de " sciences du langage " ; mais on y reviendra.
3. Cf. par exemple, dans ce numéro, l'article de Claude Germain.
4. Organisateurs : Jean-Claude Beacco et Simon Bouquet. Avec la participation de la revue *Le français dans le monde*.

(en bref l'analyse de systèmes linguistiques indépendants du contexte de parole) et des savoirs qu'on peut dire " rhétoriques " (autrement dit : l'analyse de régularités propres à la situation d'échange verbal). Car, si la didactique des langues a rompu avec la perspective d'une " linguistique appliquée ", n'est-ce pas, entre autres causes, parce que les sciences du langage auront été largement dominées, tout au long du XXe siècle, par une conception purement grammaticale ? De fait, les recherches et développements en didactique des langues au cours des dernières décennies, un temps étiquetés *approche communicative*, impliquent fondamentalement les dimensions interactive, culturelle et sociale du langage. Ces développements trouvent-ils dans les sciences du langage des fondements théoriques assurés, ou seraient-ils de nature à alimenter, voire à renouveler, une réflexion plus générale sur le phénomène langagier ? C'est une des questions qui a sous-tendu la rencontre présentée dans le présent numéro du *Français dans le monde*.

Théories linguistiques et enseignement du français aux non francophones

Claude Germain

Henri Besse

Jean-Claude Beacco

Simon Bouquet

Henri Portine

Lorenzo Mondada et Simona Pekarek

Danièle Flament-Boistrancourt

Agnès Brake

La didactique des langues : une autonomie en devenir

CLAUDE GERMAIN
UNIVERSITÉ DU QUÉBEC À MONTRÉAL (UQAM)

Toute réflexion sur l'état du développement d'une discipline ne peut manquer d'influer sur ce développement. C'est ainsi qu'en s'interrogeant, en ce début du XXIe siècle, sur le statut de la didactique des langues, il sera possible d'alimenter un débat qui a de fortes chances de faire avancer le domaine, qui semble malheureusement piétiner.

C'est pourquoi je voudrais faire le point sur l'état actuel de la didactique des langues, en ayant en vue son évolution récente quant à ses liens de dépendance ou d'indépendance par rapport à des disciplines qui, jusque-là, avaient été considérées comme essentielles à son développement. Qu'en est-il donc, par exemple, à l'heure actuelle, des rapports entre la didactique des langues et des disciplines comme la linguistique, la psychologie, les sciences de l'éducation, ou même d'autres didactiques ? Qu'en est-il du caractère unifié de la didactique des langues ?

De la nature de la didactique des langues

La didactique des langues[1] sera entendue ici comme l'étude systématique des relations réciproques entre l'enseignement et l'apprentissage d'une langue/culture étrangère ou seconde en milieu scolaire. Cette définition recouvre les trois pôles majeurs du triangle didactique, avec ses composantes : enseignant, élève et contenu (Chevallard, 1985). Toutefois, le triangle didactique ne nous apparait pas tout à fait satisfaisant, pour au moins deux raisons. D'une part, il présente l'inconvénient de négliger certains éléments de toute situation didactique qui pourraient bien être d'une importance au moins aussi grande que les trois pôles. Il ne pose pas en priorité par exemple " la finalité-fonction " qui doit, ainsi, être comprise dans le pôle " contenu " et ne tient pas compte de l'importance des conditions matérielles disponibles qui doivent alors être comprises dans le pôle " enseignant " ou " agent "

[1]. Même si la délicate question de l'appellation – " didactique des langues " plutôt, par exemple, que " didactique des langues étrangères (ou secondes) " ou " didactique du FLE " [français langue étrangère ou seconde] – ne sera pas ici abordée, on conviendra que ces différentes dénominations comportent d'importantes options d'ordre épistémologique.

2. Il y a là deux ordres de questionnements qu'il ne faudrait pas confondre, car les problématiques et les critères (de scientificité, dans un cas, et d'utilité, dans l'autre) ne sont pas les mêmes. C'est pourtant ce que semble faire Puren (1999) en considérant le processus de formation comme le processus même de la théorisation. Sous prétexte de faire construire et diriger la didactique par ses acteurs eux-mêmes (enseignants, concepteurs de matériel, formateurs et didacticiens), à partir de leurs propres problématiques, il conçoit avant tout la théorisation didactique comme un processus de questionnement par l'enseignant de ses pratiques d'enseignement, des pratiques d'apprentissage et de leurs relations. La théorisation de la pratique par les enseignants eux-mêmes est certes un exercice efficace et louable, mais contribue surtout au développement de la didactique des langues en tant que discipline d'intervention à caractère professionnel. Et pourtant, en tant que discipline d'observation, à caractère scientifique, elle a intérêt à être construite et dirigée aussi et surtout par les didacticiens-chercheurs.

(Gentilhomme, 1997). D'autre part, il ne met nullement en évidence l'importance des relations entre chacun des pôles identifiés, comme c'est pourtant le cas dans le modèle SOMA – Sujet, Objet, Milieu et Agent – de Legendre (1993). En ce qui me concerne, pour les besoins de la présente discussion, j'ajouterai au triangle didactique le concept sous-jacent de " milieu ", en l'occurrence le milieu scolaire dans lequel se situent tous les éléments du triangle. En outre, je n'aborderai la question que sous l'angle des relations entre les pôles du triangle.

Par ailleurs, je tiens à préciser que, dans la perspective qui est la mienne, la didactique des langues est à la fois une *discipline d'observation* de la réalité éducative, à caractère scientifique, consistant en la théorisation d'une pratique, et une *discipline d'intervention*, à caractère professionnel, qui s'intéresse notamment à la formation des enseignants de langues. Cela pose donc tout le problème, complexe, des rapports entre le descriptif et le prescriptif (bien qu'il soit préférable de pouvoir éventuellement dégager des descriptions un certain nombre de *principes* plutôt que des prescriptions), entre la recherche et la formation[2], entre le chercheur et le praticien, et ainsi de suite. Dans le texte qui suit, il sera question de didactique des langues qu'en tant que discipline à caractère scientifique.

Autonomie et composantes de la didactique des langues

De façon à traiter adéquatement de l'autonomie de la didactique des langues, en se référant au triangle didactique tel que défini ci-dessus, la question sera abordée successivement sous l'angle de chacune de ses composantes plutôt que de manière globale : la relation curriculaire entre l'enseignant et le contenu, la relation d'apprentissage entre l'élève et le contenu et la relation d'enseignement entre l'enseignant et les élèves.

LA RELATION CURRICULAIRE ENTRE L'AGENT ET L'OBJET DE LA DISCIPLINE

La langue étant de plus en plus considérée comme un moyen de communication (1993b) plutôt qu'un objet de connaissance, la didactique des langues s'est graduellement affranchie d'une certaine conception de la linguistique, de la linguistique appliquée, puis de la méthodologie. La plupart des didacticiens ou didactologues s'entendent pour affirmer que la période de *l'applicationnisme* de la linguistique est maintenant chose du passé. Toutefois, en se libérant du poids de la linguistique, la didactique des langues est-elle pour autant devenue plus autonome, du moins dans sa dimension curriculaire ?

Jusqu'à un certain point, cette composante de la didactique des langues s'est déjà engagée sur la voie de l'autonomie. Toutefois, y a-t-il lieu de s'en réjouir ? Autrement dit, la didactique des langues, sous prétexte d'autonomie, a-t-elle intérêt à couper tous les ponts avec la linguistique ou est-elle condamnée pour toujours à rester inféodée à la linguistique ?

Pour Galisson (1995; 1997), par exemple, si la didactologie des langues-cultures a réussi à se constituer en discipline autonome, c'est qu'elle a pu enfin se libérer du joug de la linguistique, de l'applicationnisme. Pour lui, la linguistique fait partie de la théorisation externe (la théorie vient en premier; il s'agit de la vérifier sur un problème afin de la rendre crédible) plutôt qu'interne (le problème à résoudre est premier : il provient des acteurs du terrain). Optant pour la " transposition ", en remplacement de l'applicationnisme, Galisson se tourne maintenant du côté des autres didactiques. Il propose donc, comme alternative à l'applicationnisme, ce qu'il appelle le *conceptualisme*, c'est-à-dire " l'adoption ou l'adaptation éventuelles de réponses, testées sur le terrain, par des disciplines de même statut (les didactiques), à des problèmes circonvoisins " (1995 : 100). C'est pourquoi, estime-t-il, un travail *d'interdidacticité* s'impose.

Que faut-il penser de cette suggestion de Galisson ? L'interdidacticité constitue, sans aucun doute, une intéressante voie à explorer, mais pourquoi faudrait-il que cela se fasse au détriment des apports possibles de la linguistique, ou des sciences du langage ? Autrement dit, le débat sur la théorisation interne-externe est en porte-à-faux. Une autre attitude épistémologique plus prometteuse, à mon avis, serait de recourir à la notion de *pertinence* plutôt qu'aux concepts d'implication ou d'application (Germain, 1995a). Ainsi que l'affirme Galisson, l'important, en didactique des langues, est bien de suivre la démarche qui " part de l'observation d'un monde réel, pour découvrir les problèmes qui l'agitent ou le paralysent, et intervenir sur son fonctionnement en vue de l'optimiser. Et ce, en passant par l'étape de conceptualisation/théorisation indispensable " (Galisson, 1997 : 82). Néanmoins, une fois reconnue l'importance pour la didactique des langues de se construire sur l'observation du terrain – garantie de son autonomie –, pourquoi se priver de concepts ou de réponses susceptibles d'éclairer la problématique soulevée, quelle qu'en soit la provenance ? Pourquoi ne pas chercher des éléments de réponses à des problèmes de terrain là où ces réponses paraissent être pertinentes ? On pourrait se demander, avec l'élargissement que connaît à l'heure actuelle la linguistique sous le vocable de " sciences du langage ", s'il n'y aurait pas lieu d'y trouver des analyses ou des concepts pertinents. C'est au didacticien des langues qu'il revient d'énoncer les problèmes de terrain et de juger, ainsi, de la pertinence des analyses et des concepts d'un domaine, que ce soit celui des sciences du langage ou de n'importe quelle autre didactique (des mathématiques, des sciences, de la musique, des arts plastiques, etc.). De cette manière, l'autonomie de la didactique des langues n'est pas compromise. En d'autres termes, vis-à-vis de la linguistique, une alternative parait possible : autant l'applicationnisme est une attitude regrettable, autant le concept de pertinence parait prometteur.

La relation d'apprentissage entre le sujet et l'objet de la discipline

On ne s'attardera pas ici aux effets regrettables sur l'enseignement des langues, autour des années 1950, d'une certaine psychologie – la psychologie béhavioriste – avec la méthode audio-orale d'obédience américaine (Germain, 1993a). Parallèlement, en milieu européen, vers la même époque, il y a eu également une certaine influence, bien qu'à un degré moindre, d'une autre école de psychologie – la psychologie gestaltiste (Guberina, 1972)[3] – avec la méthode SGAV (structuro-globale audio-visuelle, dont le prototype est la méthode *Voix et Images de France*) dans ses développements fondamentaux (Rivenc, 2000). Là encore, on pourrait légitimement qualifier cette période, concernant la composante " relation d'apprentissage " de la didactique des langues, d' " applicationniste ", comme cela a été le cas pour une certaine conception de la linguistique à la même époque. En sommes-nous sortis et, si oui, comment ?

Il est à noter que, alors que l'applicationnisme de la linguistique a conduit à son rejet, il n'en a pas été de même avec la psychologie. À l'heure actuelle, dans ce champ d'étude, il ne semble n'y avoir aucun mouvement de rejet, et bien des auteurs, de formation psychologique, terminent encore leurs ouvrages de psychologie de l'apprentissage sur un chapitre consacré aux " implications " à en tirer pour l'enseignement. On pourrait ici parler, plutôt, d'" implicationnisme ". En effet, depuis l'avènement du communicatif en didactique des langues, il semble bien que l'on puisse distinguer trois grands courants.

Un premier courant, bien connu, est le " cognitivisme ". Toutefois, à la différence de ce qui s'était produit dans le cas de la psychologie béhavioriste, il ne s'agit plus d'une source *a priori* de l'approche communicative mais bien d'un rapprochement *a posteriori* (Gaonac'h, 1988). Il existe d'ailleurs plusieurs tentatives d'adaptation de la psychologie cognitive du traitement de l'information au domaine des langues secondes (McLaughlin, 1987), par exemple, le modèle de Bialystok (1990) et la théorie de l'apprentissage de McLaughlin, Rossman et McLeod (1983). Quoi qu'il en soit, en recourant au concept de pertinence dont il a été question antérieurement, on peut se demander si la psychologie cognitive a autant d'utilité, en soi, que certains semblent le croire. Car, dans la mesure où la psychologie cognitive

---

[3]. Ce qui est essentiel, c'est de ne pas comprendre le mot "structure" comme une organisation linguistique formelle (par exemple, la phrase en dehors de la situation) mais au sens de fonctionnement structural de notre cerveau et de ses réponses optimales " (Guberina, 1972 : 10).

La didactique des langues : une autonomie en devenir

reste centrée sur les questions d'apprentissage de l'individu (ce qui est privilégié par la majorité des psychologues) sa pertinence pour la didactique des langues reste douteuse ou, à tout le moins, très incomplète. En effet, en didactique des langues, en se référant, sans plus de précautions, à la psychologie cognitive, on néglige le rôle possible du milieu scolaire dans lequel se produit l'enseignement-apprentissage des langues. Ce serait, en quelque sorte, faire fi des recherches, nombreuses et importantes, montrant l'influence de l'interaction sociale sur le développement cognitif. Pour que la psychologie puisse trouver une véritable pertinence en didactique des langues, il faut qu'elle soit une psychologie sociale, sans quoi le rôle des interactions sociales des apprenants entre eux (un des concepts clés de l'approche communicative) risque de ne pas être pris en compte. C'est pourquoi, dans un souci d'interdidacticité, la didactique des langues pourrait, sans risque de perdre son autonomie sur ce plan, s'inspirer également des travaux de la psychologie genevoise néo-piagétienne, de nature plutôt sociocognitive (sous l'influence avouée de Vygotsky, 1934/1997), tels qu'utilisés en didactique des mathématiques et des sciences. Toutefois, là encore, la prudence s'impose, car il serait peut-être hasardeux de transposer les concepts mêmes d'une didactique à une autre[4] : une langue n'est pas constituée que de concepts à faire apprendre, mais également d'habiletés, bien qu'il faille reconnaitre que l'apprentissage des mathématiques puisse comporter sa part d'habiletés (Germain, 1991). Ici, ce sont surtout les dangers du " transpositionnisme " que la didactique des langues doit craindre.

Un second courant est celui des " acquisitionnistes " en langue seconde (en anglais : SLA – *Second Language Acquisition* ; en français, à la suggestion de Daniel Coste, 1992 : R.L.A. (" recherches linguistiques sur l'acquisition "). D'après Ellis (1993), au cours des vingt ou trente dernières années, on peut distinguer trois grandes tendances dans les recherches sur l'acquisition des langues.

Tout d'abord, au début des années 1970, il y a eu les recherches " descriptives " dans lesquelles on cherchait surtout à identifier la façon dont s'acquièrent la morphologie et la syntaxe d'une langue seconde en vue d'élaborer des théories *a posteriori* ; puis, vers les années 1980, le mouvement inverse s'est produit avec l'élaboration de théories " explicatives ", comme celles d'un Krashen (1981) ou d'un Pienemann (1986), à tester empiriquement.

Par la suite, il y a eu les recherches dans lesquelles on cherchait surtout à décrire la façon dont les apprenants acquièrent leur compétence grammaticale ; puis, les chercheurs se sont intéressés à l'acquisition de la connaissance des règles pragmatiques d'une langue seconde, passant, là encore, d'une phase " descriptive " à une phase " explicative ". Il est cependant à noter que l'on commence alors à s'intéresser à l'acquisition d'une langue seconde

4. À cet égard, on se rappellera les avatars du fameux concept de " transposition didactique ", élaboré par M. Chevallard (1985) en didactique des mathématiques, mais qui a soulevé de très nombreuses difficultés de " transposition " dans les autres didactiques, y compris la didactique des langues.

La didactique des langues : une autonomie en devenir

en milieu scolaire et non seulement en milieu non scolaire. La plupart de ces travaux de recherche avaient alors pour but d'améliorer les pratiques d'enseignement, faisant ainsi découler la notion d'enseignement des caractéristiques de l'apprentissage des élèves.

Enfin, plus récemment, les chercheurs en acquisition des langues secondes ont pris leur distance vis-à-vis du milieu scolaire, de sorte que le domaine de l'acquisition des langues secondes (SLA - *Second Language Acquisition*) est pratiquement devenu une sous-discipline, relativement autonome, à l'intérieur de la linguistique appliquée (plutôt qu'une composante de la didactique des langues), mais de nombreux chercheurs continuent à s'intéresser de très près aux retombées de leurs travaux sur l'enseignement des langues (Ellis, 1993)[5]. C'est ce qui fait que le champ d'études portant sur l'acquisition des langues secondes en salle de classe *(classroom SLA)* constituerait, selon certains, un sous-domaine de l'acquisition des langues secondes (SLA).

Par contre, nombre d'acquisitionnistes continuent de s'intéresser à l'acquisition d'une langue seconde en milieu... non scolaire. Il ne va donc pas de soi que l'on puisse, sans précautions méthodologiques, transposer les données de ces chercheurs dans le domaine de l'acquisition d'une langue seconde en milieu scolaire. Là encore, il semble bien qu'il appartienne au didacticien des langues de poser adéquatement les problèmes d'apprentissage en milieu scolaire de manière à juger, par la suite, de la pertinence ou non des données fournies par les acquisitionnistes.

C'est d'ailleurs en grande partie dans ce sens que se dessine une troisième orientation de recherche – plus prometteuse, semble-t-il – qui s'intéresse plus particulièrement aux mécanismes d'appropriation d'une langue seconde ou étrangère en milieu scolaire, en adoptant dès le départ un point de vue résolument didactique. Tel est le cas des nombreux travaux de recherche empirique, par exemple, de Nunan (1991) ou, en France, de Véronique (1997). Une perspective didactique qui s'intéresse aux activités d'appropriation des apprenants en classe de langue seconde signifie une prise en compte non seulement des facteurs socio-cognitifs mis en jeu, mais également des aspects socio-affectifs de l'apprentissage, des facteurs socio-culturels, du rôle de l'âge, du sexe, etc. En prenant en compte le vécu des apprenants en situation scolaire d'apprentissage, la recherche en didactique sur l'appropriation des langues met toutes les chances de son côté pour aboutir à des données des plus pertinentes pour le développement du domaine.

Malheureusement, c'est ce courant de la composante " relation d'apprentissage " de la didactique qui est encore le moins connu et le moins développé, comparativement, par exemple, aux deux autres tendances mentionnées ci-dessus (le cognitivisme et l'acquisitionnisme). Mais, tant que cette orientation

5. Pour se faire une idée de l'ampleur de ce domaine relativement récent de la recherche, qu'il suffise de se reporter aux ouvrages de synthèse — pour ne mentionner que les plus récents — de Ellis (1990 et 1994: 230 et 824 pages, respectivement), de Larsen-Freeman et Long (1991), ou de Gass et Selinker (1994), ces deux derniers ouvrages comptant près de 400 pages chacun. Ce domaine de recherche possède aussi ses propres revues spécialisées, telles *Studies in Second Language Acquisition, Language Learning* et *Second Language Research*. De même des revues comme *Applied Linguistics* et *Applied Psycholinguistics* y consacrent-elles régulièrement une bonne partie de leurs articles.

n'aura pas connu l'ampleur et le prestige des deux autres, on peut dire que le degré d'autonomie de ce volet de la didactique des langues restera plus faible que dans la relation curriculaire de la didactique. Là encore, dans la mesure où la didactique est conçue comme la théorisation d'une pratique (en plus d'être une discipline d'intervention, comme on l'a vu), il importe, pour garantir son autonomie, de toujours dégager les problématiques de terrain et éviter ainsi de retomber dans un applicationnisme trop facile.

La relation d'enseignement entre les élèves et l'enseignant

L'étude de l'enseignement proprement dit est le parent pauvre de la didactique des langues. Cette composante de la didactique des langues est loin de disposer du nombre de travaux que connaissent les études curriculaires ou les études sur l'apprentissage des langues : les théories ou principes curriculaires sont nombreux, ainsi que les théories ou principes concernant l'apprentissage des langues. On ne dispose toujours d'aucune théorie de l'enseignement des langues, ni à peu près d'aucun concept solide sur lequel les chercheurs du domaine s'entendent (Germain, 1995b). Les données empiriques d'observation de la classe de langue seconde ou les représentations des enseignants de langue seconde (provenant d'entrevues semi-structurées, par exemple), sont très peu nombreuses[6]. Il se trouve même des auteurs qui, tout en insistant en théorie sur l'importance de faire reposer le développement de la didactique des langues sur des observations de terrain, ne se livrent eux-mêmes, dans les faits, à aucune étude empirique sur le terrain. Vu la relative nouveauté de cette composante de la didactique des langues, on n'y trouve même pas de perspective applicationniste, aucune discipline-source majeure n'ayant servi, jusqu'ici, à alimenter le domaine. Certes, les sciences de l'éducation ont pu, ici et là, exercer une certaine influence en ce qui concerne, par exemple, la tendance à élaborer des grilles d'observation de classe, au cours des années 1960. Mais, rien de comparable, en ampleur, à l'influence de la linguistique sur l'objet de la discipline, voire de la psychologie de l'apprentissage d'une langue. Il faut dire, toutefois, qu'à l'époque, il s'est trouvé certains linguistes qui se sont arrogé le droit de dire à l'enseignant de langue comment enseigner ; il est donc possible que ce soit cette mainmise de la linguistique qui a pu empêcher, jusqu'à un certain point, l'avènement d'une étude autonome de l'activité même d'enseigner. Pour l'heure, toutefois, le domaine n'est toujours occupé par aucune autre discipline d'importance.

C'est ce qui fait qu'il s'agit vraisemblablement d'un domaine de prédilection pour la constitution même d'une didac-

[6]. En France, l'une des premières personnes à se livrer à des études d'observation de la classe de langue est F. Cicurel (1985).

tique autonome des langues. Par nécessité, les problématiques d'enseignement, en liaison avec les problématiques d'apprentissage dans le cadre d'études portant sur le processus d'enseignement-apprentissage, proviennent du terrain. C'est, en tout cas, l'orientation que j'ai prise depuis plus de dix ans en me livrant à des observations systématiques de classes de langue seconde ainsi qu'à des entrevues des enseignants observés afin de mettre à jour la représentation qu'ils se font de l'enseignement, dans le cadre du projet de recherche ASHILE [Analyse de la structure hiérarchique de l'enseignement d'une langue étrangère ou seconde] (Germain, 1990; 1999)[7], et en dirigeant quelques mémoires de maitrise et thèses de doctorat faisant appel à cette méthodologie de la recherche. Le concept *d'activité didactique*, qui se situe au cœur de ces recherches, m'apparait être un concept propre au domaine. Là également, une certaine interdidacticité mérite d'être prise en compte, dans la mesure où l'on pourra en arriver à dégager, empiriquement, ce qu'il y a de commun entre l'enseignement-apprentissage de diverses disciplines (comme les langues, les mathématiques, les sciences, etc.). L'étude de la spécificité de la matière enseignée/apprise n'a pas encore fait l'objet, à ma connaissance, d'études empiriques[8]. Là encore, le concept de pertinence, plutôt que de transposition, pourrait s'avérer fructueux.

Il semble bien effectivement que chacune des composantes de la didactique des langues connait un degré relativement différent d'autonomie par rapport aux disciplines-sources, compte tenu du développement très inégal de chacune de ces composantes. De plus, il ressort clairement qu'il faut renoncer à la perspective applicationniste qui a prévalu dans deux des trois domaines de la didactique, surtout des années 1950 à 1980. Toutefois, il ne faudrait pas qu'en rejetant par-dessus bord la linguistique ou même la psychologie, " on jette le bébé avec l'eau du bain ", suivant l'adage bien connu. Donc, une des façons de ne pas se couper définitivement des données de ces disciplines, ou même de toute autre didactique, serait de recourir au concept de *pertinence*, de préférence aux concepts d'*application*, d'*implication*, ou de *transposition*, de manière à préserver l'autonomie de la didactique des langues. Ce n'est pas en se coupant totalement de la discipline la plus susceptible de fournir des données pertinentes concernant l'objet d'enseignement-apprentissage, à savoir les sciences du langage, que l'on risque le plus de compromettre les tentatives d'autonomisation de la didactique des langues.

Ainsi, pour assurer un développement autonome de la didactique des langues, il faut, certes, renoncer à l'applicationnisme mais il importe avant tout, semble-t-il, de bien identifier les problèmes de terrain. Ces problèmes une fois identifiés, il suffit alors de chercher des éléments de solution dans des données qui, au

---

7. Pour plus de détails concernant le mode d'analyse et les résultats obtenus jusqu'ici, se reporter à mon article sur le sujet, consacré précisément à l'observation de classe (Germain, 1999), paru dans le numéro des *Études de linguistique appliquée*, sous la direction de Christian Puren, ainsi qu'à l'article, dans le même numéro, de Pambianchi (1999).

8. C'est ce qui m'a incité à poursuivre ma collecte de données à la fois dans les classes de langue seconde (français et anglais) et dans les classes de mathématiques, dans le cadre de la recherche ASHILE, de manière à dégager, à l'aide de données empiriques, à la fois ce qui est commun entre ces deux objets et ce qui leur est plutôt spécifique.

jugement du didacticien des langues, paraissent *pertinentes*. Toutefois, l'étude de la formation des concepts scientifiques nous apprend également qu'il y a un autre principe complémentaire d'autonomie qui semble peu préoccuper les didacticiens des langues, à savoir l'autonomie de l'usage scientifique des concepts par rapport à leur usage ordinaire (Pariente, 1973). L'histoire des sciences nous apprend qu'il appartient à chaque discipline de définir ses entités épistémiques (en tant qu'objets de connaissance) et non seulement empiriques, en donnant aux concepts scientifiques un sens parfois relativement éloigné du même concept pris dans son sens commun : par exemple, les concepts de " force " ou de " masse " en physique, ou d' " intelligence " ou de " conscience " en psychologie.

Enfin, si on revient à la définition donnée initialement à la didactique des langues, conçue avant tout comme l'étude systématique des relations réciproques entre au moins trois domaines constitutifs (la relation curriculaire, la relation d'apprentissage et la relation d'enseignement – le tout se produisant en milieu scolaire), force est de constater que nous sommes loin du compte : rares, en effet, sont les études qui prennent simultanément en compte ne serait-ce que deux des trois domaines mentionnés. La didactique des langues est loin d'être une discipline unifiée. Quant à son caractère de scientificité (qui n'empêche nullement la didactique des langues d'exister, tant bien que mal, en tant que discipline d'intervention), il ne pourra provenir que du degré de scientificité de ses éléments constitutifs. À l'heure actuelle, la didactique des langues, en tant que discipline à caractère scientifique, est une discipline en émergence, dont les développements partiels dans chacun de ses domaines (la relation curriculaire, la relation d'apprentissage et la relation d'enseignement) sont très inégaux, bien que relativement autonomes chacun dans leur ordre. En définitive, nous sommes encore loin, semble-t-il, de la constitution d'une véritable didactique des langues, en tant que discipline à caractère scientifique, à la fois autonome et unifiée. Tel est le défi qui attend les didacticiens de l'avenir.

Références bibliographiques

BIALYSTOK, E. (1990). Connaissances linguistiques et contrôle des activités de langage. *Le français dans le monde /Recherches et Applications*, Février-mars.

CHEVALLARD, Y. (1985). *La transposition didactique. Du savoir savant au savoir enseigné*, Grenoble, La Pensée sauvage.

CICUREL, F. (1985). *Parole sur parole. Le métalangage en classe de langue*, Paris, CLÉ International.

COSTE, D. (1992). Linguistique de l'acquisition et didactique des langues. Repères pour des trajectoires. In Bouchard, R. et coll. *Acquisition et enseignement/ apprentissage des langues*, pp. 319-328, Grenoble, Lidilem.

ELLIS, R. (1990). *Instructed Second Language Acquisition*, Oxford, Basil Blackwell.

ELLIS, R. (1993). *Second Language Acquisition and Language Pedagogy*, Clevedon, Multilingual Matters.

ELLIS, R. (1994). *The Study of Second Language Acquisition*, Oxford, Oxford University Press.

GALISSON, R. (1995). Du français langue maternelle au français langue étrangère et vice-versa : apologie de l'interdidacticité. *Études de Linguistique Appliquée*, n° 99, pp. 99-105.

GALISSON, R. (1997). Les concepts fondateurs de la didactologie sont-ils des passeurs de gué légitimes ? *Études de Linguistique Appliquée*, n° 105 pp. 73-92.

GAONAC'H, D. (1988). Psychologie et didactique des langues : perspectives de recherche en psychologie du langage, *Études de Linguistique Appliquée* n°72.

GASS, S.M. & SELINKER, L. (1994). *Second Language Acquisition. An Introductory Course*, Hillsdale, N.J., Lawrence Erlbaum Associates.

GENTILHOMME, Y. (1997). À quoi servent les concepts en didactique des langues-cultures ? *Études de Linguistique Appliquée*, n° 105, pp. 33-53.

GERMAIN, C. (1990). La structure hiérarchique d'une leçon en classe de langue seconde, *Bulletin de l'ACLA*, 12/2, pp. 75-87.

GERMAIN, C. (1991). Les interactions sociales en classe de langue seconde ou étrangère, dans Bednarz, N., Garnier, C. et Ouvlanovskaya, I. (réd.). *Après Vygotsky et Piaget*, Bruxelles, de Boeck, pp. 105-115.

GERMAIN, C. (1993a). *Évolution de l'enseignement des langues 5 000 ans d'histoire*, Paris, CLÉ International et Montréal, HMH.

GERMAIN, C. (1993b). *Le Point sur l'approche communicative*, Montréal, Centre Éducatif et Culturel.

GERMAIN, C. (1995a). Implications or applications versus relevancy of linguistics to second language teaching, *Revue de l'ACLA*, 16/2, pp. 39-48.

GERMAIN, C. (1995b). De la nécessité d'une théorie de l'enseignement des langues. *Revue de l'ACLA*, 16/2, pp. 25-38.

GERMAIN, C. (1999). Structure fondamentale de l'enseignement d'une langue étrangère ou seconde, *Études de Linguistique Appliquée*, n° 114, pp. 171-187.

GUBERINA, P. (1972). Sur la notion de 'Structuro-Global' (citations), Revue de *Phonétique appliquée* n° 21.

KRASHEN, S. (1981). *Second Language Acquisition and Second Language Learning*, Oxford, Pergamon.

LARSEN-FREEMAN, D. & LONG, M.H. (1991). *An Introduction to Second Language Acquisition Research*, London, Longman.

LEGENDRE, R. (1993). *Dictionnaire actuel de l'éducation*, Montréal, Guérin.

McLAUGHLIN, B., ROSSMAN, T. et McLEOD, B. (1983). Second language learning : An information processing perspective, *Language Learning* n° 33,2.

McLAUGHLIN, B. (1987). *Theories of Second-Language Learning*, London, Edward Arnold.

NUNAN, D. (1991). *Language Teaching Methodology – A Textbook for Teachers*, London, Prentice-Hall.

PAMBIANCHI, G. (1999). Description d'une démarche d'observation pour l'analyse de l'enseignement de l'anglais langue étrangère en Chine. *Études de Linguistique Appliquée*, n° 114, pp. 189-208.

PARIENTE, J.-C. (1973). *Le langage et l'individuel*, Paris, Vrin.

PIENEMANN, M. (1986). Is language teachable ? Psycholinguistic experiments and hypotheses. *Australian Working Papers in Language Development* n° 1, 3.

PUREN, C. (1999). Comment théoriser sa pratique ? (chapitre 2), pp. 33-60. IN GALISSON R. & PUREN C., *La formation en questions*, Paris, CLÉ International.

RIVENC, P. (2000). *Pour aider à apprendre à communiquer dans une langue étrangère*, Paris, Didier Érudition.

VÉRONIQUE, D. (1997). La didactique des langues et des cultures face à l'apprenant de langues étrangères et à ses activités d'appropriation. *Études de Linguistique Appliquée*, n° 105,pp. 95-109.

VYGOTSKY, L. S. (1934/1997). *Pensée et langage*, Paris, La Dispute.

Échos du débat

(Alliance Française de Paris, 8 décembre 2000)

M. Mangeneau :
Concernant le pôle relation enseignant-apprenant qui vous intéresse le plus dans les travaux que vous dirigez, je voulais savoir si vous donniez une place importante aux sciences du langage dans le domaine de l'analyse des corpus. Ce qui se fait beaucoup, c'est de recueillir des corpus d'échanges en classe, et donc de soumettre ces corpus à des analyses langagières, non pas linguistiques, mais de sciences du langage, selon diverses méthodologies. Je voulais savoir si vous le faisiez, et avec quelle méthodologie. Je connais des gens qui font de l'analyse conversationnelle sur ce qui se passe en classe, d'autres qui font des analyses de contenu...

Claude Germain :
C'est en effet une question très importante. Je dois dire que les études de mes premiers corpus étaient des analyses du discours, à partir du modèle bien connu de Sinclair et Coulthard. Malheureusement cette modalité d'analyse du discours n'avait pas été validée scientifiquement. C'est pourquoi j'ai décidé de faire une étude du coefficient de fidélité de cet instrument (comme je l'ai d'ailleurs fait par la suite pour les autres instruments utilisés, y compris celui que j'ai développé moi-même). C'est une étude assez longue qui a duré près de six mois. Comme résultat, je n'ai pu obtenir qu'un coefficient de fidélité, c'est-à-dire d'accord inter-juges (4 personnes), de... 45 %. Autrement dit, il n'y a eu accord entre quatre personnes formées pendant des mois à la même méthodologie, travaillant sur des mêmes corpus, que dans 45 % à peine des cas. C'était pourtant la seconde étude de coefficient de fidélité que je faisais : je maitrisais quand même assez bien la technique utilisée (la formule de Bellack). Avec des résultats aussi peu fiables, j'ai donc tout à fait abandonné l'analyse du discours de Sinclair et Coulthard.

Graduellement, j'en suis venu à m'intéresser de façon de plus en plus spécifique à l'étude proprement dite de l'enseignement plutôt qu'à l'étude du discours utilisé dans l'enseignement. C'est-à-dire que je ne fais plus d'analyse du discours ou d'analyse conversationnelle en salle de classe, puisqu'il ne s'agit pas, dans ces cas, d'une analyse proprement dite de l'enseignement. L'analyse du discours en salle de classe n'est pas l'analyse de l'enseignement mais bien l'analyse du discours tenu en salle de classe, ce qui est quand même relativement différent. Comme je m'intéresse à l'analyse de l'enseignement, j'ai donc pris moi-même mes distances, pour ainsi dire, par rapport au contenu langagier de l'enseignement. C'est pourquoi, d'ailleurs, je n'enregistre que l'enseignant puisque c'est d'abord à lui ou à elle et à ses façons de faire que je m'intéresse. Ainsi, pour répondre à votre question, je cherche des catégories d'analyse qui sont beaucoup plus vastes que les unités d'analyse du discours, et je ne fais pas en tant que tel d'analyse langagière de ce qui se passe dans la salle de classe. Je laisse cela à d'autres chercheurs.

M. Mangeneau :
Ma question était motivée par mes propres recherches qui portent sur les situations tournant autour des nouvelles technologies et de l'ordinateur. On enregistre ce qui se passe entre un apprenant et un didacticiel de langue, entre deux apprenants qui travaillent ensemble sur un ordinateur, et on a souvent du mal, du point de vue méthodologique – je me considère aussi, comme vous, didacticien – à se décider sur les outils que l'on emprunte aux sciences du langage.

Claude Germain :
Je vous comprends très bien mais je n'ai malheureusement pas de réponse…

Hélène Huot :
Je voudrais remercier Claude Germain dont je connais les travaux et que j'apprécie beaucoup. Je voudrais vous poser une question un peu… contestataire. Ce que vous présentez n'est-il pas, finalement, un point de vue très occidentalisé ou lié à un type d'enseignement tel qu'il se fait dans certains pays, qui n'est pas du tout celui que l'on trouve ailleurs, en Europe de l'Est, ou dans certains pays asiatiques ou polynésiens. J'ai eu l'occasion de lire des comptes-rendus d'études de tentatives d'enseignement faites selon les principes dont on discute abondamment dans les milieux franco-français et qui donnaient des résultats catastrophiques, parce que ce n'était ni la culture d'enseignement des élèves, ni la culture d'enseignement des maitres natifs. Si bien qu'il y avait des malentendus qui, dans certains pays, sont allés jusqu'à la bagarre physique, dans une thèse que j'ai lue. Ce qui me trouble c'est que, néanmoins, nous voyons arriver des étudiants en France, qui n'ont jamais mis les pieds en France ni dans un pays francophone, et qui savent le français tellement bien, avec une telle perfection de production orale et écrite, que je me demande si les principes dont nous débattons sont tellement universels, ou si ce n'est pas lié à un type d'enseignement qui s'est imposé chez nous, mais sur lequel on pourrait s'interroger. En effet, que je sache, même s'il y a eu des différences entre les années

1960 et maintenant, le résultat n'est pas plus glorieux parmi nos bacheliers en ce qui concerne le niveau de langues étrangères qu'ils sont censés avoir appris pendant six ans...

Claude Germain :
Je comprends très bien votre question, mais pour moi, elle porte davantage sur les principes de formation des maîtres de langues que sur le volet recherche dont j'ai parlé dans ma présentation. Mes corpus proviennent de plusieurs pays. J'ai fait moi-même des observations de classe de français langue étrangère au Japon. J'ai même des enregistrements vidéo d'enseignement dans des salles de classe d'anglais langue étrangère en Chine populaire (qui n'ont pas été faciles à faire) par l'une de mes étudiantes de deuxième cycle). Je possède également des enregistrements audio de Pologne. Je dispose d'un corpus de 90 heures consécutives d'enregistrement de français langue étrangère en Australie.
Comme vous le voyez, j'analyse des corpus provenant de différents pays et de cultures différentes car, moi aussi, tout comme vous, je m'intéresse beaucoup à cette question des biais culturels. Je tente d'éviter d'imposer un modèle occidental, et je comprends très bien vos craintes à ce sujet. Mais, comme je l'ai dit, je cherche d'abord et avant tout à décrire ce qui se passe dans une classe de langue seconde ou étrangère. Donc je m'intéresse à ce qu'il y a de différent, du moins en apparence, entre les façons d'enseigner l'anglais ou le français, langue seconde ou étrangère, et à ce qu'il y a de commun à toutes ces situations didactiques, pour distinguer précisément l'aspect culturel des dimensions " universelles " ou " locales ". Autrement dit, à quel moment intervient le culturel dans l'enseignement ? Mon souci majeur est d'essayer de dégager des constantes dans l'enseignement d'une langue seconde ou étrangère car je présuppose que la science est fondée sur des régularités. J'ai d'ailleurs réussi à dégager quelques " régularités ", mais je n'ai toujours pas réussi à formuler des " règles ", c'est-à-dire à les formuler sous la forme d'énoncés scientifiques. Au-delà de ces quelques régularités que j'ai pu identifier – et dont j'ai donné un bref aperçu dans un article des *Études de linguistique appliquée* coordonné par M. Christian Puren (avril-juin 1999, numéro 114) – on atteint le domaine culturel, semble-t-il. C'est précisément ce que je cherche à identifier.

Un intervenant :
Je voudrais poser une question à M. Germain, portant surtout sur sa conclusion. Vous semblez dire que vous avez renoncé à la linguistique sous prétexte que cette discipline n'avait pas de pertinence pour la didactique des langues. Mais tout au début, vous

avez parlé de la linguistique, mais vous ne mentionnez pas la linguistique comme étant une discipline ayant un caractère implicationniste. Cela me semble être un point de vue militant, au sens positif du terme. Je voudrais donc savoir si la linguistique a une pertinence pour la didactique des langues.

Claude Germain :
C'est précisément le sens de ma conclusion. Si je dis : " Attention à l'implicationnisme ! ", c'est précisément parce que je privilégie le concept de pertinence. Une pertinence, c'est un point de vue : partir de problématiques de terrain, et chercher parmi l'ensemble des données et des études dont on dispose (quelle qu'en soit la provenance) ce qui est pertinent. Et je crois avoir souligné que les sciences du langage sont privilégiées, précisément parce qu'elles ont un lien très étroit avec l'objet d'étude. Je ne nie donc pas ce lien, bien au contraire. Si l'on fait comme Robert Galisson, c'est-à-dire si l'on rejette la linguistique, si l'on cesse de s'intéresser à ce qui se produit dans le domaine de la linguistique, si l'on cesse de lire les travaux de ce champ d'étude, l'on risque d'être totalement démuni. Je crois, au contraire, que le didacticien des langues doit chercher à être informé de ce qui se fait dans tous les domaines susceptibles d'être pertinents, précisément pour essayer de voir dans quelle mesure ces données sont effectivement pertinentes.
Et je disais que la linguistique, la psychologie, les sciences de l'éducation, ainsi que certaines autres didactiques sont susceptibles de fournir à la didactique des données pertinentes. Mais je précisais que les sciences du langage sont certainement privilégiées sur ce plan, dans la mesure où elles identifient des données qui concernent l'objet même de l'enseignement/apprentissage. Et c'est à ce titre qu'elles me semblent toujours très pertinentes. Mais c'est au didacticien qu'il appartient de dégager, à partir de problématiques issues du terrain, ce qu'il y a de pertinent.

Peut-on "naturaliser" l'enseignement des langues en général, et celui du français en particulier ?

HENRI BESSE
ÉCOLE NORMALE SUPÉRIEURE LETTRES ET SCIENCES HUMAINES

Le point de vue adopté ici est d'ordre historique, attentif à la pérennité des transmissions culturelles dans la longue durée et à leur diversité selon les lieux. Il s'oppose à un point de vue "naturaliste", où l'on fait comme si les langues étaient "naturelles" — ayant une existence hors des contextes socio-historiques dans lesquels elles sont transmises, et donc étudiables, à l'instar des phénomènes naturels, sans tenir compte de ces mêmes contextes —, ou comme si leur apprentissage était avant tout déterminé par des processus neuro-biologiques, psycho-linguistiques ou cognitifs qui, étant tout aussi "naturels", échapperaient, eux aussi, à ces contextes. La confrontation de ces deux points de vue devrait permettre de questionner ce qui est trop souvent posé, dans les discours linguistiques et didactiques, comme allant de soi, comme des évidences partagées ou des présupposés non questionnables.

L'étude porte sur des discours relatifs à l'enseignement/apprentissage des langues secondes ou étrangères (désormais L2). Plus précisément, sur ceux qui énoncent ce que cet enseignement/apprentissage peut ou doit être ("discours des méthodes et des approches"), et sur ceux qui sont destinés à aider maîtres et élèves à enseigner/apprendre *une* de ces langues ("discours des manuels"). En sont donc exclus, faute de documents historiques les attestant, les "discours de la classe" même, ceux par lesquels une langue est *effectivement* enseignée/apprise, discours infiniment plus complexes que les précédents. Ce qui veut dire que cette étude porte moins sur la réalité de l'enseignement/apprentissage des langues que sur ses représentations, qui relèvent ici, faute là aussi de documents relevant d'autres cultures, d'une seule tradition culturelle, gréco-latine avant d'être européenne puis occidentale. Certes, les représentations que l'on se fait du réel sont loin de toujours coïncider avec celui-ci, et partant ne peuvent être considérées comme "vraies" (au sens où elles existeraient indépendamment des esprits qui les élaborent ou les adoptent), mais elles n'en jouent pas moins un rôle important dans les actions humaines. Notre propos est donc de préciser certaines représentations de cet objet particulier qu'est *une* langue quand on l'enseigne/apprend, objet dont il est clair qu'il n'est pas exactement le même, selon que cette langue est enseignée comme langue maternelle (désormais L1), puisque les élèves sont alors supposés déjà en parler au moins une variété plus ou moins intercompréhensible avec la variété enseignée/apprise, ou selon qu'elle leur est enseignée comme L2, puisqu'alors les élèves débutants n'en parlent encore aucune de ses variétés.

Dans un premier temps, nous verrons que les "discours des méthodes et des approches", tels qu'ils se sont développés en Occident depuis des siècles, proposent deux représentations polaires de l'enseignement/apprentissage des L2, l'une qui en fait des objets plutôt "naturels", enseignables à la manière dont un "usage" (selon *Le Petit Robert*, "pratique que l'ancienneté ou la fréquence rend normale, courante dans une société donnée") peut se transmettre hors institution, sans avoir recours à un maitre qualifié ; l'autre qui en fait plutôt des objet "artificiels", enseignables à la manière d'un "savoir" (toujours selon *Le Petit Robert*, "ensemble de connaissances plus ou moins systématisées, acquises par une activité mentale suivie"), en ayant donc recours à un maitre qualifié.

Peut-on enseigner une L2 "par usage", tout comme on apprend sa L1 ?

Dans le *Chapitre préliminaire* à ses *Véritables principes de la grammaire, ou Nouvelle grammaire raisonnée Pour apprendre la langue latine* paru chez Brocas en 1729, C. Chesneau Du Marsais distingue trois approches dans l'apprentissage[1] des L2 : "On aprend les langues par usage ou par règles, ou enfin par tous les deux ensemble, c'est-à-dire, en joignant l'usage avec les règles et les observations ; ce qui est la manière la plus courte et la plus sûre, tant pour aprendre les langues vivantes que pour aprendre les langues mortes[2]."

Une représentation archétypale

Cette catégorisation ternaire se retrouve dans nombre d'écrits de la fin du XXe siècle. Pour nous en tenir à quelques *applied linguists* anglo-saxons, c'est plus ou moins celle de W. Rivers opposant, en 1964, les "formalistes" aux "activistes", avant de préciser que nombreux sont les enseignants à se situer entre les deux[3] ; celle de K. C.

---

1. Notons que le verbe *apprendre* peut signifier à la fois "enseigner" (*Je lui ai appris le latin*) et "apprendre" (*J'ai appris le latin*), deux sens qui sont mieux distingués, par exemple, en anglais où *to learn* ne peut signifier "enseigner".

2. C. Ch. du Marsais. *Les véritable principes de la grammaire et autres textes 1729-1756*. Paris : Fayard, 1987, p. 60.

Diller, en 1971, distinguant, à la lumière de N. Chomsky critiquant B. F. Skinner[4], une approche "rationnelle" (plus ou moins conforme aux présupposés chomskyens[5], dans laquelle il se range lui-même aux côtés de tenants de la "méthode directe") et une approche "empiriste" (où il range O. Jespersen, H. E. Palmer, R. Lado et les tenants de la "méthode audio-orale") ; celle de R. Titone posant, tout comme Rivers dix ans plus tôt, deux approches, une "formelle" et une "fonctionnelle", entre lesquelles il insère une approche "intégrée" empruntant aux deux autres[6] ; celle de H. H. Stern, en 1983, qui reproche à Diller "d'imposer des conceptualisations modernes aux développements historiques et de simplifier abusivement les théories sous-jacentes"[7], mais qui fait à peu près de même, voyant un continuum entre deux pôles, l'un "formel" et l'autre "fonctionnel", pôles emblématisés, comme chez Rivers et Titone, par la "méthode grammaire-traduction" d'un côté et la "méthode directe" de l'autre ; celle de S. D. Krashen & T. D. Terrell[8], toujours en 1983, qui reprennent les mêmes polarités, mais qui qualifient la seconde de "voie normale" ou "traditionnelle" en ce qu'elle serait conforme à ce qui se passe quand on acquiert "naturellement" une langue (*communicative-based approaches*), alors que la première serait une "aberration", dans laquelle ils rangent toutes les "méthodes fondées sur la grammaire (*grammar-based approaches*)" ; ou encore celle de A. P. R. Howatt opposant, historiquement, une approche "naturelle" (qui irait de M. Montaigne et Locke aux méthodes directe et communicative), à une approche "rationnelle". Deux polarités qu'on retrouverait aisément ailleurs, par exemple chez R. Galisson[9] opposant un "hier" dit "structuraliste", qui regroupe la méthode audio-orale et la méthode structuro-globale audio-visuelle, à un "aujourd'hui" réputé "fonctionnaliste" inspiré des travaux du Conseil de l'Europe. Comme on voit, l'opposition "par usage vs. par régles" de Du Marsais se maintient fort bien dans la réflexion occidentale actuelle sur l'enseignement des L2.

Ce qui frappe dans ces représentations archétypales, c'est leur pérennité, comme s'il s'agissait de constantes ou d'invariants de la pensée didactique occidentale, et les interprétations théorisantes opposées qui sont faites de ces représentations, ce qui conduit à des divergences importantes quant à la distribution des méthodes : ainsi Stern range-t-il la " méthode structuro-globale audio-visuelle" du côté "par usage" alors que Galisson la range plutôt du côté "par régles". Comme si ces deux polarités pouvaient subsister indépendamment des théorisations qui en sont faites. Nous ne reviendrons pas ici sur notre position quant à l'apprentissage "par régles" : qu'elles soient explicitées ou implicitées dans des exemples choisis à cet effet, cet apprentissage conduit toujours à apprendre autre chose que la L2 même, une représentation plus ou moins savante de celle-ci[10], à partir de laquelle il est difficile, mais pas absolument impossible[11], de passer à ses usages effectifs, tels qu'ils sont pratiqués par les natifs de cette langue.

3. *The Psychologist and the Foreign Language Teacher*. New York : Oxford University Press, 1964.
4. Dans N. Chomsky : "Review of *Verbal Behavior* by B.F. Skinner (1957)". *Language*, 35 (1), 1959, pp. 26-58. Traduit en français dix ans plus tard par Fr. Dubois-Charlier dans *Langages*, 16, 1969, pp. 16-49.
5. *The Language Teaching Controversy*. Rowley, Mass. : Newbury House, 1978 [*revised edition de l'originale*, 1971]. On sait que Chomsky fait du *Language Acquisition Device* un véritable "organe mental", posé comme inhérent à l'esprit humain et à même de "grammaticaliser", selon des règles plus ou moins universelles, la diversité des données langagières auxquelles il est confronté. Hypothèse "rationaliste" que la tradition philosophique occidentale oppose souvent à l'hypothèse "empiriste".
6. *Teaching Foreign Language*. Washington D.C. : Georgetown University Press, 1974.
7. *Fundamental Concepts of Language Teaching*. Oxford : Oxford University Press, 1983, p. 95, note 6.
8. *The Natural Approach : Language, Acquisition in the classroom*. Oxford/San Francisco : Pergamon Press/Alamany, 1983 (désormais Nat. Appr.).
9. R. Galisson. *D'hier à aujourd'hui, la didactique générale des langues étrangères. Du structuralisme au fonctionnalisme*. Paris, CLE International, 1980.
10. Voir, par exemple, les deux premières parties de H. Besse & R. Porquier : *Grammaires et didactique des langues*. Paris : Hatier-Crédif, 1984.

Du "raisonnement naturaliste" dans l'enseignement des L2

Dans la culture occidentale, apprendre une L2 "par usage" a signifié, au moins depuis la fin de l'époque médiévale, l'apprendre à la manière dont le petit enfant s'approprie sa L1. Et ce que nous appelons le "raisonnement naturaliste" a consisté à soutenir que si un enfant réussit à apprendre à parler "naturellement" sa L1, c'est-à-dire en interagissant verbalement avec ceux qui la parlent autour de lui et avec lui, on ne peut réussir à enseigner/apprendre une L2 que si l'on imite didactiquement cet apprentissage "naturel".

C'est le raisonnement de Du Marsais : "Quand je dis qu'on aprend une langue par usage, j'entends qu'à l'égard d'une langue vivante, on doit l'entendre parler à ceux à qui elle est naturelle, la parler avec eux, et s'exercer ensuite à écrire en cette langue, en se conformant à la pratique et aux observations de ceux qui passent pour bien parler et bien écrire[12]." C'est aussi, toujours au XVIIIe siècle, celui de C. F. de Radonvilliers : "Puisqu'un enfant a déjà appris une Langue par une méthode connue, & dont on voit par des épreuves sans nombre que le succès est infaillible, pourquoi chercher une autre méthode pour lui apprendre une seconde Langue ? Si l'art suit exactement les procédés de la nature, il aura le même succès[13]". C'est, au XIXe siècle, celui de H. G. Ollendorf qui a "procédé, non d'après des lois arbitraires, mais d'après la nature de l'enfant qui commence à parler sa langue maternelle[14]", ou celui de V. Duruy préconisant, dans sa circulaire du 29 septembre 1863, "la méthode naturelle, celle qu'on emploie pour l'enfant dans la famille, celle dont chacun use en pays étranger[15]". Et il se retrouve, au XXe siècle, dans les discours constitutifs de la méthode directe ou de la méthode communicative (nous allons y revenir).

Ce raisonnement "naturaliste" ne prend sens que dans l'opposition "apprentissage naturel vs. non naturel", que notre tradition culturelle assimile souvent à l'opposition "apprentissage par usage vs. par règles". Assimilation qui pose question, car comment un "par usage", qui relève inévitablement d'une culture, peut-il être posé comme "naturel" ? Il est clair que la "nature" mise en jeu par l'apprentissage d'une L2 ne relève pas du seul bio-physique, de ce génétiquement hérité qui permet à l'animal humain de s'approprier, pour peu que certaines circonstances soient réunies, n'importe quelle langue humaine, ce qu'aucune autre espèce animale est à même de vraiment faire. Elle relève aussi, peut-être plus pour l'enseignement que pour l'apprentissage, du culturellement acquis : "La coutume, selon Pascal, est une seconde nature qui détruit la première. Mais qu'est-ce que la nature ? Pourquoi la coutume n'est-elle pas naturelle ? J'ai grand peur que cette nature ne soit elle-même qu'une première coutume, comme la coutume est une seconde nature[16]." Il est à craindre, en effet, que la "nature" mise en jeu par l'apprentissage "naturel" d'une L2 ne soit "qu'une première coutume", celle à laquelle l'on s'est accoutumé dès sa prime enfance en apprenant sa L1, "première coutume" que le maître peut certes (s')interdire dans la

---

11. Si l'on en croit le témoignage de certains linguistes (tel M. A. K. Halliday apprenant le chinois par cette voie) ou de certains apprenants déjà polyglottes, qui se sont familiarisés à une nouvelle L2 au moyen de la "grammaire" de celle-ci, avant de s'entraîner à la pratiquer réellement avec ses natifs.

12. *Op. cit.* ci-dessus en note 2, p. 60.

13. [C. F. Lizarde de Radonvilliers, l'édition originale ne porte pas le nom de l'auteur]. *De la manière d'apprendre les langues.* Paris : Saillant, 1768, p. 55.

14. [Ollendorff, H.-G.]. *Nouvelle méthode pour apprendre à lire, à écrire et à parler une langue en six mois, Appliquée à l'Allemand* ; ouvrage entièrement neuf, adopté par l'Université de France, à l'usage des collèges et de tous les établissements d'instruction publics et particuliers de l'un et de l'autre sexe par H. G. Ollendorff [1835]. Première partie. Onzième édition, revue, corrigée et augmentée. Paris : chez l'auteur, 1850.

15. Cité par M. Kuhn, article "Langues vivantes", p. 962, dans le *Nouveau Dictionnaire de Pédagogie,* publié sous la dir. de F. Buisson. Paris : Hachette, 1911.

16. B. Pascal. *Pensées* [1662]. Édition de Michel Le Guern. Paris : Gallimard, 1977, p. 110.

classe, mais qu'on ne peut éviter quand on apprend une L2, même quand on l'apprend "par usage"[17]. Il y a là un paralogisme qui n'est pas sans lien avec les difficultés auxquelles se heurtent, dans la pratique, les tenants du "par usage". Quelques exemples.

LA "MÉTHODE DE MONTAIGNE"

Le premier est celui de la "méthode de Montaigne", qui est moins de Michel de Montaigne que de son père, même si elle nous est connue par un chapitre de ses *Essais* intitulé "De l'institution des enfants"[18]. On en cite volontiers certains passages, à peu près toujours les mêmes, en particulier celui-ci : "Et, sans art, sans liure, sans grammaire ou precepte, sans fouet & sans larmes, i'auois appris du Latin, tout aussi pur que mon maistre d'eschole le sçauoit". À quoi l'on ajoute parfois que, lorsque le jeune Montaigne entra au "tres-florissant pour lors & le meilleur de France" collège de Guyenne, son latin s'y "abastardit incontinent".

L'autorité de ce témoignage a beaucoup servi pour justifier l'apprentissage des L2 "par usage". Mais on oublie de rappeler que c'est "auant le premier desnouement de (s)a langue" que le jeune Montaigne s'est accoutumé ainsi au latin. Autrement dit, on oublie qu'il a appris le latin non comme une L2 mais comme une L1, avant donc d'être habitué à une "première coutume". Comme on oublie qu'il l'a appris au sein d'une "institution" fort couteuse : non seulement, son père avait recruté un Allemand "bien cherement gagé, (qui l')auoit continuellement entre les bras", mais aussi deux autres maitres "moindres en sçauoir", chargés de "suivre & soulager le premier". Trois acolytes qui étaient eux-mêmes secondés par l'environnement familial et domestique, qui avait pour "reigle inviolable" de ne "iargonner" qu'en latin avec lui. Reste, cependant, la question de savoir pourquoi son latin "s'abastardit incontinent" dès qu'il entra au collège de Guyenne.

Montaigne dit avoir appris non le latin, mais (nous soulignons) "*du* Latin, tout aussi pur que son maistre d'eschole le sçavoit", c'est-à-dire une variété de cette langue que son maitre avait apprise plus dans les livres que dans sa vie quotidienne, variété probablement très attentive aux règles grammaticales faute d'un réel *usus*, et sans doute marquée par une prononciation tudesque, variété magistrale qui avait peut-être été contaminée par les interlangues périgourdino-latines ou franco-latines utilisées par la domesticité "iargonnant" latin avec lui. Il s'est donc approprié, "par usage" et en tant que L1, une variété qui devait être assez différente du latin de Cicéron qu'il dut affronter au collège, latin dont la "pureté" ne coïncidait pas toujours avec celle de son précepteur, et que des maitres aux accents différents de ce dernier passaient leur temps à commenter dans une métalangue, latine ou française, à laquelle il n'avait été que peu accoutumé. On comprend qu'il ait été désarçonné par cet avatar livresque et scolaire d'un latin qu'il avait appris à manier "naturellement" tout autrement.

Peut-on "naturaliser" l'enseignement des langues en général, et celui du français en particulier ?

---

[17]. Sur ce point, voir H. Besse : "Nature et seconde nature dans l'enseignement/apprentissage des langues", *Revue canadienne de linguistique appliquée*, vol. 1, n° 1-2, 1998, pp. 29-51.

[18]. M. de Montaigne. *Essais* de Messire Michel de Montaigne publiés sur l'exemplaire de Bordeaux avec une introduction par Fortunat Strowski. Paris : Éditions de la Chronique des Lettres Françaises aux Horizons de France, 1927, tome 1, pp. 241-251 (Livre I, chap. XXVI).

La "méthode par la double version" de Radonvilliers

La "méthode" que propose Radonvilliers, et dont il reconnaît qu'elle doit beaucoup aux propositions de Locke et Du Marsais, se veut "une simple imitation de la nature"[19], ce qui le conduit à remonter "jusqu'à l'origine de toutes les Langues, pour [...] expliquer plus nettement comment la nature enseigne aux enfans à parler & à entendre leur Langue maternelle"[20]. Son premier chapitre s'intitule, en conséquence, "De l'étude de la Langue maternelle" et le second, "De l'étude pour entendre une seconde Langue", où il précise :

> "Je suppose qu'un jeune homme me demande mes avis pour apprendre le latin, c'est-à-dire la Langue du siècle d'Auguste. La conversation seroit sans contredit le moyen le plus naturel & le plus sûr. Mais je ne puis l'employer, puisqu'on ne parle plus cette Langue. J'y substitue la lecture, qui en approche beaucoup. Un auteur parle dans ses écrits. Le lire, ce n'est pas converser avec lui, mais au moins c'est l'écouter. Mon premier soin sera donc de proposer à mon élève de choisir un auteur, qu'il puisse l'entendre parler, comme il entendoit autrefois sa nourrice & sa gouvernante[21]."

D'où son application à des textes (latins et grecs) de la "méthode par une double version, l'une des mots, l'autre de la pensée"[22], laquelle "n'exige d'un commençant aucun travail qui puisse être au dessus de ses forces, nul principe à comprendre, nulle règle à appliquer, nul raisonnement à faire"[23]. Ce qui permet à l'élève de "se passer de toute la science grammaticale des substantifs, des adjectifs, des cas, des temps, des personnes, &c."[24]. Science qui, selon Radonvilliers, doit être ramenée "à son véritable usage", celui "des gens habiles qui veulent conoître une Langue à fond"[25]. Pour ceux qui ne veulent que la lire et la parler, elle n'est pas nécessaire, puisque "par-tout une infinité de gens entendent leur Langue, l'écrivent & la parlent, sans avoir aucune teinture de la Grammaire"[26]. Radonvilliers applique pourtant sa "méthode" à quatre langues vivantes (à un texte de Pope pour l'anglais, un de Geller pour l'allemand, un de Cervantes pour l'espagnol, et un de Métastase pour l'italien) pour lesquelles, selon son propre dire, "la conversation seroit sans contredit le moyen le plus naturel & le plus sûr".

Radonvilliers s'en explique quelque peu. S'il a recours à des textes pour enseigner les langues vivantes, c'est afin de montrer "l'universalité des principes qu'(il a) établis"[27], ainsi que leur facilité d'application : si "en un quart d'heure on peut entendre, sans se donner beaucoup de peine, une phrase [...] d'italien, d'espagnol, d'anglois, d'allemand", on ne peut douter qu'"avec les mêmes secours", on parviendra à "entendre, après le temps nécessaire, un ouvrage entier"[28]. Et s'il a recours à une traduction qui semble aller à l'encontre des "procédés de

---

19. *Ibid.*, Préface, p. XV.
20. *Ibid.*, pp. XVII-XVIII.
21. *Ibid.*, p. 45.
22. *Ibid.*
23. *Ibid.*, p. 90.
24. *Ibid.*, p. 87.
25. *Ibid.*, p. 227.
26. *Ibid.*, p. 224.

la nature"[29], au moins quand la L2 est vivante, c'est qu'il considère qu'une L1 s'apprend par les mêmes "procédés", par "traduction" de cette langue en une autre faite de cris, regards, gestes, mimiques, mouvements du corps, la "Langue naturelle", à laquelle Radonvilliers consacre, dans son premier chapitre, quelques pages où il souligne, entre autres, que "nul homme ne sait toute la Langue naturelle", mais que "chacun en sait une portion"[30], suffisante cependant pour apprendre sa L1. Hypothèse qui est, à notre avis, moins naïve que l'hypothèse innéiste et universalisante du *Language Acquisition Device* selon Chomsky.

LA MÉTHODE DIRECTE EST-ELLE UNE IMITATION DE LA "MÉTHODE MATERNELLE OU NATURELLE" ?

Récusant la traduction de la L2, par le manuel ou par le maitre, dans la L1 des élèves, la méthode directe semble être davantage conforme à la représentation qu'on se fait habituellement de l'apprentissage "naturel" d'une L1. C'est ce que reconnait d'ailleurs l'un de ses tenants, E. Simonnot, en 1901 : "par la suppression de la traduction, la méthode directe se rapproche de la méthode *maternelle*"[31]. Et c'est ce qu'il confirme vingt ans plus tard, dans un ouvrage cosigné par Ch. Schweitzer : "les services d'ordre pratique ou intellectuel qu'on attend des langues étrangères sont, dans une certaine mesure, ceux-là mêmes que rend la langue maternelle", il est donc "naturel de s'inspirer, pour l'étude des langues étrangères, des procédés d'acquisition de la langue maternelle"[32].

Toutefois, pour Schweitzer & Simonnot, la méthode directe n'est pas "synonyme de méthode *maternelle* ou *naturelle*"[33], parce que "l'apprentissage naturel est [...] purement empirique (et que) c'est presque un non-sens de parler de *méthode* maternelle", mais aussi parce qu'"une méthode rationnelle d'enseignement des langues vivantes" doit chercher "à combiner les procédés de l'apprentissage naturel et ceux de la période scolaire". Précisions qui visent certes à répondre aux griefs majeurs qu'on colportait à l'endroit de la méthode directe, à savoir qu'on y avait sacrifié "la grammaire, sans laquelle il n'est pas d'enseignement véritable", qu'on lui avait jeté "à la face l'épithète d'*empirique*, pour indiquer qu'elle néglige l'étude des lois fondamentales du langage, qu'elle dispense les élèves de réfléchir, qu'elle se compla it dans un vague 'parlotage'", accusation dont Schweitzer & Simonnot estiment que si elle était réellement "fondée, il faudrait bannir la méthode directe de nos classes"[34]. Mais, à leurs yeux, une classe est d'abord une classe. "Pour nous, écrivent-ils, notre première sphère d'activité, notre première maison à bâtir, [...], c'est le langage scolaire", langage voulant par exemple qu'on y débute, "le rôle du professeur dans sa classe (étant) de commander et celui de l'élève de faire ce qu'on lui commande, [...] par *l'impératif* et *le présent de l'indicatif*, rompant en cela avec l'ordre traditionnel des grammaires classiques",

---

27. *Op. cit.*, p. 256.
28. *Ibid.*
29. La mère ne "traduit" pas quand elle "enseigne" sa L1 à l'*infans* ("celui qui ne parle pas encore").
30. *Ibid.*, p. 3.
31. Dans un article cité par M. Kuhn dans les "Langues vivantes", pp. 961-967, *Nouveau dictionnaire de pédagogie*, sous la direction de F. Buisson. Paris : Hachette, 1911.
32. Ch. Schweitzer ; E. Simonnot. *Méthodologie des langues vivantes*. Paris : A. Colin, 1921, p. 39.
33. *Ibid.* (Souligné dans le texte.)
34. *Ibid.*, p. 41..

c'est-à-dire un langage qui puisse "être la base de tout notre enseignement grammatical"[35]. Et s'ils préconisent le recours à l'image, tout en jugeant qu'elle ne permet d'enseigner qu'une langue "essentiellement impersonnelle" et "essentiellement descriptive"[36], c'est parce que ils ne peuvent pas "comme la mère avec son enfant, (se) promener avec (leurs) élèves pour prendre contact avec le monde extérieur sous tous ses aspects".

"L'approche naturelle" de Krashen et Terrell

On sait que *The Natural Approach* de S. D. Krashen et T. D. Terrell[38] se fonde sur la "théorie des deux voies (ways)"[39] que le seul Krashen avait proposée auparavant, et on sait quel a été le succès que cette "théorie" a connu, plus chez les didacticiens des L2 que chez les psychologues ou les psycholinguistes, durant deux décennies. Dénommée d'abord "Modèle du Moniteur", ensuite plutôt "hypothèse Acquisition/Apprentissage", Krashen la présente comme une "théorie de l'acquisition des langues secondes fondée empiriquement"[40].

Cette "théorie" pose donc l'existence, au moins chez l'adulte, de deux "voies" d'ordre psycho-linguistique, qui seraient à même de lui permettre de développer sa compétence dans une L2. L'une dite "Acquisition (*Acquisition*)" serait "semblable, sinon identique, à la façon dont les enfants développent leur compétence en L1"[41]. Cette "voie" serait ontogénétiquement première, et s'enclencherait d'elle-même, tant chez l'enfant que chez l'adulte, pour peu que le sujet vive au sein d'un "environnement naturel" propice, mais il serait aussi possible de l'enclencher dans des "environnements formels", telles les classes de L2. Il y suffirait de fournir aux élèves un *comprehensible input* en L2, qui leur soit compréhensible, suffisamment diversifié et porteur d'informations susceptibles de les intéresser. L'autre dite "Apprentissage (*Learning*)", que Krashen pose comme ontogénétiquement secondaire, mettrait en jeu le *Monitor*, et donc des règles apprises dans des "environnements formels". Quel que soit l'âge, le sexe ou la race, l'on disposerait de ces deux "voies", mais il ne serait pas possible de passer de la seconde à la première : "L'Apprentissage ne peut devenir Acquisition (*Learning does not 'turn into' Acquisition*)"[42].

Notre propos n'est pas ici de critiquer la "théorie des deux voies" de Krashen, et encore moins *The Natural Approach*, mais simplement de suggérer que leur éphémère succès fut peut-être lié au fait que s'y retrouvent des croyances anciennes dans la réflexion occidentale sur l'apprentissage des L2, l'*Acquisition* pouvant y être aisément assimilée à l'apprentissage "par usage", et le *Learning* à l'apprentissage "par régles". Cependant, à lire les écrits que Krashen a publiés entre le milieu des années 1970 et le milieu des années 1980, on est frappé par la progressive marginalisation que l'hypothèse du *Monitor* y a connue par rapport à celle de l'Acquisition. Préoccupation dominante au départ, elle

---

35. *Ibid.*, p. 130.
36. *Ibid.*, p. 77. (Souligné dans le texte.)
37. *Ibid.*, p. 73.
38. *Op. cit.* ci-dessus en note 8.
39. Rappelons que *méthode* vient du grec *methodos* (*meta-hodos*), littéralement "poursuite, recherche du chemin, de la voie".
40. *Nat. Appr.*, p. 1.
41. S. D. Krashen. *Principles and Practice in Second Language Acquisition*. Oxford : Pergamon Press, 1982, p. 10.
42. *Ibid.*, p. 83.

n'est plus à l'arrivée qu'un simple processus de "contrôle" des productions engendrées par la seule Acquisition, une des tâches de l'enseignant étant de leur apprendre à utiliser le *Monitor* "quand il convient et quand ça ne gêne pas le flux de la communication"[43]. Si la "voie" de l'Acquisition suffit à développer une réelle compétence de communication en L2, à quoi sert le *Monitor*, sinon à la "surveiller" ou "corriger" en fonction du traditionnel "par régles" ?

Quand la méthode communicative retrouve le "par régles"

La méthode communicative nous semble avoir connu l'évolution inverse, en ce qu'elle est devenue davantage soucieuse du "par régles", au moins dans le discours des manuels, qu'elle ne l'était dans ses débuts, quand on s'en tenait à un "communicatif" rappelant le "par usage" de Du Marsais, sa principale innovation ayant consisté à proposer des exercices (jeux de rôles, simulations "globales" ou non, recours à des "documents authentiques", lectures "globales" focalisées sur le contenu informatif) qui visent à reproduire en classe les conditions pragmatiques dans lesquelles les élèves auront à faire, selon leurs besoins, un usage "communicatif" de la L2[44].

On y est passé de la croyance voulant que la "communication", telle qu'elle peut être simulée dans une classe de L2, est la condition nécessaire et suffisante au développement d'une compétence (non seulement communicative mais aussi grammaticale) en L2, à une pratique présupposant que cette "communication" est nécessaire mais insuffisante pour que les apprenants développent une réelle "grammaticalité" dans cette L2. Sans doute s'était-on aperçu que, dans les classes où l'on se bornait à simuler des "communications" en L2 sans trop corriger les élèves pour ne pas gêner "le flux de la communication", ils avaient tendance à développer une variété de cette L2 propre à leur micro-communauté, une sorte d'interlangue (entre leur L1 et la L2) ou de sabir (entre la L2 et leurs différentes L1), bref d'un "baragouinage communicatif" assez éloigné de l'usage que les natifs font de cette L2.

D'où, dans les manuels "communicatifs" récents, et particulièrement dans ceux de français L2, le retour (soit en fin d'ouvrage, soit à la fin de chacune des unités, soit en combinant les deux) à des "leçons de grammaire" plus ou moins traditionnelles, dont on ne perçoit pas toujours très bien le rapport qu'elles peuvent entretenir avec les activités "communicatives" prévues. Un peu comme si l'on ne parvenait pas à y joindre ce que souhaitait Du Marsais, "l'usage avec les régles et les observations".

Le "par usage" face au réel de la classe de L2

En dépit de ce que postule le "raisonnement naturaliste", le "par usage" des manuels et des classes – même, et peut-être surtout,

---

43. *Nat Appr.*, op. cit., p. 45.

44. Voir sur ce point J. Sheils (*Communication in the modern languages classroom*. Strasbourg : Conseil de l'Europe, 1988), qui donne de nombreux exemples de ce type d'exercices "communicatifs".

45. Voir Fr. François (dir. par) : *La communication inégale.* Neuchâtel/Paris : Delachaux et Niestlé, 1990.

46. Parce que les élèves parlent différentes L1, ou parce que le maitre ignore celle qu'ils ont en commun.

47. On sait que c'est un des principes méthodologiques qui singularisent les méthodes directe et structuro-globale audio-visuelle par rapport à la plupart des autres méthodes, y compris *The Natural Approach* et la méthode communicative.

48. Comenius, au début du XVIIe siècle, est sans doute un des premiers didacticiens à avoir explicité, bien qu'il fasse appel à la traduction de la L2 en L1, cette "pré-grammaticalisation" de la L2 enseignée. Voir H. Besse : "Une leçon de grammaire tirée de Quintilien", *Le français dans le monde,* n° 313, janv.-fév. 2001, pp. 36-37.

49. Voir, par exemple, H. Besse, "Le discours métalinguistique de la classe", pp. 102-110 in : *Encrages :* Acquisition d'une langue étrangère. Présenté et réalisé par J. Arditty et M. Mittner. Saint-Denis : Université Paris VIII-Vincennes à Saint-Denis, 1980.

quand on y a recours à des "documents authentiques", aux médias du jour ou à des simulations proches de la vie quotidienne – n'est ni le "par usage" qui permet à l'enfant d'apprendre sa L1, ni le "par usage" qui permet à l'adulte d'apprendre à communiquer dans une L2 en interagissant avec ses natifs. Son "naturel" s'y heurte au réel de la classe, et partant à ce "langage scolaire" que, parmi les tenants de ce raisonnement, Schweitzer & Simonnot sont à peu près les seuls à revendiquer comme tel.

Maitre et élèves sont co-présents pour enseigner/apprendre une L2, qui est pratiquée par l'enseignant alors qu'elle ne l'est pas, ou l'est encore peu, par les apprenants. Cette situation de "communication inégale"[45] existe certes en dehors d'une classe de L2, mais celle-ci lui impose des contraintes spécifiques, particulièrement quand le maitre y utilise, par nécessité[46] ou par méthode[47], la seule L2. Si, pour être compris de ses élèves, il a recours, comme la mère avec son petit enfant ou l'ingénieur avec le travailleur immigré, à un parler-bébé, un charabia ou un petit-nègre qui ne respecte pas la morpho-syntaxe de la langue enseignée, on l'accusera, par exemple, de "parlotage". Il cherche donc à *simplifier* la L2 dont il use avec ses élèves d'une autre façon, en réduisant ses énoncés à des propositions dont les termes sont pris dans leur sens "propre" et dont le verbe est au présent de l'indicatif ou à l'impératif présent, ce qui revient à "prégrammaticaliser" la L2 présentée aux élèves, puisque les grammairiens ont coutume de réduire ainsi les langues qu'ils analysent[48]. S'il a recours à des extraits de textes, à des enregistrements ou à des "documents authentiques", afin de leur présenter une L2 qui soit plus conforme aux usages des natifs, il sera contraint de les commenter, en L2, à l'aide de divers *procédés métalinguistiques* (de l'autonymie à l'exégèse, en passant par la paraphrase ou la glose). Recourir aux dramatisations, jeux de rôles et autres simulations ne lui évitera pas d'expliquer, dans une L2 que les élèves maitrisent encore mal, les consignes, forcément métalinguistiques, à la mise en place de ces activités "communicatives", et les élèves, sachant qu'ils s'y livrent pour apprendre la L2, éviteront difficilement de focaliser leur attention sur les formes utilisées[49]. Bref, communiquer dans une classe de L2 est autre chose que communiquer avec ses natifs, et le "par usage" scolaire est autre chose que le "par usage" qui permet d'apprendre "naturellement" une langue. D'où le constat, souvent fait, que la maitrise scolaire d'une L2, dans les activités de classes ou aux examens, ne suffit pas à assurer une réelle compétence dans cette langue, qu'il faut la compléter par des séjours dans le pays où cette L2 est pratiquée.

Du Marsais n'a sans doute pas tort d'affirmer que joindre "l'usage avec les régles et les observations" est "la manière la plus courte et la plus sure, tant pour aprendre les langues vivantes que pour aprendre les langues mortes", mais cette "jointure" ne va pas de soi, comme l'attestent les difficultés des manuels "communicatifs" à intégrer le "par régles" au "par usage". Certains adeptes du seul "par usage" imputent volontiers ces difficultés au conservatisme des enseignants ou à celui des éditeurs (réels l'un et l'autre) ; d'autres justifient le recours au "par régles" par un "cognitivisme" ou un *awareness of language* (assez différent de celui proposé par E. Hawkins[50]) qui l'aurait réhabilité théoriquement.

Plus rares sont ceux qui imputent ces difficultés aux caractéristiques de la L2 telle qu'elle a été socio-historiquement travaillée par une partie de ses natifs à des fins diverses, en particulier pour l'enseigner/apprendre à des élèves qui n'en partagent pas la culture ordinaire. C'est ce que nous voudrions montrer, dans notre seconde partie, pour la seule langue française, car en la matière ce qui est vrai d'une langue ne l'est pas nécessairement d'une autre, fût-elle de même famille et de même tradition grammaticale.

Peut-on enseigner "naturellement" la variété cultivée de la langue française ?

Le présupposé voulant que les langues relèvent du "naturel", quitte à concéder que celui-ci ne soit qu'"une seconde nature (ayant) détruit la première", n'a rien d'évident, particulièrement pour ce que l'on enseigne/apprend de la langue française.

Peut-on considérer que cette langue, en tant qu'ensemble de variétés plus ou moins intercompréhensibles, est l'objet effectivement enseigné par le professeur qui se dit de français ? Coïncide-t-elle avec ce que les Instructions officielles des pays francophones appellent *le français d'aujourd'hui, courant, standard ou commun* ? D'évidence, *le français, tel qu'il est scolairement enseigné/appris, n'est pas la langue française*, il n'en est qu'une variété, celle qui est perçue, non seulement par l'ensemble des francophones mais aussi par nombre de non francophones, comme étant plus légitime que ses autres variétés, qu'elles soient historiques, dialectales, sociolectales, technolectales ou idiolectales. Et ce n'est que par métonymie ("la partie pour le tout") que le français, tel qu'il est scolairement entendu, peut être considéré comme un synonyme de la langue française.

D'où cette variété – que nous disons *cultivée*, pour des raisons que nous allons aborder – tire-t-elle sa légitimité à la fois scolaire et non scolaire ? Du fait précisément qu'elle a subi, durant au moins huit siècles, un traitement social et grammatical (au sens large de ce terme) qui en a fait ce qu'elle est, traitement certes lié à l'évolution "naturelle" de la langue française mais non réductible à celle-ci, telle qu'on l'entend en général. De ce traitement pluriséculaire, nous allons brièvement rappeler quelques étapes, car les représentations qui en sont couramment véhiculées, y compris par certains discours savants, nous paraissent à même de fourvoyer ceux qui ont à enseigner le français. Nous débuterons par l'origine de cette variété, qui reste controversée, presque autant que celle du langage humain. En s'en tenant

50. *Awareness of Language : An Introduction.* Cambridge : Cambridge University Press, 1984..

D'un "dialecte qui a réussi" à une scripta commune

La première, qui est sans doute encore la plus vulgarisée en France et hors de France, fait de ce français "un dialecte qui a réussi", non en vertu de ses qualités intrinsèques mais de circonstances historiques qui lui auraient été particulièrement favorables, hypothèse qui lui prête une origine locale, parlée et donc populaire. Ce dialecte – auquel G. Paris ne donnera le nom de *francien* qu'à la fin du XIXe siècle, afin de le distinguer des autres dialectes d'oïl et de l'ancien français tel qu'on le connaissait par l'étude des textes médiévaux – aurait été parlé, entre le Xe et le XIIe siècle, dans la région de l'Île-de-France actuelle, et il aurait fini par l'emporter sur les autres dialectes du nord de la France actuelle (dialectes dit d'oïl ou d'oui) parce qu'étant celui de Paris, résidence principale des rois de France à partir des Capétiens, il aurait acquis un prestige tel qu'il serait devenu, au cours des siècles, la "langue commune" de leurs sujets, d'abord de ceux du Nord de leur royaume, ensuite d'une élite de ceux du Sud, avant que les Républiques ne cherchent à "universaliser" ce français – par l'administration et le commerce, l'école ou le service militaire – à l'ensemble des citoyens français.

Dès 1906, F. Brunot, dans la préface à sa monumentale *Histoire de la langue française*, définit celle-ci – "sans tenir compte des dialectes ni des patois" précise-t-il – comme "la continuation de ce que les savants commencent, pour plus de propriété, à appeler le *francien*, c'est-à-dire la forme spéciale prise par le latin parlé, tel qu'il s'était implanté à Paris et dans la contrée avoisinante, et tel qu'il s'y est développé par la suite des temps pour s'étendre hors de son domaine propre", voyant là l'origine de "la langue parlée aujourd'hui par un faubourien, un 'banlieusard', ou écrite par un académicien"[51]. Et dans le corps même de son texte, il ajoute que "le francien ne doit pas être considéré comme un amalgame, une sorte de *koinê*[52], analogue à la *koinê* grecque", mais "essentiellement (comme) le parler d'une région"[53]. Le "francien" entrera, quelques décennies plus tard, dans les dictionnaires de la langue courante[54], et comme les mots servent, en général, à signifier des réalités existant en dehors d'eux, son statut de néologisme savant *ad hoc* fut vite oublié, le "francien" devenant, dans la croyance collective de nombreux francophones cultivés, un "fait historique" qui fonctionnera dès lors comme une sorte de mythe fondateur du français. Bel exemple de "naturalisation" d'une création savante.

À peine émise, cette hypothèse avait pourtant été contestée, entre autres par Paul Meyer qui soutenait qu'"aucun groupe de dialectes, de quelque façon qu'il soit formé, ne saurait constituer une famille naturelle, par la raison que le dialecte (qui représente l'espèce) n'est lui-même qu'une représentation assez arbitraire de notre esprit"[55]. Elle l'avait été aussi par ceux qui donnaient au français une origine semblable à celle de

---

[51]. F. Brunot : *Histoire de la langue française des origines à nos jours*. Paris : Librairie Armand Colin, 1966, tome I, Préface [1906], p. III.

[52]. Le terme de *koinê* y est en caractères grecs. Il s'agit de la "langue commune" qui était écrite/parlée dans la Grèce hellénistique puis romaine.

[53]. *Ibid.*, p. 325.

[54]. Si l'Abrégé du *Littré* (1932) ne le retient pas, le *Nouveau petit Larousse illustré* (1952) le définit comme le "dialecte parlé dans l'Île-de-France au moyen âge", *Le Petit Robert* (1972) comme le "dialecte d'oïl parlé en Île-de-France et en Orléanais au moyen âge, qui a triomphé des autres dialectes pour donner le français", et le *Lexis* (1975), un peu plus prudemment, comme le "nom donné au parler roman de l'Île-de-France, distingués des autres dialectes (champenois, picard, etc.) de la langue d'oïl".

la *koinê* grecque (tel R. Loriot, dont se démarque ci-dessus Brunot). Et de nos jours, même H. Walter, qui en tient toujours pour son origine dialectale, admet qu'"aucun manuscrit ancien n'en présente une manifestation incontestable"[56].

Critiques qui donneront naissance à la seconde hypothèse que nous distinguons, à savoir que l'origine du français réputé "commun" serait à chercher dans la *scripta* empruntée au latin que les clercs (entendus comme l'ensemble de ceux qui, ayant étudié ce dernier, étaient au moins à même de le lire/écrire) auraient *communément* adoptée pour écrire les divers parlers d'oïl. Hypothèse reprise par R. Balibar qui, la forçant quelque peu, affirme que "l'imagerie moderne d'un dialecte régional qui aurait triomphé des autres pour devenir national est erronée"[57], et que "le français national-international"[58] serait le résultat d'une "institution" millénaire, celle de toute une "lignée de savants, privilégiés de l'écriture", allant des clercs carolingiens aux universitaires actuels, "qui, sous des régimes successifs, ont institué le français langue d'État dans le colinguisme européen"[59], langue profondément marquée par une "pratique normative (celle qui est enseignée officiellement et qui relève de l'État)"[60]. Hypothèse radicalement opposée à la précédente, en ce qu'elle substitue à un dialecte issu "naturellement" du peuple, une sorte de *koinê* "artificiellement" issue d'une élite lettrée.

Un certain "bien parlant an lengue françoise"

Les travaux de A. Dees ont infirmé, pour une part, l'existence d'une scripta "commune" aux dialectes d'oïl, en montrant que, dans les chartes du XIIIe siècle rédigées dans les dialectes d'oïl, les scripteurs avaient recours à des scriptae relativement diversifiées[61]. En outre, cette hypothèse, poussée à l'extrême, ferait de l'idiome issu de cette *scripta* une langue quasi artificielle (tel l'esperanto[62]), dont on comprendrait mal comment elle aurait pu devenir, dès le XIIe siècle, non seulement celle des clercs mais aussi, alors qu'elle n'était ni enseignée ni imposée par l'administration royale, celle d'une partie, faible par le nombre mais forte par son influence, de ceux qui ne savaient ni lire ni écrire. Il faut donc imaginer une troisième hypothèse, proche de celle avancée par J. Picoche quand elle souligne "l'implantation réelle dans les parlers régionaux des formes communes"[63].

Cette hypothèse postule que le français "commun" n'aurait pas eu pour origine un dialecte local, mais un *sociolecte à substrat pluridialectal*, assez étroit par le nombre de ceux qui le pratiquaient, mais pouvant l'avoir été dans des lieux relativement dispersés (à Paris, mais aussi à Amiens, Reims, Chartres...). Ce sociolecte serait certes lié aux *scriptae* des dialectes d'oïl (particulièrement, du champenois, du picard et du normand), telles qu'elles étaient pratiquées, dès le XIIe siècle, à des fins administratives (consigner un testament, dénombrer des terres...) ou festives (écrire une "chanson" afin qu'elle puisse être dite par d'autres

---

55. Cité par F. Brunot, *op. cit.*, tome I, p. 298. Cette citation demanderait de longs commentaires : la parenthèse "(qui représente l'espèce)" atteste qu'elle s'inscrit dans une réflexion assimilant la philologie aux "sciences naturelles" (botanique, zoologie...), et ses propositions sont liées à des enquêtes (comme celles de J. Gilliéron et E. Edmont pour leur *Atlas linguistique de la France*) attestant que les isoglosses des formes réputées appartenir au même dialecte ne se recouvrent pas.
56. H. Walter. *Le français d'ici, de là, de là-bas.* Paris : J.-C. Lattès, 1988, p. 88.
57. R. Balibar. *L'institution du français. Essai sur le colinguisme des Carolingiens à la République.* Paris : PUF, 1985, p. 80.
58. *Ibid.*, p. 14.
59. *Ibid.*, p. 11.
60. *Ibid.*, p. 91.
61. Voir en particulier, l'*Atlas des formes et des constructions des chartes françaises du 13e siècle*. Tübingen, Niemeyer (Zeitschrift für Romanische Philologie), 1980 ; et "*Dialectes et scriptae à l'époque de l'ancien français*", *Revue de Linguistique Romane*, n° 49, 1985, pp. 87-117.
62. Voir D. Bonnehon ; A. Rosiaux. *Petit cours primaire d'esperanto.* Paris : Librairie Hachette et Cie, 1910.
63. J. Picoche ; C. Marchello-Nizia. *Histoire de la langue française.* Édition revue et corrigée. Paris : Nathan, 1991, en particulier pp. 19-26.

que son "trouvère", écrire un "roman" pour qu'il puisse être psalmodié proprement en d'autres lieux que celui où il a d'abord été transcrit) ; mais aussi, et peut-être surtout, à un parler vécu comme relativement distinctif par rapport aux autres. Aurait ainsi émergé un bien dire (une sorte d'acrolecte) qui, parce qu'associé au prestige de ceux qui l'énonçaient, aurait été adopté au-delà du cercle restreint l'ayant d'abord cultivé, pour devenir ce que l'on commencera à appeler, dans la seconde partie du XIIe siècle, le franchois, la langue de françois ou la langue françoise.

De ce bien dire, certains textes évoquent bien le contexte d'emploi. Par exemple, ce passage souvent cité de Conon de Béthune (vers 1180), où il se plaint des moqueries dont son parler picard a été l'objet à la cour de France, lors du mariage du jeune roi capétien Philippe Auguste :

[...]
Ke mon langaige ont blasmé li François,
Et mes cançons, oiant les Champenois,
Et la Contesse encoir, dont plus me poise.

La Roïne n'a pas fait ke cortoise
Ki me reprist, ele et ses fieus, li Rois.
Encoir ne soit ma parole franchoise,
Si la puet on bien entendre en franchois ;
Ne chil ne sont bien apris ne cortois,
S'il m'ont repris se j'ai dit mos d'Artois,
Car je ne fui pas norris a Pontoise.[64]

Texte qui n'exige pas vraiment, bien que huit siècles nous en séparent, d'être traduit en français actuel[65], et qui atteste – il est souvent cité pour cette raison – que Conon de Béthune avait conscience que son parler (ma parole franchoise) différait du parler des cours de France et de Champagne tout en y étant parfaitement compréhensible (ma parole franchoise / Si la puet on bien entendre en franchois). Mais ce texte évoque aussi un milieu festif mêlant hommes et femmes de diverses provinces (Île-de-France, mais aussi Champagne et Picardie), où chacun se doit d'être courtois, en présence de la Roïne et de ses fieus li Rois ("son fils le roi"), même si, à en croire Conon, ceux qui devraient l'être le plus ne le sont pas toujours : chil ne sont bien apris ne cortois / S'il m'ont repris se j'ai dit mos d'Artois. Contexte qui se retrouve, à peu près à la même date, au tout début du "roman" Le Chevalier à la charrette, où Chrétien de Troyes décrit le roi Arthur tenant, au jour de l'Ascension, une cour magnifique en présence de la reine, de ses barons et de Mainte bel dame cortoise / Bien parlant an lengue françoise[66]. Bien parlant lié, tout comme chez Conon, à un contexte où tout chevalier, voulant être bien apris ("bien éduqué") avec les "belles dames courtoises", se devait de respecter un comportement corporel et verbal qui n'était sans doute pas tous les jours le sien.

64. Les chansons de Conon de Béthune, éditées par Axel Wallensköld [1921]. Paris : Librairie Honoré Champion, 1968, p. 5. J. Picoche donne de cette strophe une curieuse version non référencée (op. cit., pp. 21-22) ou le n'a pas fait est remplacé par ne fist pas, les ki par des qui, ne chil par ne cil, en franchois par en françois, s'il m'ont repris par qui m'ont repris, mos par mot, ou norris par noris. Quant à R. A. Lodge (French : from dialect to standard. London and New York : Routledge, 1993, p. 99), qui se réfère à la même édition que nous, il a remplacé entendre par conprendre, et fieus par fueis.

65. Rappelons, cependant, que la mère de Philippe Auguste (la Roïne) était Adèle de Champagne, dont les quatre frères étaient seigneurs de Reims, Chartres, Blois et Sancerre (d'où l'allusion aux Champenois), et qu'il épousa la nièce du comte de Flandre, dont il reçut en dot l'Artois. Quant à la Contesse dont le blasme poise si fort Conon, il s'agit sans doute de Marie de Champagne, fille de Louis VII, roi de France, et d'Aliénor d'Aquitaine.

Un ouvrage de l'historien G. Duby[67] – qui doit beaucoup à un manuscrit édité par ce même Paul Meyer qui, à la fin du XIXe siècle, critiquait la notion de dialecte – donne une idée de ce que pouvait être la culture *profane* d'un chevalier de ce temps : vivant, à peine sorti de l'enfance et tant qu'il restait *bachelier* ("non marié"), dans un monde essentiellement masculin, ne sachant ni lire ni écrire mais aimant chanter des *cançons* apprises de mémoire, allant d'Angleterre en France (celle d'oïl) pour "tournoyer" ou combattre, soucieux de courtoisie avec les femmes quand elles étaient de son rang mais guère avec les autres, et particulièrement pointilleux quant aux règles de chevalerie, apprises très jeune en écoutant le récit des hauts faits, réels ou fictifs, des chevaliers les ayant illustrées. Récit dont Duby écrit que, étant "donné à entendre à des hommes et à des femmes qui n'étaient pas lettrés", il était dit dans "un langage que ces gens pouvaient comprendre, celui dont ils usaient sinon tous les jours, du moins dans les cours où se rassemblait la chevalerie et où s'imposaient les manières qui distinguent du commun les gens bien nés"[68].

Mais ce *bien parlant an lengue françoise* n'était pas, dans la seconde moitié du XIIe siècle, l'apanage des seuls "gens bien nés", de ce milieu des "solidarités de lignage et des prouesses guerrières" dont parle un autre médiéviste[69]. Il était aussi celui d'une partie des milieux à même d'établir des "solidarités horizontales entre hommes libres et égaux"[70], c'est-à-dire de cette bourgeoisie qui exploitait la campagne et qui s'en moquait (les parlers des paysans seront bientôt stigmatisés par elle du nom de *patois*), comme elle se moquait du monde féodal[71]. Et c'est aussi dans ce *bien parlant* que les chroniqueurs du XIIIe siècle, d'origine champenoise (G. de Villehardouin et J. de Joinville) ou picarde (R. de Clary), écriront l'histoire telle qu'ils l'ont vécue, pour qu'elle puisse être redite à ceux qui ne savaient pas lire.

DES DÉBUTS DE LA "GRAMMATISATION" DU BIEN PARLANT AN LENGUE FRANÇOISE

Ce *bien parlant* fut donc très tôt graphié, d'abord selon des pratiques d'ordre plutôt "phonétique", ensuite selon des pratiques plus savantes où les imprimeurs, à partir de la fin du XVe siècle, jouèrent un rôle important, transformant le très simple *Mainte bel dame cortoise* en quelque chose de proche de notre *Maintes belles dames courtoises*. Mais ce bien parlant ne fut guère "grammatisé"[72] avant le début du XVIe siècle[73].

Entre 1520 et 1530, John Palsgrave, "natyf de Londres et gradue de Paris" précepteur de la sœur du roi d'Angleterre, rédige une grammaire du français *en anglais* de près de neuf cents pages, dont seuls le titre (*L'esclarcissement de la langue françoise*) et les exemples sont dans *the newe french tongue* ("la nouvelle langue française") telle qu'il l'a apprise lors de ses études à Paris. Cet ouvrage est divisé

---

66. *Le Chevalier à la charrette ou le roman de Lancelot*. Édition critique d'après tous les manuscrits existants, traduction, présentation et notes par Charles Méla. Paris : Le Livre de Poche, 1992, p. 42. On sait que la matiere et le san de ce "roman" lui furent imposés par la même Contesse dont il est question dans la *cançon* de Conon, cette Marie de Champagne, dont un des grands-pères fut le premier troubadour, et dont un des petits-fils sera un célèbre "chansonnier" ou trouvère.

67. G. Duby : *Guillaume le Maréchal, ou Le meilleur chevalier du monde*. Paris : Fayard, 1984.

68. *Ibid.*, p. 39.

69. J. Meyer. *Le temps des principautés*. Paris : Fayard, 1984, p. 102.

70. *Ibid.*, p. 121.

71. Voir cette œuvre collective, commencée vers 1175 par Pierre de Saint-Cloud, qu'est *Le Roman de Renart*, où la fiction animalière permet de se dauber à la fois des vilains, des clercs et des chevaliers, mais où l'on accorde à la gent femelle, peut-être parce que c'étaient les femmes qui assuraient le succès de ces fabliaux, une certaine supériorité intellectuelle sur la gent mâle.

72. Le principal promoteur de cette notion la définit comme "le processus qui conduit à décrire et à outiller une langue sur la base des deux technologies qui sont encore aujourd'hui les piliers de notre savoir métalinguistique : la grammaire et le dictionnaire" (S. Auroux : *Histoire des idées linguistiques*. Liège-Bruxelles : Pierre Mardaga Ed., 1992, t. 2, p. 28).

73. Certes, autour de 1410,

en trois "livres", le premier traitant de la prononciation, plus exactement de l'oralisation en français des lettres que les Anglais sont habitués à lire en anglais ; le second, des neuf parties du discours, plus ou moins comparativement avec l'anglais ; et le troisième offrant un dictionnaire anglais-français, classé selon les parties du discours. Une vingtaine d'années plus tard, le Lyonnais L. Meigret rédige la première véritable grammaire du français en français, où il propose déjà de réformer son orthographe en se fondant sur la seule prononciation (*Le tretté de la grammere françoese*).

Et c'est durant ces mêmes années que l'imprimeur Robert Estienne élabore le premier dictionnaire français-latin (1539), avant que son fils, Henri, ne célèbre la *Conformité du Langage françois avec le Grec* (1566) et sa *Précellence* (1579) par rapport aux autres langues vulgaires, en raison de sa gravité, douceur, grâce, brièveté et richesse. Manquent la pureté et la clarté qui lui seront conférées au XVIIe siècle (voir Bouhours ci-après).

Cette "grammatisation" se poursuivra, bien entendu, aux siècles suivants, qui verront se multiplier les grammaires du français, en français pour ceux qui le parlent déjà (ou qui parlent une **variété** de la langue française autre), dans la plupart des autres langues européennes pour ceux qui ne le parlent pas, ainsi que les dictionnaires monolingues ou bilingues qui en colligent les formes acceptables et en codifient les sens.

DE LA PREMIÈRE "NORMALISATION" DU FRANÇAIS

Cette normalisation[74] du bien parler et du bien écrire en français se développe surtout au XVIIe siècle, dans des discours différents de ceux qui continuent à assurer alors sa grammatisation, discours d'apparence plus mondaine que savante, dont les *Remarques sur la Langue Françoise* [1647] de Cl. Fabre de Vaugelas[75] et les *Entretiens d'Ariste et d'Eugène* [1671] de D. Bouhours[76] sont deux bons exemples.

Dans sa *Preface*[77], Vaugelas part du constat – sans doute trop évident pour que, de nos jours, il soit souvent rappelé – qu'il ne suffit pas de parler une langue pour la "bien parler" : "Car si ce n'est autre chose, comme quelques-vns se l'imaginent, que la façon ordinaire de parler d'vne nation dans le siege de son Empire, ceux qui y sont nez & élevez, n'auront qu'à parler le langage de leurs nourrices & de leur domestiques, pour bien parler la langue de leur pays, & les Provinciaux & les Estrangers pour la bien sçauoir, n'auront aussi qu'à les imiter." (II, 1) Opinion qui, selon Vaugelas, "choque tellement l'expérience générale" qu'il faut bien admettre qu'il y a "deux sortes d'*Vsages, vn bon & vn mauuais. Le mauuais se forme du plus grand nombre de personnes, qui presque en toutes choses n'est pas le meilleur, & le bon au contraire est composé non pas de la pluralité, mais de l'élite des voix, & c'est veritablement celuy que l'on nomme le Maistre des langues, celuy qu'il

---

un gentilhomme anglais dénommé John Barton, désireux de connaitre "la droite nature" d'une langue dont il parlait probablement une variété anglicisée, demande à quelques "bons clercs" de France de lui rédiger, en français, une grammaire du français (*le Donait françois*), mais cette "première grammaire" du français ne dépasse pas une douzaine de pages.

74. *Norme* a, en français, deux acceptions différentes, l'une, ancienne, qui la lie à une "règle" idéale ou à un "devoir être", l'autre, récente, qui la lie à "la majorité des cas". Nous donnons ici à *normalisation* l'acception ancienne de *norme*.

75. *Remarques sur la Langue Françoise.* Fac-similé de l'édition originale, par J. Streicher. Paris : E. Droz, 1934.

76. *Entretiens d'Ariste et d'Eugène.* Paris : Éditions Bonard, 1920.

77. Elle n'est pas paginée, mais divisée en paragraphes numérotés en chiffres romains, eux-mêmes subdivisés en "périodes" numérotées en chiffres arabes, d'où les références que nous en donnons entre parenthèses.

faut suiure pour bien parler, & pour bien escrire en toutes sortes de stiles" (II, 2)[78].

Les grammairiens et linguistes de notre temps font souvent comme si le "bon usage" allait de soi, certains le réduisant même – à la façon des adeptes du "locuteur-auditeur idéal" selon N. Chomsky – à leur propre sentiment grammatical. Il n'en allait pas de même pour Vaugelas. Le "bon Vsage" ne s'imposant pas de lui-même, il lui faut consulter "trois tribunaux" (XIII, 3) avant d'en décider, dont deux sont souvent rappelés (souligné dans le texte) : "*C'est la façon de parler de la plus saine partie de la Cour, conformément à la façon d'escrire de la plus saine partie des Autheurs du temps*" (II, 3), alors que le troisième, celui des "gens sçavants en la langue" (II, 7), l'est plus rarement. Vaugelas ajoute que "la plus saine partie de la Cour" inclut "les femmes comme les hommes, & plusieurs personnes de la ville où le Prince reside, qui par la communication qu'elles ont avec les gens de la Cour participent de sa politesse" (II, 3), et précise que "ce n'est pas une acquisition si aisée à faire que celle de la pureté du langage", puisqu'on ne peut y parvenir que par ces "trois moyens", et que les deux premiers "demandent plusieurs années pour produire leur effet"(II, 8).

Entre ces "trois tribunaux", il existe une hiérarchie. "La façon de parler de la plus saine partie de la Cour" l'emporte sur la façon d'écrire "de la plus saine partie des Autheurs du temps", parce que "la parole qui se prononce est la premiere en ordre & en dignité" (II, 5) et que, "pour l'ordinaire, les gens de lettres, s'ils ne hantent la Cour ou les Courtisans, ne parlent pas si bien ny si aisément que les femmes, ou que ceux qui n'ayant pas estudié sont toujours dans la Cour"[79] ; et elle l'emporte aussi sur les "gens sçavants en la langue", parce que "dans les doutes de la langue, il vaut mieux pour l'ordinaire, consulter les femmes, & ceux qui n'ont point estudié, que ceux qui sont bien sçavans en la langue Grecque, & en la Latine", car ceux-là "parlant sans reflexion & sans raisonner", parlent "selon l'Vsage & par conséquent parlent bien", alors que ceux-ci, s'attachant "à la raison ou au raisonnement qui est toujours vn faux guide en ce sujet, quand l'Vsage est contraire"[80], ne parlent pas "dans cette naïfueté qui descouvre l'Vsage que l'on cherche"[81]. D'où des "soins & des perquisitions extraordinaires" (XIII, 4) différentes – qui ne sont pas sans rappeler celles du sociolinguiste W. Labov – selon que le grammairien a affaire aux uns ou aux autres.

Le "bon Vsage" relève donc d'une culture plus orale qu'écrite : "lors que ie parle de l'Vsage, [...] cela s'entend de l'Vsage [...] qui ne nous apparoist proprement que [...] *quand on parle* ; car l'escriture n'est qu'vne image de la parole, & la copie de l'original, de sorte que l'Vsage se prend non pas de ce que l'on escrit, mais de *ce que l'on dit & que l'on prononce en parlant*"[82]. Pour Vaugelas, "la plus grande de toutes les erreurs en matiere d'escrire, est de croire, comme font plusieurs, qu'il ne faut pas escrire, comme l'on parle.", mais il ajoute que

---

78. *Op. cit.* "Preface". Celle-ci n'étant pas paginée, nous en donnons les références par paragraphes (chiffres romains) et périodes (chiffres arabes).
79. *Ibid.*, p. 505.
80. *Ibid.*, p. 509.
81. *Ibid.*, p. 506.

"l'on doit entendre sainement cette maxime, *qu'il faut escrire comme l'on parle*, car comme il y a diuers genres pour parler, il y a diuers genres aussi pour escrire"[83]. Ce "bon Vsage" est donc loin d'être puriste, il inclut "tout le langage des honnestes gens, & tous les stiles des bons Escriuains" (VII, 3), ce qui fait que l'on "peut estre bas & familier, & du bon Vsage tout ensemble" (*ibid.*).

Si l'on ajoute à cette primauté de "la parole qui se prononce" sur celle qui s'écrit, le recours à la notion de "plus saine partie"[84], l'attention prêtée aux femmes en matière de "bon Vsage" et le lien qu'entretient celui-ci avec "la politesse", il nous semble que Vaugelas s'inscrit clairement dans la tradition courtoise du *bien parlant an lengue françoise*, même si le bien parlant du XVIIe siècle doit aussi tenir compte et du "consentement des bons Autheurs" (II, 5), lequel importait sans doute moins aux "belles dames" et chevaliers illettrés du XIIe siècle, et du jugement des "gens sçavants en la langue", qui leur importait encore moins puisque leur espèce ne s'adonnait alors qu'au latin et au grec.

C'est la même tradition qui, pour ainsi dire, se "naturalise" chez Bouhours, quand il affirme, pour s'en tenir à un seul "entretien", que (nous soulignons) "de toutes les prononciations la nôtre est la plus *naturelle* et la plus unie", que notre langue est "la seule qui suive exactement l'ordre naturel" et qu'ainsi, suivant "*la nature* pas à pas", elle possède "une certaine clarté que les autres langues n'ont point", ajoutant qu'un "François peut aisément acquérir toutes les belles connaissances, sans autre secours que sa langue *naturelle*", et que "la pureté" de celle-ci "augmente toujours de plus en plus avec la politesse des mœurs"[85]. Autant de propositions qui "naturalisent" quelque peu celles de Vaugelas – chez qui la "pureté" et la "clarté" ne sont pas inhérentes à la langue, mais le résultat d'un travail portant sur elle et d'une "acquisition qui n'est pas si aisée" –, et qui se retrouveront, un siècle plus tard, chez A. de Rivarol.

DE "LA PLUS SAINE PARTIE" AU "PLUS GRAND NOMBRE" ?

La définition du "bon Vsage" selon Vaugelas sera en partie reprise – les "gens scavants en la langue" y étant oubliés – par les dictionnaires de la fin du XVIIe siècle (le Richelet en 1679, le Furetière en 1690), mais elle sera bientôt contestée.

N. Beauzée cite, en 1765, Cl Buffier qui avait, un demi-siècle auparavant, critiqué la notion de "plus saine partie", jugeant qu'elle était à même de soulever des contestations à la Cour et parmi les écrivains quant à ceux méritant d'y figurer, et qui avait proposé "de substituer dans la définition de M. de Vaugelas, *le terme de plus grand nombre* à celui de la plus saine partie", le premier étant "quelque chose de palpable & de fixe", alors que le second "peut souvent devenir insensible & arbitraire"[86]. Aux yeux du savant jésuite, la notion médiévale de *sanior pars* n'avait manifestement plus cours. Tout

---

82. *Ibid.*, p. 470 (nous soulignons).
83. *Ibid.*, pp. 509-510.
84. Il s'agit d'une notion juridique médiévale (*sanior pars*) qui s'appliquait, dans la société féodale, aux "solidarités verticales" dont il a été question ci-dessus, solidarités dans lesquelles les femmes ne comptaient guère que comme monnaie d'échange, d'où sans doute l'insistance que met Vaugelas à souligner leur rôle dans l'établissement du "bon Vsage".
85. *Op. cit.*, entretien "La langue françoise", respectivement pp. 57, 55, 56, 102, 114. Nous soulignons.

comme aux yeux de Beauzée qui suit la suggestion de Buffier pour reformuler Vaugelas : "le bon *usage est la façon de parler de la plus nombreuse partie de la cour, conformément à la façon d'écrire de la plus nombreuse partie des auteurs les plus estimés du tems*". Beauzée éprouve, cependant, le besoin de justifier cette reformulation, en ajoutant : "ce n'est point un vain orgueil qui ôte à la multitude le droit de concourir à l'établissement du bon usage, ni une basse flatterie qui s'en rapporte à la plus nombreuse partie de la cour", mais (nous soulignons) "la nature même du langage" qui fait de "la cour [...] dans la société [...], ce que le cœur est dans le corps animal"[87].

Révolution, monarchie bourgeoise et républiques obligent, rares sont ceux qui, aux XIXe et XXe siècles, se risquent à répéter Vaugelas disant que *"le peuple n'est que le maistre que du mauuais Vsage, & le bon Vsage est le maistre de nostre langue"* (VIII, souligné dans son texte). Ce qui n'empêche pas que, *de facto*, on s'en tienne toujours à une "élite des voix", où les "bons autheurs" et "les gens sçavants en la langue" l'emportent désormais sur les femmes et les hommes "qui n'ont point estudié", tout en affirmant, en vertu sans doute des principes "démocratiques" désormais admis, qu'il s'agit de l'usage "du plus grand nombre". Ainsi, les grammairiens-compilateurs de la première moitié du XIXe siècle déterminent-ils, tel Ch.-P. Girault-Duvivier, "le point auquel est parvenue de nos jours la langue française", en faisant "sous la dictée des Grammairiens et des écrivains, le procès verbal de toutes les discussions dont notre langue a été l'objet"[88], ou tel N. P. Landais, qui définit "le bon usage" par "l'exemple et l'autorité du plus grand nombre des écrivains reconnus pour les plus distingués de chaque nation"[89]. Ce qui les oppose à un É. Littré le définissant, dans la seconde moitié de ce même siècle, comme "l'emploi ordinaire des mots, tel qu'il est dans la bouche du plus grand nombre"[90]. Définition qu'on retrouve à un mot près, en 1975, dans le dictionnaire dirigé par J. Dubois : "emploi ordinaire des mots tel qu'il existe chez le plus grand nombre"(*Lexis*). Deux définitions qui seraient plus exactes, nous semble-t-il, si Littré avait écrit "tel qu'il est dans *l'oreille* du plus grand nombre", et si l'équipe du Lexis avait précisé ce qu'il faut entendre par "existe chez le plus grand nombre", car si ce "bon usage" est devenu, au cours du XIXe siècle, à peu près compréhensible au "plus grand nombre", il était et est encore loin d'être effectivement le sien. Dans ses échanges ordinaires, ce "plus grand nombre" use de l'une ou l'autre des variétés de la langue française qui ne sont pas exactement sa variété cultivée, variétés plus ou moins stigmatisées par celle-ci alors qu'elles sont - tout comme le parler de Conon de Béthune à la cour de France - parfaitement intercompréhensibles avec elle. Variété cultivée qui demeure, à l'instar "bon Vsage" au temps de Vaugelas, toujours réservée à la seule "élite des voix", même si celle-ci s'est sociologiquement élargie à l'ensemble des milieux, d'où provient la majorité des enseignants actuels de français L1, qui sont culturellement à même de

Peut-on "naturaliser" l'enseignement des langues en général, et celui du français en particulier ?

86. Cité par Beauzée, article "Usage (*Gram.*)" signé E.R.M.B., p. 516, dans *Encyclopédie ou Dictionnaire raisonné des sciences, des arts et des métiers.* Nouvelle impression en fac-similé de la première édition de 1751-1780. Stuttgart-Bad Cannstatt : Friedrich Fromman Verlag, 1966-1967, vol. XVII.
87. *Ibid.* (Italiques originales.)
88. *Grammaire des Grammaires, ou Analyse Raisonnée des meilleurs traités sur la Langue Française*, par Ch.-P. Girault-Duvivier [1811]. Dix-septième édition. Paris : A. Cotelle, 1859, t. I, p. X.
89. *Grammaire de Napoléon Landais. Résumé général de toutes les Grammaires françaises, présentant la solution analytique, raisonnée et logique de toutes les questions grammaticales anciennes et modernes.* Paris : au Bureau Central, 1835, p. 141.
90. *Dictionnaire de la langue française* [1877]. Paris : Gallimard/ Hachette, 1964, t.7, p. 1474.

la transmettre familialement à leurs enfants, et qui sont parvenus, par divers moyens dont l'institution scolaire, à faire en sorte que le "plus grand nombre" la comprenne à peu près et l'admette même et surtout – si l'on en croit les enquêtes de Labov – quand il ne la parle pas[91].

Cette imposition n'ayant rien de vraiment démocratique, elle est occultée par toute une terminologie qui tend à euphémiser un "bon usage" jugé trop élitaire ou normatif, en norme (du français), *français commun ou français standard*. Autant d'appellations qui laissent entendre que la variété cultivée de la langue française correspond, de manière statistique, à "la normale" ou "moyenne" des usages réels, alors qu'il n'existe, à notre connaissance, aucune enquête statistiquement fiable sur l'ensemble des usages oraux de la langue française – quand les francophones parlent entre eux sans se savoir observés, et donc sans surveiller leur dire en fonction des normes de la variété cultivée[92] –, et que celles qui existent sur leurs usages écrits ne traitent que très marginalement des scriptions privées et donc plus ou moins spontanées[93]. Sous leur apparente neutralité, ces appellations dissimulent en fait un "devoir être" tout aussi élitaire que l'était le "bon Vsage" selon Vaugelas. De fait, *norme, commun ou standard* n'y signifient pas pratiqué par "le plus grand nombre", mais praticable (au sens où l'on parle d'*un puits* ou d'*un passage commun*) ou devant être pratiqué (au sens où l'on parle d'une norme à *suivre* d'un *standard à respecter*) par ce "plus grand nombre". Symptomatique, à cet égard, est le constat que *Le Bon usage* de M. Grevisse, réputé à juste titre normatif, soit bien souvent plus ouvert, dans ces notes infrapaginales, aux variations de la langue française que les cinq ou six "grammaires françaises", dites de référence et réputées descriptives, récemment publiées par des universitaires. Ainsi "naturalise"-t-on, par des appellations peu appropriées mais suggérant la prise en compte du "plus grand nombre", les privilèges de ceux qui appartiennent, pour ainsi dire par naissance éducative, à "l'élite des voix".

DE L'ENSEIGNEMENT DU FRANÇAIS EN TANT QUE L2

Nous avons vu que le français (entendu comme la variété cultivée de la langue française) a été enseigné comme L2 hors de France, en Angleterre dès le XVe siècle et plus tard dans les autres pays européens, bien avant de l'être un peu largement en France comme L1. Il l'était de manière "domestique", dans les familles assez fortunées pour rétribuer une gouvernante ou un précepteur le parlant plus ou moins correctement, et qui l'enseignait le plus souvent "par usage" ou "par la conversation" mais aussi parfois "par régles" (tel Palsgrave). Et de manière "publique" dans les classes qui s'ouvrent, à partir du XVIIe siècle, dans certains collèges d'Europe, où on l'enseignait, semble-t-il, plus "par régles" que "par usage".

Les "manuels complexes"[94] qu'on pouvait y utiliser étaient

---

91. Si l'on en croit E. Weber (*Peasants into Frenchmen. The Modernization of Rural France*. London : Chatto and Windus, 1977), moins de 40 départements sur 90 parlaient, en 1863, une des variétés de la langue française. Et si l'on en croit B. Pottier ("La situation linguistique en France", dans A. Martinet éd. *Le Langage*. Paris : La Pléiade, 1968), il y avait encore en France, vers 1960, une majorité de départements pratiquant ce qu'il appelle un "bilinguisme rural" (où les paysans entendent, outre le français "national", une de ses variété dialectales ou une autre langue).

92. Les polémiques que l'enquête sur le "Français Fondamental" a suscitées dans les années 1950 sont, sur ce point, très révélatrices (voir H. Besse : "Contribution à l'histoire du Français Fondamental", *Le français dans le monde*, n° 148, 1979, pp. 23-30).

93. Nul n'a jamais proposé de réformer l'orthographe française en fonction des usages scripturaux réellement pratiqués par "le plus grand nombre" des francographes, quand ils écrivent spontanément sans avoir recours à un dictionnaire ou à un logiciel de correction orthographique.

divisés en deux grandes parties : la première, intitulée "grammaire françoise", y traitait d'abord, "par régles", de la "prononciation" (comment oraliser correctement l'orthographe française), ensuite, plus ou moins comparativement avec la L1, des parties du discours et de la syntaxe (quasi absente chez Palsgrave) ; la seconde y regroupait divers dictionnaires bilingues (des verbes, des noms, des adjectifs, à la façon là aussi de Palsgrave), mais aussi des recueils de "dialogues familiers", de "proverbes & sentences", de "bons mots" et "anecdotes morales", de lettres, de formules de politesse et de listes de titres nobiliaires (*exempla* qui sont absents du Palsgrave). Comment utilisait-on ces manuels dans les classes ? Probablement en y débutant par les "régles" de la "prononciation", les élèves devant d'abord oraliser en français les "dialogues familiers" de la seconde partie. Dialogues qui nous apparaissent souvent plus "naturels" que certains de nos manuels actuels, mais qui ne semblent pas avoir été rédigés dans une autre variété (dialectale, sociolectale...) que la variété cultivée de l'époque : les serviteurs y "parlent" le même français que les gentilshommes, et l'élève (qui y figure souvent) le "parle" curieusement d'emblée aussi bien que son maitre. D'évidence, la tradition du *bien parlant an lengue françoise* s'y maintient. D'ailleurs, si l'élite de l'Europe des XVIIe-XVIIIe siècles apprenait le français, ce n'était évidemment pas pour le parler comme "la lie du peuple"[95], mais bien comme "ceux qui s'estudient à bien parler & bien escrire" la langue française.

En va-t-il différemment dans nos manuels actuels réputés "communicatifs" ? Les plus audacieux, dans l'éventail des variétés de la langue française présentée aux débutants, ne vont guère au-delà de ce que propose *Archipel*[96] dans sa seule "Unité 1". On y trouve : "Salut !", "sympa", "t'as vu", "vous êtes pas", "ouais", "ben", "chouette", "prof", "à rue Lhomond" (dans la bouche d'un enfant), "sans blague", "super", "marrant", et même deux répliques ("— Ena whisky, parakalo."; "— Oui, Grec, moi... pas parler français. Mon français no good, petit peu, pas bien.") qui relèvent du "baragouinage communicatif" auquel les touristes ont recours quand ils ignorent la langue du pays visité. Autant de formes et de tournures qui ne sont pas si courantes dans les manuels de français L2 pour débutants. On y observe aussi que l'enfant n'y parle pas tout à fait comme l'adulte, le travailleur immigré comme la secrétaire, etc. Bref, il est clair que les auteurs d'*Archipel* ont été plus attentifs que d'autres à présenter, d'emblée, un certain répertoire des usages actuels de la langue française, même si ces usages sont plus attestés en France qu'ailleurs dans le monde francophone. Une étude un peu systématique révèle, cependant, que ces formes "marquées" (elles le sont par des guillemets dans le manuel) ne s'en retrouvent pas moins dans les grammaires (plus d'ailleurs dans le Grevisse que dans d'autres réputées pourtant non normatives) et dictionnaires (plus dans *Le Petit Robert* que dans le *Lexis*) courants, même si elles y sont stigmatisées par *fam.* ou *pop.* Autrement dit, ce qui est donné à

Peut-on "naturaliser" l'enseignement des langues en général, et celui du français en particulier ?

94. Voir E. Hammar. *L'enseignement du français en Suède jusqu'en 1807.* Stockholm : Akademilitteratur, 1980, p. 12. Elle classe les manuels de français L2 en quatre types : "manuels complexes contenant des observations sur plus d'un aspect de la langue ou ayant des objectifs multiples" ; "recueils de textes avec des explications" ; "recueils de vocabulaire" ; "manuels spécialisés qui ne traitent qu'un seul aspect de la langue".
95. Vaugelas. *Op. cit.*, Preface, II, 5 et p. 503.
96. J. Courtillon ; S. Raillard. *Archipel.* Unités 1 à 7. Paris : Cours Crédif-Didier, 1982.

apprendre reflète moins la diversité des usages réellement pratiqués par les francophones qu'*une certaine représentation* de cette diversité, celle que véhicule et légitime - l'on peut y "estre bas & familier, & du bon Vsage tout ensemble", tout comme au temps de Vaugelas - la variété cultivée de la langue française, telle qu'elle est codifiée dans ses usuels.

Peut-il en aller autrement ? Certes, on pourrait envisager de s'appuyer sur un large éventail de dialogues (enregistrés à micro caché auprès de francophones usant des diverses variétés de langue française) et de textes "authentiques" (exemplifiant la diversité de la francographie réelle[97]). Le fait est que qu'il n'existe pas de manuels de français L2 de ce type. Les dialogues les plus "authentiques" qu'on y trouve sont réécrits et rejoués, au mieux par des natifs qui imitent certains parlers à défaut de les pratiquer spontanément. Les "documents authentiques" y sont le plus souvent prélevés dans les médias ou dans la publicité de France, lesquels usent de ces parlers à peu près comme les auteurs d'*Archipel* dans leurs dialogues, pour typifier la langue qu'ils prêtent à ceux les pratiquent, sans trop remettre en cause la variété cultivée au sein de laquelle ces parlers sont davantage cités, avec la distance que cela implique, que vraiment utilisés.

Ainsi le français tel qu'il est effectivement enseigné/appris en tant que L2 - et il en va à peu près de même quand il l'est en tant que L1 - est loin de correspondre à diversité de la langue française réellement pratiquée, au moins oralement, tant en France que hors de France. Il n'en est qu'une variété, mais une variété qui est reconnue, y compris par ceux qui ne la parlent/écrivent pas, comme emblématique de cette langue, parce qu'elle résulte de la culture qui en a été faite, au cours des siècles, par une élite à la fois sociale (celle de la Cour puis d'une certaine bourgeoisie), artistique (de "la plus saine partie des Autheurs du temps" aux écrivains et publicitaires actuels) et savante (des grammairiens aux linguistes actuels). Ce qui autorise la métonymie courante faisant du *français* ("la partie") un équivalent de *la langue française* ("pour le tout"), ce qui permet de le faire passer comme celui du "plus grand nombre".

Cette variété a été, successivement, littérarisée (au double sens, mise en lettres et en littérature) à partir du XIIe siècle, grammatisée (par le développement de son orthographe "grammaticale" et par la multiplication des grammaires et dictionnaires qui en codifient les emplois) à partir du XVIe siècle, normalisée (par l'établissement d'un "bon Vsage", qui peut varier selon des styles et des genres dûment codifiés) à partir du XVIIe siècle, transposée scolairement (avec ce que cela implique comme "simplification") pour être enseignée/apprise d'abord comme L2 ensuite comme L1. Il s'ensuit que, de nos jours, elle relève moins des usages "naturels" de la langue française, tels qu'ils sont effectivement pratiqués par "le plus grand nombre" des francophones, que du traitement socio-culturel qui en a été fait par une certaine "élite des voix". Ce qui fait, nous semble-t-il, qu'elle peut, à juste

---

97. Il suffirait de les extraire de la presse et de la publicité francophones, de France et hors de France.

Peut-on "naturaliser" l'enseignement des langues en général, et celui du français en particulier ?

titre, être qualifiée de variété cultivée de la langue française. Peut-elle être apprise "naturellement", en se bornant à son seul "par usage" ? Nous en doutons, qu'elle le soit en tant que L1 ou en tant que L2.

Dans les milieux qui la pratiquent plus ou moins dans leurs échanges quotidiens[98], son oralité peut certes être transmise "par usage". Mais faut-il encore que l'on veille, comme Quintilien le conseillait aux patriciens romains, "à ce qu'il y ait toujours avec l'enfant une personne qui ne soit pas dépourvue de l'expérience de la langue, qui corrige les éventuelles incorrections de langage faites en la présence de l'enfant, et qui ne laisse pas la faute se fixer dans son esprit"[99], autrement dit quelqu'un qui soit à même de lui transmettre, ne serait-ce qu'en évitant de lui "parler-bébé", quelque chose du "par règles" engagé par la culture constitutive de cette variété. Quant à sa scripturalité, il est clair, tant elle est marquée par la littérarisation, la grammatisation, la normalisation et la scolarisation qui lui ont été séculairement imposées, qu'elle ne peut éviter, quel que soit son mode d'inculcation, un minimum de "par règles".

Apprendre cette variété cultivée "par usage" en tant que L2 peut être, paradoxalement, plus facile, au moins quand elle est apprise dans un cadre scolaire et qu'elle l'est davantage comme "français langue étrangère" que comme "français langue seconde"[100]. En atteste le fait qu'une partie de ceux qui l'ont ainsi apprise la manient plus "correctement" que ses natifs, s'étonnant à l'occasion que les Français, parce qu'ils usent spontanément d'expressions allant à l'encontre du "par règles" qui la régit, la parlent "mal". C'est qu'il est, dans ce cas, possible de contrôler plus strictement les données de la L2 auxquelles on expose l'élève, et donc de ne l'exposer qu'à sa variété cultivée en veillant, par de multiples corrections, à ce que son appropriation n'en modifient pas trop les normes.

Normes qu'on peut alors entendre, à la condition toutefois de s'en tenir au parler/écrire de "l'élite des voix" qui cultive cette variété, au sens statistique du terme ("conformes à la majorité des cas"). Une partie de ces normes a été explicitée par la tradition grammaticale française, et peut donc être enseignée explicitement, "par régles", pour peu qu'on accepte de se référer davantage à cette tradition que ne le font nombre de linguistes actuels. Une autre partie de ces normes (par exemple, celles régissant les "blancs" entre mots graphiques, où les liaisons entre mots oraux) ne l'a guère été jusqu'à maintenant, y compris dans les recherches les plus récentes, et ne peut donc être enseignée que "par usage", un usage qui, en notre temps comme en celui de Vaugelas, exige que les maitres de français L2 aient la possibilité de fréquenter plus ou moins longuement "ceux qui s'estudient à bien parler & bien escrire" la langue française (*Preface*, II, 5).

Il nous semble que la recherche sur l'enseignement/apprentissage des L2 est passée, en une cinquantaine d'années, d'une "linguistique appliquée" quelque peu simpliste, en ce qu'elle postulait

98. Dont le pourcentage pour l'ensemble des francophones actuels n'est sans doute guère supérieur à ce qu'il était au temps de Vaugelas pour la seule France du Nord.
99. Voir "Une leçon de grammaire tirée de Quintilien", *op. cit.* en note 48.
100. Dans les deux cas, l'élève débutant ne parle aucune variété de la langue française, mais dans les situations où elle est enseignée en tant que "langue seconde", elle sert à enseigner d'autres matières scolaires qu'elle-même, et elle est, en plus, pratiquée en dehors de l'école dans l'une ou l'autre de ses variétés ; alors qu'en tant que "langue étrangère", l'élève n'y est confronté que durant les cours qui lui sont réservés, l'*input* pouvant être alors davantage contrôlé.

qu'il suffisait d'avoir recours à une représentation plus "scientifique" de l'objet enseigné/appris pour que sa transmission scolaire en soit améliorée, à un cognitivisme qui l'est tout autant, en ce qu'il postule que la connaissance "scientifique" de ce qui détermine ontogénétiquement l'acquisition des langues (L1 ou L2) permet de mieux savoir comment elles peuvent ou doivent être enseignées/apprises. Quels que soient les mérites de ces deux points de vue, ils occultent le fait que l'objet enseigné/appris, particulièrement quand il s'agit de cette variété cultivée de la langue française qu'est le français, s'inscrit dans une longue histoire d'ordre plus culturel que naturel[101], et que les capacités par lesquelles un sujet peut scolairement s'approprier cet objet relèvent davantage de son histoire personnelle que de son héritage génétique, celui-ci n'ayant, dans l'état de nos connaissances actuelles, guère changé depuis des millénaires et étant à très peu près le même pour l'ensemble de l'espèce humaine.

---

101. Même si certains changements internes à la langue peuvent être considérés comme résultant d'une évolution "naturelle", à la façon dont l'entendaient les néo-grammairiens du XIXe siècle parlant de "lois phonétiques" supposées analogues à celles des sciences de la nature.

Échos du débat

(Alliance Française de Paris, 8 décembre 2000)

Peut-on "naturaliser" l'enseignement des langues en général, et celui du français en particulier ?

Jean-Michel Robert (Université d'Amiens) :
Si on se rapporte aux deux enseignants en FLE de la sœur et de la fille d'Henri VIII, il y en a un qui s'inscrit dans une tradition qui commence au XVIe siècle, c'est celle des grammaires universelles, c'est-à-dire que décrire une langue...

Henri Besse :
Palsgrave reprend évidemment les parties du discours, parce que à ce moment là, on pensait que c'était des catégories de la pensée. Mais si vous regardez en détail la grammaire de Palsgrave, vous verrez qu'il s'agit d'une grammaire tout à fait contrastive. Il enseigne le français en fonction du fonctionnement de l'anglais. Par exemple, il est l'un des premiers à distinguer deux articles en français, parce qu'il y a deux articles en anglais. Il est l'un des premiers à distinguer nettement l'adjectif du nom, parce qu'en anglais morphologiquement l'adjectif ne s'accorde pas avec le nom : donc, il les distingue.

Jean-Michel Robert :
Je ne voulais pas revenir à l'époque où chacun faisait une description grammaticale de sa langue en disant que c'était la langue universelle mais dire que beaucoup, même en grammaire comparée, faisaient des grammaires tout simplement pour servir un vaste projet qui avait commencé à l'époque – Comenius aussi rêvait d'une langue universelle. Je me demandais si ces didacticiens du FLE ou d'autres langues n'étaient pas avant tout des linguistes qui, en plus, étaient didacticiens un peu par obligation financière alors que les " naturalistes " étaient effectivement des didacticiens, des vrais.

Henri Besse :
Duguez est un natif de la langue qu'il enseigne, donc, comme tous les natifs, il a une certaine sécurité linguistique dans le maniement de sa langue, et pour lui les règles de grammaire sont superfétatoires : il n'en a pas besoin. Il dit : " Moi-même qui ai enseigné au roi d'Écosse, je n'ai jamais trouvé de règle infaillible pour parler comme je parle ", il le dit nettement. Mais, les " naturalistes ", si vous voulez les appeler comme ça, ne sont pas simplement des natifs, pas toujours des natifs : c'est le cas de Duguez, mais ce n'est pas toujours vrai.

Jean-Michel Robert :
La deuxième chose, c'est sur l'enjeu de la distinction très forte qui est apparue entre rhétorique, logique, règles, usages... C'est qu'actuelle-

ment se dégage une nouvelle tendance en didactique des langues étrangères ou secondes, plutôt des langues secondes, c'est d'enseigner tout simplement un banc de langages. Je prends l'exemple des Scandinaves, qui ont fait des tas de programmes pour que chaque Scandinave puisse s'exprimer dans sa langue et soit compris par les autres, sans que les autres s'expriment dans la langue étrangère, ou bien ce fameux programme pour l'intercompréhension en langues romanes. Actuellement, il y a un recul à cause de la fameuse compétence de communication, à mon avis. Les nouvelles tendances n'enseignent plus la compétence de communication comme il y a vingt ans, mais beaucoup plus une compréhension de la langue de l'autre. Et je reprendrais ce que vous disiez, c'est que c'est un peu moins perçu en France parce que les Français perçoivent encore leur langue comme quelque chose d'assez fort, d'assez structuré. Je vous donne un exemple tout simple : dans les congrès au Conseil de l'Europe, un Français qui ne maitrise pas l'anglais très bien aura toujours du mal à faire une communication en anglais. Un Polonais, un Tchèque, un Lituanien, dans un anglais vacillant, n'aura aucun mal à intervenir dans un colloque. Enseignants de français langue étrangère, ou même apprenants, ont une certaine idée du français, et véhiculent cette vision de règles, d'usage mais aussi de règles.

Henri Besse :
Je vais vous citer un auteur du début du siècle qui s'appelle Henri Verlot, et qui a écrit un manuel qui s'appelle *Leçons préliminaires d'anglais à l'usage des débutants adultes*. La première leçon s'adresse aux élèves, il dit : " Il existe sur la langue que vous allez apprendre, c'est-à-dire l'anglais, deux préjugés fort répandus. Vous les partagez sans doute, et croyez avec la plupart de vos compatriotes premièrement, que l'anglais n'a pas de grammaire, et que deuxièmement, ce qu'il y a de terrible en anglais, c'est la prononciation." Je passe sur la prononciation : " Les Anglais, il faut le reconnaitre, ne gardent pas rancune à leurs études grammaticales. Le rudiment leur apparut si simple qu'ils ont parfois perdu souvenance de l'avoir jamais étudié. Admettons qu'il n'y a point, qu'il y a peu de grammaire anglaise pour un Anglais. Mais, êtes-vous de jeunes Anglais ? Pour vous, Français de France, en ira-t-il de même ? S'il n'y a pas de grammaire anglaise, ou s'il y en a peu pour un citoyen du Royaume-Uni, il en existe une pour vous, compatriotes, qui en entreprenez l'étude de la langue. " Cela, je l'ai sauté parce que c'est quelque chose que j'ai souvent défendu, que le besoin de grammaire est lié aux traditions grammaticales dans lesquelles on s'inscrit, et qu'un Français ou un Allemand a plus besoin de grammaire, mais ce n'est pas un besoin naturel, c'est un besoin qui est lié à sa formation initiale. Si vous avez été, comme je dis rapidement, " grammaticalisé " sur votre langue maternelle, votre idée, c'est qu'on ne peut pas apprendre l'autre langue sans apprendre de la grammaire. Si vous n'avez pas été grammaticalisé sur votre langue maternelle, comme beaucoup d'Anglo-Saxons, ou que

vous en avez tout oublié, vous vous dites : " Je peux apprendre une langue étrangère comme j'ai appris ma langue maternelle. "

Brigitte Gruson (IUFM de Rennes et Université de Nantes) :
Vous concluez en disant que les limites que vous posez ne s'appliquent pas aux autres langues. Alors je me demandais si vous aviez un exemple qui pourrait illustrer votre réserve ? Si on se place dans le cadre d'une langue enseignée dans un cadre institutionnel...

Henri Besse :
Je crois que la constitution des langues enseignées – il vaudrait mieux dire enseignables – est différente selon les langues : elle est inscrite dans des histoires particulières. La manière dont la langue anglaise a été rendue enseignable n'est pas la même que la manière dont le français a été rendu enseignable, disons pendant dix siècles. Elles ont toutes deux été rendues enseignables par des voies différentes, et à mon sens, elles ne peuvent pas être enseignées tout à fait de la même manière.

Brigitte Gruson :
Cela rejoint quand même ce côté artificiel que vous développez, puisque vos limites se placent au niveau de l'artificialité de l'objet enseigné, et des méthodes utilisées. Et donc, dans les deux cas, il y a artificialité.

Henri Besse :
J'ai dit cela en parlant de la nature et de la seconde nature, qui détruit la première. Ma conviction est que, passé l'âge de 7 ou 8 ans, on n'apprend une langue étrangère que parce que l'on maitrise déjà sa langue maternelle. Quand on découvre des enfants-loups, passé l'âge de 10 ans on n'arrive jamais à leur faire vraiment apprendre une langue. Donc passé l'âge de 6 ans ou 7 ans on apprend la langue étrangère, d'une manière ou d'une autre, sur la base de la langue maternelle.

Jan Goes (Université d'Artois) :
J'ai peut-être un exemple... Il y a une dizaine d'années, il y a eu une enquête en Belgique néerlandophone concernant la façon d'enseigner les langues. On a constaté une sorte de conservatisme invétéré auprès des enseignants de français langue étrangère que l'on ne rencontrait pas auprès des professeurs d'anglais, du point de vue grammatical entre autres.

Henri Besse :
À mon avis, du côté des professeurs anglais, c'est aussi conservateur, mais c'est une autre tradition. Je cite très souvent une remarque de

Maurice Halbwachs, dans une préface à un texte de Durkheim, dans laquelle il dit que l'école est encore plus traditionaliste que les Églises. Pourquoi ? Parce que, dit-il, dans le fond, elle a la même fonction de transmettre une tradition, et cette tradition, c'est la langue modèle, c'est la langue dans laquelle la communauté se reconnait. Si vous prenez l'ensemble des francophones, très peu pratiquent nativement ce français-là. N'empêche que c'est ce français qui unit par ses normes de prestige l'ensemble des francophones : ils se reconnaissent en lui. Si vous prenez l'arabe, c'est différent parce que les dialectes sont peut-être encore plus différents que pour le français mais il n'empêche que tout arabophone sait qu'il parle arabe parce qu'il y a la langue du Coran derrière. Et donc même si chaque arabophone parle différemment, chacun a conscience de parler la même langue. Pour le français, le même problème se pose, quoique différemment puisque c'est une autre culture : tout le monde dit qu'il parle le français, mais chacun le parle évidemment différemment, et l'écrit différemment aussi, en dépit de l'orthographe. L'autre jour j'écoutais une radio communautaire. Quelqu'un a posé la question à l'animateur : " Mais pourquoi on parle autant algérien ? " Aussitôt, l'animateur l'a coupé en disant " Arabe ". Bien sûr que c'est idéologique, mais ce qui fait les communautés linguistiques, c'est essentiellement l'idéologie.

Prenez deux langues très proches, comme l'italien et le français, très proches du point de vue linguistique (même origine : elles ont donc beaucoup de ressemblances). Regardez l'histoire de la constitution de l'italien et l'histoire du français : il y a des ressemblances, évidemment, mais il y a des différences très grandes. Une différence qui m'a beaucoup frappé : si vous prenez la Vénétie ou si vous prenez la Sicile, on parle des dialectes différents, mais ce qui est assez curieux en Italie, c'est que quelle que soit la classe sociale, qu'on soit aristocrate vénitien ou populaire, on parle le vénitien tandis que, dans la tradition française, il y a eu une hiérarchisation sociale des parlers tout à fait différente. Et pourtant ce sont deux langues très proches.

Un intervenant :
Je ressens beaucoup d'affinités avec votre conception de l'objet et de la pratique d'enseignement comme quelque chose de profondément culturalisé. À partir de là, on pourrait développer une réflexion un peu pessimiste, qui irait souligner un cercle vicieux d'un objet d'enseignement perpétué, consolidé, peut-être stéréotypé même à travers une pratique qui se réfère à une culture ancienne, vers le risque, en se référant à cette culture, de perdre de vue la transformation immédiate, continuelle de la culture. En ce sens cela peut nous amener à réfléchir non seulement sur la question " Quelles sont les façons appropriées pour enseigner cet objet ? ", mais aussi " Est-ce qu'on enseigne le bon objet ? ". C'est une façon très radicale de poser la question, mais cela soulève tout l'enjeu de la variété des situations, des besoins langagiers dans nos société actuelles, qui ne sont sans doute pas aussi monolithiques que l'objet d'enseignement privilégié dans les cadres scolaires.

Henri Besse :
Je suis tout à fait d'accord avec ce que vous venez de dire là. Simplement, regardez les réformes de l'orthographe en France : cela correspondait à des besoins de réformer l'orthographe ! Or on n'y est jamais parvenu. Quand on parle de norme, on dit : " La norme, c'est l'usage le plus répandu." On dit ça, mais ce n'est jamais prouvé statistiquement. Quand il y a eu les enquêtes sur le français fondamental à l'oral, si on regarde dans les journaux de l'époque, on voit la polémique politique, idéologique que ça a déclenchée. Une chose toute curieuse : si on était si démocratique dans l'usage des langues, on devrait fixer l'orthographe à coups de référendums, ou du moins regarder comment les gens écrivent, et si on ne fait pas majoritairement l'accord avec le participe passé, ça devient la règle. Une telle idée ne vient à personne. Ce que Barthes dit dans sa *Leçon* est particulièrement vrai pour la langue française, c'est-à-dire que la langue française, c'est le lieu du Tout Pouvoir, avec un " T " et un " P " majuscules. Si vous prenez les Grandes écoles en France et que vous regardiez qui y entre, vous verrez que ce sont ceux qui apprennent le plus nativement le français correct, ou appelez-le comme vous voulez : les autres s'en trouvent pratiquement automatiquement exclus. Et si vous regardez les épreuves, en particulier de culture générale, vous comprenez assez aisément pourquoi. Regardez l'épreuve de culture générale à l'ENA, et vous comprendrez que ce n'est pas seulement la langue, mais une certaine culture de la langue selon certaines normes, etc. Alors, je sais bien que, depuis 68, tout ce qui est norme est récusé, mais, plus on récuse une norme, plus on la subit. Plus on la nie, plus on lui obéit.

Il y a une chose que je n'ai pas dite tout à l'heure qui me parait importante, c'est que dans le domaine des conduites humaines, la croyance collective finit par auto-réaliser des choses qui n'existaient pas. Je pense que dans l'imaginaire des langues a un pouvoir très fort sur l'usage des langues, et cet imaginaire des langues finit par auto-réaliser ce qui n'existait pas. Weinrich dit à la fin d'un très long article que je trouve très intéressant : " Certes la langue française n'est pas plus claire qu'une autre langue linguistiquement, elle n'est pas plus rationnelle etc., mais ceux qui utilisent le français sont tellement persuadés qu'elle est plus claire, plus rationnelle, que finalement leur discours est peut-être plus clair, plus rationnel." C'est ça l'auto-réalisation des représentations, et c'est vrai dans tout le domaine social, financier, tout ce que vous voulez... La bourse fonctionne comme ça. Ce n'est pas sans raison que Saussure compare les signes à la monnaie et il n'est pas le seul, ça commence déjà bien avant : saint Jérôme en son temps déjà .... La langue est une monnaie d'échange, et la valeur de l'échange dépend des croyances que les gens ont dans la tête, et je crois qu'on ne peut pas faire de linguistique sans tenir compte de l'imaginaire du langage, qu'on ne peut pas faire de sciences du langage sans tenir compte de l'imaginaire des langues.

Représentations métalinguistiques ordinaires et enseignement/apprentissage de langues[1]

JEAN-CLAUDE BEACCO
UNIVERSITÉ DE LA SORBONNE NOUVELLE

L'occasion est donnée, à nouveau, d'ouvrir le dossier, jamais refermé à vrai dire, des relations entre didactique des langues et linguistique. Il est patent que la désignation même des champs disciplinaires mis ainsi en contact n'est pas indifférente à l'identification des questions que l'on souhaite aborder. Se donner comme objet l'examen des relations entre *méthodologies d'enseignement des langues vivantes* et *grammaire* ne renvoie sans doute pas aux problématiques abordées dans le cadre de l'analyse des relations entre *linguistique* et *didactique du français enseigné comme langue étrangère ou seconde*. Cet examen des relations entre deux domaines disciplinaires semble devoir s'effectuer à partir de perspectives moins globales que cette mise en regard d'ensembles compacts. On aurait sans doute intérêt à distinguer des questions sectorielles telles que :

- critères de sélection des descriptions issues des sciences du langage que l'on choisit de faire intervenir comme soubassement aux démarches d'enseignement (par exemple, catégorisation des formes auxquelles les apprenants sont exposés, par les échantillons qui constituent l'objet-langue). Ici, à l'évidence, on ne prend en considération que certains types de linguistique, à l'exclusion de certaines autres, comme la linguistique interactionniste[2], par exemple ;
- compatibilités didactiques qu'il est nécessaire d'élaborer, pour articuler des descriptions linguistiques issues de paradigmes distincts, qui sont exclusives les unes des autres sur le plan strictement épistémologique (opérations énonciatives, classes distributionnelles, actes de langage, paradigmes formels...) ;
- localisations et formes de présence des descriptions de référence dans les manuels et les activités d'enseignement : tableaux, schémas,

---

[1]. Ce texte a grandement bénéficié des discussions auxquelles ont donné lieu tous les articles de ce numéro, lors de la rencontre de décembre 2000, au cours de laquelle leurs auteurs les ont présentés. Je les remercie tous, ainsi que les autres participants, et particulièrement Simona Pekarek (pour ses remarques ultérieures). Bien entendu, ce texte n'engage que son auteur.
[2]. Remarque suggérée par Simona Pekarek.

exemples de démonstration, discours métalinguistiques explicites, faisant intervenir du métalangage "grammatical", des raisonnements ou des explications d'origine scientifique ou non ;
- description, typologisation et justification (au moins sur le plan psycholinguistique) des activités de type grammatical destinées à assurer l'appropriation des régularités décrites explicitement (nature, fonctions et efficacité pour la stabilisation des connaissances linguistiques des exercices) ; intégration ou articulation des activités communicationnelles (*l'usage*, évoqué ici même par H. Besse) et les activités de type métalinguistique (*la règle* : observation, induction...) ;
- évaluation de la rentabilité à court et à long terme et/ou de la légitimité même des descriptions, quand elles interviennent dans l'enseignement comme des savoirs déclaratifs sur la langue à acquérir ;
- examen de la conformité des "progressions grammaticales (ou formelles)" adoptées dans l'enseignement, par rapport à ce que l'on a pu établir relativement aux séquences d'acquisition stabilisées et considérées comme partagées par des groupes spécifiques d'apprenants...

De la sorte, aux questions courantes : *Quelle "grammaire"* ? *Peut-on apprendre par la "grammaire"* ? *Comment "faire de la grammaire"* ?, il serait possible d'apporter des éléments de réponses plus circonstanciées, dont seules quelques-unes seront abordées ici.

On constatera aisément que ces formes ordinaires du questionnement pédagogique, qui se fondent sur la polysémie du mot "grammaire", perdurent, au moins pour le français enseigné comme langue étrangère. Témoignent de la permanence de ces débats, qui ne sont finalement que la forme attendue de la polémique scientifique, des publications, bien connues pour la plupart, comme : H. Besse et R. Porquier (1984), J.-C Beacco (1985), D. Lehmann (1986), J.-C. Beacco et J.-C. Chevalier (1988), échos du Colloque : *Didactique des langues ou didactiques de langues ? Transversalités et spécificités* (18-20 juin 1987) organisé par le Crédif (ENS de Fontenay-Saint-Cloud[3], S. Moirand, R. Porquier et R. Vivès (1989), D. Coste (1992), C. Germain et H. Seguin (1995) ou C. Tisset (1997), pour ne citer que celles-là...

Dans cet ensemble de questions, toutes abordées dans les études précédentes, nous retiendrons trois entrées particulières, plus ou moins jointives entre elles. En premier lieu, davantage que les problèmes soulevés, c'est la signification même de cette question des rapports entre linguistique et didactique des langues qui nous semble devoir être interrogée. Car elle resurgit ici sans raison particulière : il ne semble pas, en effet, que les sciences du langage ou la didactique aient vu récemment leurs paysages théoriques remodelés par des formations conceptuelles nouvelles, telles qu'elles impliquent des réorganisations de leurs relations[4]. Si la question émerge à nouveau c'est qu'elle constitue un mode d'interrogation sur la discipline "didactique des langues", qui est ainsi régulièrement sondée dans son identité théorique et socia-

---

[3]. Présentation générale du Colloque dans Lehmann, D. (1988).
[4]. Voir cependant sur ce point la discussion menée ici même par H. Portine.

le, par le biais de sa confrontation avec ses extériorités disciplinaires. Nous aborderons ensuite la question de l'implication de la linguistique en didactique des langues, en nous interrogeant moins sur la rentabilité de l'implication de descriptions linguistiques dans l'élaboration du matériel d'enseignement ou dans l'activité enseignante elle-même ou sur la nature des descriptions mobilisées (notions, concepts, démarches, descriptions résultantes, cadre théorique) que sur la diversité des origines des descriptions effectivement sollicitées, telles qu'elles peuvent interagir entre elles en ce point de contact, mal identifié, que l'on nomme communément *grammaire pédagogique*.

Dans ce cadre, nous attirerons l'attention sur des connaissances encore insuffisamment établies en didactique, sous forme de propositions programmatiques appelant des recherches ultérieures : celles-ci concernent précisément des représentations métalinguistiques ordinaires (non issues de sciences légitimées) qui entrent en jeu à ce point de contact où s'élaborent les compétences métalinguistiques et communicationnelles des apprenants.

Épistémologie de la didactique des langues et topologie des discours

Poser la question des relations entre didactique des langues et sciences du langage revient en fait à s'interroger sur l'identité de la discipline "didactique des langues", ou peut-être uniquement sur celle de la didactique du français langue étrangère (ou de la didactique des langues dans les espaces francophones). Cette question de l'autonomie, qui garantirait une forme d'identité disciplinaire, est distincte de celle de la scientificité des connaissances produites dans ce cadre disciplinaire. Situer la didactique des langues par rapport à d'autres disciplines, comme la linguistique, considérée comme mieux établie et avec laquelle elle est en contact permanent, ne constitue pas le seul moyen d'appréhender le statut des connaissances qu'elle produit : des évaluations internes sont possibles qui n'impliquent pas d'adopter les modalités de validation en vigueur dans d'autres domaines disciplinaires.

SCIENTIFICITÉ, LÉGITIMITÉ ET AUTONOMIE

Si l'interrogation épistémologique est une exigence permanente, celle de l'identité de la didactique des langues, dont on dit qu'il conviendrait de l'affirmer en rompant les liens avec la linguistique, semble avoir désormais peu de pertinence et apparaitre, par bien des aspects, comme datée. La didactique du français enseigné à des locuteurs d'autres langues, qui tend à confluer avec la didactique des langues (laquelle n'a pas encore vraiment voix au chapitre), est institutionnalisée depuis un certain temps : elle reposait jadis sur des infrastructures éditoriales et politiques, elle dispose désormais d'ancrages universitaires, qui en accroissent la légitimité scientifique, même si celle-ci n'est pas aussi assurée qu'on le souhaiterait et que cet état de fait impose une vigilance institutionnelle permanente. Tout ceci est affaire d'opinion, et la situation universitaire de la didactique du français enseigné à des allophones (désormais FEAL) est sans doute beaucoup plus mal établie ailleurs qu'en France, au Canada et dans les pays anglo-saxons où elle est organisée en formations identifiées et certifiées en tant que telles.

Cette inquiétude relative à une identité menacée de la discipline tient aux enfances de la didactique du FEAL, qui n'en finit pas de régler ses comptes avec ses concepts géniteurs. Il est de fait que description des langues et enseignement de celles-ci ont partie liée, au moins dans la tradition occidentale, et ce dès l'origine. Elles sont confondues au point que *ne pas savoir la grammaire* signifie ordinairement ne pas avoir la maîtrise suffisante d'une langue. Il ne semble pourtant pas incongru de relever, une nouvelle fois, que la didactique des langues a emprunté aux linguistiques de référence, mais qu'elle leur a aussi apporté : l'acquisition des langues et l'analyse didactique des discours (celles du début des années 1970) ont l'une et l'autre, à leur manière, fondé leurs démarches analytiques sur des concepts. Elles ont créé, en retour, des instruments d'analyse spécifiques ou défini des problématiques qui sont venues réorganiser le secteur disciplinaire sollicité.

Il semble aussi admis, désormais, que les linguistiques, tout appliquées qu'elles soient, ne sauraient tenir lieu de didactique. Mais elles continuent d'y intervenir, au moins comme outil pour la constitution de la forme des objectifs d'enseignement. L'enseignement se distingue de l'acquisition hors système éducatif par le fait que les éléments de la langue auxquels sont exposés les apprenants sont construits et calibrés, quantitativement et qualitativement. Créer des groupements de formes, qui mettent en évidence des régularités langagières et discursives, suppose des catégories de classification : on voit mal comment celles-ci pourraient ne pas provenir des sciences du langage. Le divorce entre linguistique et didactique apparait ainsi comme impossible, mais cette coexistence-là n'empêche pas l'autonomie.

Enfin la didactique des langues (dont celle du FEAL) est soumise au jugement de légitimité sociale, comme toutes les didactiques et les autres disciplines d'intervention. De ce point de vue, elle demeure encore mal assurée, car elle est tributaire, comme la pédagogie en général, de ses résultats. Qu'elle présente des aspects, non secondaires, de discipline d'intervention fait qu'on la suspecte d'être trop tributaire de ses pratiques sociales (à la manière des sciences politiques) pour pouvoir constituer des connaissances fondamentales généralisables. On impute aussi volontiers à ces soi-disant "sciences" didactiques la responsabilité de bien des maux des systèmes éducatifs : semblant privilégier les modes d'acquisition par rapport aux contenus à acquérir, ces disciplines sont tenues pour ambiguës dans la *doxa* commune. On peut intérioriser cette pression sociale et rechercher la légitimité de la didactique du FEAL en créant des modalités de constitution de ces connaissances qui soient épistémologiquement irréprochables, c'est-à-dire calées sur le modèle de sciences plus "dures" socialement reconnues. Cela n'est toujours pas advenu, malgré les appels incantatoires à théorisation ou la mise en circulation de dénominations auto-légitimantes, à base de *sciences* ou de *-logie*. La raison en est, sans doute, que la didactique des langues a vu son territoire de recherche s'étendre, puisqu'on est passé d'interrogations sur la classe à d'autres concernant toutes les formes d'appropriation (individuelle, autonome, hors milieu éducatif...), d'interrogations sur l'objet à enseigner à des recherches sur toutes les parties prenantes de l'enseignement/apprentissage (apprenants, enseignants, institutions et politiques linguistiques éducatives, cultures éducatives...). Les jonctions ne sont pas encore effectuées entre théories de l'apprentissage et théories de l'enseignement, entre théories de l'enseignement et théories de la politique linguistique éducative, ce qui supposerait que chacun de ces territoires soit lui-même stabilisé. Mais il n'est aucunement certain que ce "déficit d'articulations" soit compensable par la recherche d'une excellence épistémologique. La possibilité de justification interne, qui demeure une exigence permanente puisqu'elle fonde la possibilité de la controverse, ne créera pas automatiquement les conditions sociales de la légitimité de notre discipline.

LA COMMUNAUTÉ DISCURSIVE "DIDACTIQUE DES LANGUES"

On peut aussi, en fait, souligner la diversité des savoirs qu'elle produit plutôt que celle des savoirs qu'elle sollicite. Sans se prononcer sur la nature épistémique des connaissances produites et sur leurs modalités propres de validation, on abordera la didactique du FEAL et des langues par le biais de ses productions discursives (essentiellement écrites) qui la constituent en communauté scientifique et qui sont la trace des connaissances produites. On utilisera les études existantes (en particulier, Coste 1986) reformulées dans le modèle d'analyse des communautés discursives, dans lequel les recherches fondatrices de S. Moirand (1988) sur le discours didactique trouvent aisément leur place. On considèrera que la communauté scientifique "didactique des langues", comme les autres communautés discursives scientifiques, constitue une institution qui a une assise matérielle, juridique, politique et sociale mais qui reçoit aussi des modes de gestion et de régulations de ses pratiques discursives une cohérence symbolique (Beacco 2000). Elle est comparable sur bien des points aux autres communautés scientifiques, mais présente des particularités essentielles qui l'en distiguent :
• en tant que communauté scientifique, elle produit, normalement, des discours destinés à la circulation intérieure, entre

pairs/évaluateurs, et des flux discursifs destinés à l'extérieur ;
- ces discours internes ont ceci de particulier qu'ils se construisent sur des intertextualités multiples mais sélectives, à partir de la sollicitation privilégiée de discours d'autres communautés scientifiques : psycholinguistique, sociolinguistique, sociologie, psychologie sociale, économie...[5] Ces discours internes ne circulent pas dans toute la communauté, mais uniquement par secteurs ou sous-domaines, sans confluer dans un discours situé au niveau supérieur d'un cadre théorique englobant. On avancera l'hypothèse que ce rôle est actuellement tenu par les questions d'identité de la discipline, qui permettent d'articuler provisoirement des discours académiques ordinairement parallèles. L'effet résultant est moins celui de "chapelles" antagonistes que de territoires disjoints ;
- la mise en discours de la construction des connaissances est très variable au sein de ces discours savants, même au sein d'un même genre discursif : l'article de revue spécialisée. Elle l'est encore davantage, semble-t-il, quand il s'agit d'ouvrages monographiques. Ces variations s'expliquent par des positionnement énonciatifs diversifiés, mais aussi par des modes distincts de construction de la connaissance. Ceux-ci sont largement tributaires des données traitées : discussion argumentée de la littérature existante sur un sujet (par exemple, l'enseignement du vocabulaire ou le rôle de la mémorisation dans l'enseignement), analyses et interprétations de données de toute nature (productions orales ou écrites d'apprenants, spontanées ou non, interactions en classe enregistrées en audio et/ou en vidéo, locuteurs hors du cadre éducatif, entretiens, enquêtes, récits de vie, description de textes institutionnels, corpus de presse, de publicités...). La multiplicité des formes de mise en discours des connaissances produites semble indiquer que celles-ci ne relèvent pas d'un paradigme unique ;
- les discours vers l'extérieur sont normalement constitués de discours de transmission, utilisables dans le cadre des formations universitaires. Mais cette formation vise deux objectifs distincts, au moins en théorie : la formation d'enseignants de langues dans le cadre de structures à vocation professionnalisante et la formation de chercheurs en didactique par la voie doctorale, mode attendu de renouvellement de la communauté. Les discours correspondant à la formation initiale ou continue de formateurs en langue peuvent comporter des dimensions relevant du " dire de faire[6] ", suivant des régimes variables : de la prescription à l'invitation, fondées soit sur l'expérience et la conviction soit sur la théorie convoquée. De la sorte, discours de transmission de connaissances et discours d'allure normative s'entrelacent et sont susceptibles de construire une représentation offusquée des discours internes ;
- le truchement vers l'extérieur aussi constitué par des discours d'expertise, qui se diffusent, comme pour d'autres sciences, par des

---

5. On retrouve là " l'hétérogénéité du discours B " (Moirand 1988, chapitre 3)
6. La visée du discours A " relève incontestablement du FAIRE AGIR [...] qui "montre" à ses destinataires ce qui "doit/peut" être dit ou fait dans un cours de langue " (Moirand 1988, 307).

formes discursives spécifiques : rapports de commission d'études, référentiels, document d'orientation politique... Mais ceux de la didactique des langues n'ont pas d'audience particulière dans les médias de masse, saturés de connaissances diffuses d'origine économique, biologique, génétique, médicale... Les didacticiens sont cependant associés à la gouvernance de l'enseignement des langues, par leur implication dans la construction de curriculums, de syllabus, de dispositifs de certification, par leurs analyses des politiques linguistiques et des politiques linguistiques éducatives. Leur action dans la cité ne se limite plus à la classe et aux manuels de langue, dans la mesure où les questions de langues sont impliquées dans des problèmes de société plus déterminants qu'auparavant, comme la gestion démocratique des sociétés multiculturelles, la prise en charge des communautés migrantes ou les phénomènes de mondialisation qui peuvent entrainer des formes d'homogénéisation dans la connaissance et la pratique des langues. Ces formes discursives, de nature programmatique, se trouvent plus assurées qu'auparavant et sont susceptibles d'assurer un surcroit de légitimité à l'ensemble de la discipline et non plus aux seules recherches sur les méthodologies d'enseignement ;

- ces discours d'intervention et de transmission ne se déploient pas dans le vide : les " destinataires " aussi tiennent des discours sur les langues, sur eux-mêmes en tant qu'enseignant ou apprenant de langues. Ces discours constituent une partie des données brutes qui sont interrogées dans les discours savants de la didactique des langues, qui n'est pas différente en cela d'autres sciences sociales. Ils sont la manifestation attendue de savoirs proto-scientifiques, qu'il ne s'agit pas seulement de modifier, voire d'éradiquer : l'enseignement et l'acquisition, au moins scolaire, des langues passent par ces représentations, qui en constituent à la fois les préalables et les conditions. Ces convictions plus ou moins partagées concernant les langues et leurs enseignements/acquisitions sont particulièrement diffuses, parce que tout individu est locuteur et possède une expérience langagière et communicationnelle. Elles viennent, dans le cas des enseignants, s'articuler à des savoirs empiriques, mais non personnels, construits dans les pratiques professionnelles. Il convient d'interpréter ces discours comme un lieu de confluence de savoirs savants, expérientiels et sociaux.

Le positionnement réciproque des productions discursives de la didactique du FEAL (discours scientifiques universitaires, discours de transmission de ces savoirs savants, discours d'expertise liés à l'intervention politique et technique, discours des acteurs de la relation pédagogique) semble pouvoir être appréhendé sans doute plus nettement qu'auparavant, du fait de l'universitarisation de celle-ci. Cette institutionnalisation permet d'identifier des savoirs de statuts différents que l'épistémologie de la discipline doit prendre en compte : ils sont suffisamment caractérisés pour qu'on puisse élaborer des épistémologies sectorielles. Mais l'unification théorique du champ est encore à construire, comme théorie de pratiques. Tant et si bien que la question que pose la confrontation entre linguistique et didactique du FEAL me semble être moins celle de l'autonomie de cette dernière que celle de son unité, moins celle de sa légitimité que celle des rapports que cette didactique " centrale " instaure avec d'autres, qu'on ne sait encore désigner qu'au moyen de termes inadéquats comme " locale " ou " nationale ".

Les " grammaires pédagogiques "

Nous laisserons là les considérations sur la signification de la résurgence régulière de la question *linguistique-et-didactique* pour nous intéresser à son contenu même, en quelque sorte. Nous utiliserons la représentation schématique de la communauté discursive scientifique " didactique du FEAL ", évoquée plus haut, pour aborder plus particulièrement la question des relations entre descriptions et enseignements des langues, à propos d'un objet, la " grammaire pédagogique ", sur la nature duquel il convient de s'interroger. Plutôt que d'en proposer une définition par extension nous chercherons à la localiser dans les circulations de discours sur les descriptions des langues tels qu'ils interviennent dans le champ de l'enseignement/apprentissage. Il s'agira de tenter de se déprendre du lexique ordinaire, dans lequel " grammaire pédagogique[7] " désigne des référents multiples : activités des apprenants, de la classe, informations descriptives ou explicatives données par les manuels de langue, informations de grammaires de référence (distinguées des manuels d'enseignement) …

LOCALISATION

Nous partirons des propositions de Germain et Seguin (1995), elles-mêmes fondées sur une typologie de Dirven (1990[8]) : elles présentent l'avantage de regrouper bon nombre de désignations qui ont cours (grammaires " pédagogique, descriptive, d'apprentissage, d'enseignement, de référence, linguistique, intégrée ou indépendante, scolaire, universitaire, de l'usager ") et d'en proposer une classification typologique par niveaux. À la différence de cet essai de clarification, nous ne produirons pas une nouvelle classification relative de ces différentes catégories de grammaires, car ces dénominations présupposent l'existence même d'entités grammaticales distinctes, dont l'existence sociale ne nous semble pas toujours établie et qui paraissent empêcher la perception de la nature cognitive de ce qu'on a pris l'habitude de nommer " grammaire pédagogique ". En somme, loin de tenir pour assurée l'existence de ces grammaires en nous fondant sur ce foisonnement terminologique, passablement inflationniste, nous procèderons par réduction.

---

[7]. On utilise peu le vocable de " grammaire didactique ".
[8]. Texte non consulté, publié dans *Language teaching*, n° de janvier (1-10), sous le titre " Pedagogical grammar ".

Représentations métalinguistiques ordinaires et enseignement/ apprentissage de langues

Nous commencerons par adopter le parti de distinguer terminologiquement les compétences langagières des apprenants et des enseignants (dite souvent " grammaire intériorisée "), soit dans leur langue maternelle, soit dans leur maitrise d'une langue en cours d'acquisition, des descriptions qui cherchent à les caractériser. Ce choix permettra d'éviter une naturalisation des grammaires : si celles-ci sont à entendre, de manière spécifique, comme descriptions de langues singulières adossées à des descriptions de la faculté de langage, elles ne procèdent pas directement des compétences dont elles se proposent de rendre compte. Elles constituent des élaborations conceptuelles, modèles théoriques dont la réalité psycholinguistique est précisément débattue. Ne pas laisser supposer, par cette identification lexicale, que les descriptions procèdent des compétences langagières par simple enregistrement de leur fonctionnement aurait l'avantage d'éviter des surimpressions, comme cette définition de la grammaire d'apprenant, présentée comme " état de développement de l'interlangue grammaticale de celui-ci, son degré de compétence grammaticale " (Germain et Seguin, ouv. cit., p. 49).

Les descriptions des langues sont construites de manière sectorielle (par analyses monographiques) au sein de disciplines comme la linguistique française, et la didactique des langues (qui a contribué elle-même à cette tâche) en utilise certaines comme description de référence pour la construction de dispositifs d'enseignement (à tout le moins de ceux qui estiment légitime d'asseoir sur de telles descriptions leurs stratégies d'enseignement). Employer le terme de " grammaire " pour désigner ces descriptions impliquées en didactique est historiquement fondé, description et enseignement ayant eu longtemps partie liée, dans des relations complexes (Chevalier et Delessale 1986). Depuis l'instauration de la linguistique comme discipline universitaire (à compter du début des années 1970 en France), il semble possible de distinguer descriptions des langues sans visée pédagogique et descriptions élaborées en vue de leur implication dans l'enseignement. Ces dernières prennent toujours la forme de grammaires, ouvrages de référence ayant pour domaine potentiel la description de la totalité d'une langue naturelle : elles s'appuient sur la tradition descriptive existante, même si son statut n'est pas scientifique, et se présentent sous des formes variables de théories constituées ou confluentes, les catégories descriptives et les descriptions résultantes n'étant pas intégrées dans un cadre théorique homogène.

Certains travaux de linguistique, qui n'adoptent pas cette forme, peuvent en adopter la dénomination éditoriale, même s'ils demeurent des élaborations homogènes d'un point de vue théorique : ce qui en justifie alors l'appellation est l'ampleur des phénomènes considérés. Si l'on y adopte une perspective descriptive-interprétative, entendue comme inventaire des données sollicitées et mise en évidence des raisonnements qui permettent de rendre compte de ses propres conditions théoriques et techniques d'élaboration, on se trouve dans la description savante. Ainsi, toute " grammaire " n'est pas une " grammaire ", si l'on veut bien accepter que, du point de vue générique, une grammaire soit un ouvrage de consultation encyclopédique, visant la description exhaustive d'une langue naturelle, qui se caractérise par une synthèse des descriptions, qu'elles soient issues de la tradition descriptive ou originales. Ces montages de descriptions, plus ou moins intégrées entre elles, résultent donc d'un filtrage de la production scientifique (et non scientifique) : les grammaires, entendues en ce sens, constituent une première forme de transposition entre producteurs de descriptions et utilisateurs de celles-ci.

Transpositions

Distinguer productions des sciences du langage concernant des langues particulières et grammaires de ces langues, comme produit éditorial de divulgation de celles-ci, revient à admettre que toute grammaire se situe, par définition, sur le versant " diffusion ", en ce qu'elle procède d'un projet tendant à accompagner l'apprentissage au moyen de descriptions efficaces et, si possible, fondées en théorie. À ce titre, toute grammaire est pédagogique, puisqu'elle vise des conditions d'utilisation pour lesquelles on propose une description moyenne et consensuelle, inscrite dans une tradition descriptive stabilisée, faites de complexes filiations intertextuelles, et dotée d'explications pour la rendre opérationnelle pour la production verbale. Dans ces conditions, toute description non problématisée et de synthèse pourra être dite " grammaire ", qu'elle soit " de base " ou non, destinée à l'apprenant ou à l'enseignant.

Si donc une grammaire, par définition à visée pédagogique, est dite explicitement pédagogique, comment cela doit-il s'entendre ? On peut accepter de considérer que cette seconde transposition est de nature essentiellement quantitative : celle-ci correspondrait à un formatage en " directives pédagogiques " et en " programme grammatical " (Germain et Seguin 1995, p. 55), c'est-à-dire à des formes de sélection ultérieure, par niveaux de compétence visé, des régularités auxquelles exposer les apprenants et à la répartition linéaire de celles-ci dans la durée de l'enseignement. C'est précisément un des éléments de la définition retenue pour " grammaire pédagogique ", qu'il conviendrait peut-être alors de considérer comme une pédagogisation de la grammaire, au même titre que l'on propose de ne pas assimiler grammaire d'enseignement et enseignement de la grammaire (Germain et Seguin 1995, p. 49), lequel relève justement des méthodologies d'enseignement et non de la description, qu'elle soit savante ou divulguée. La " manuélisation[9] ", comme " simplification " et arrangement de descriptions et de concepts, issus ou non, directement ou non, de travaux universitaires sans visée pédagogique, constitue une seconde forme de

[9]. Voir, par exemple, Collinot A. et Petiot G. (dir.) 1998 : *Manuélisation d'une théorie linguistique : le cas de l'énonciation*, les Carnets du CEDISCOR, n° 5.

transposition à l'intention des enseignants et des apprenants. Cependant, la deuxième transposition, proprement dite, n'est que virtuelle dans les manuels. On localisera la grammaire pédagogique comme forme explicite d'utilisation ou de réélaboration de connaissances manuélisées au **point de contact** entre enseignement et apprentissage, c'est-à-dire dans l'acte concret de l'enseignement. Or, dans l'exercice de l'enseignement, le contact ne s'établit pas uniquement entre des connaissances manuélisées et une absence de connaissances (explicites). Nous ferons ici l'hypothèse que la grammaire pédagogique, qui est susceptible de se créer à ce confluent, est la résultante, non aléatoire, de diverses descriptions qui sont activées en ce lieu :

- celle inscrite dans le matériel d'enseignement (manuélisation proprement dite) ;
- celles des grammaires de consultation des apprenants et des enseignants, qui peuvent être identiques ou distinctes, suivant le niveau de compétence en langue des apprenants et suivant la connaissance que possèdent les enseignants relativement à la grammaire " pédagogique " ou aux descriptions scientifiques (première et deuxième transpositions) ;
- celle utilisée ordinairement par l'enseignant dans ses activités de systématisation ou d'explication, qui peut alors correspondre à une élaboration grammaticale propre, fondée sur des descriptions scientifiques, des grammaires de référence mais aussi sur son savoir-faire d'enseignant ;
- celle des apprenants, qui peut avoir les mêmes origines : intuition épilinguistique, expérience de la grammaticalisation effectuée lors de l'acquisition des formes écrites de la langue première ou de celle de langues secondes (à l'exception des descriptions scientifiques, s'agissant d'apprenants non experts).

On réservera donc le qualificatif de " pédagogique " (décision, somme toute, arbitraire) aux formes de description de la langue cible mises effectivement en jeu dans le cadre des activités d'enseignement et d'apprentissage. Ces grammaires peuvent recevoir la forme de catégories isolées, de descriptions, d'exemples de démonstration, de raisonnements métalinguistiques, de dénominations lexicales. Elles se manifestent explicitement dans les formes discursives comme les interactions en classe (entre enseignants et apprenants), les interactions des apprenants entre eux (voir, par exemple, Haller et Schneuwly 1996). Elles sont observables à partir de processus d'explicitation ou dans le cadre d'activités d'appropriation spécifiques, comme celles dites " de conceptualisation " : H. Besse proposait, en 1974, une démarche inductive, dite de conceptualisation, pour les apprenants de niveau 2 en se fondant sur le fait que " les élèves au niveau 2 [...] connaissent déjà une certaine grammaire du français puisqu'ils sont capables de former des phrases que nous reconnaissons comme françaises. C'est cette grammaire qui est chez eux à l'état latent que le professeur cherchera à dévoiler afin que les élèves en deviennent conscients " (pp. 38-39). On complètera cette proposition en soulignant que les enseignants eux-mêmes sont susceptibles de s'être constitué (et transmis), pour leurs besoins propres, au contact d'apprenants de même langue première qu'eux, des formes de description qui ne constituent pas seulement des manuélisations spécifiques mais bien des créations (catégories, secteurs décrits...) qui relèvent d'un statut autre que celui des connaissances scientifiques ou didactisées de manière contrôlée. Les grammaires pédagogiques ainsi localisées sont à considérer comme étant, au moins partiellement, le produit de représentations métalinguistiques d'origines différentes qui s'élaborent dans l'espace proximal que partagent et investissent, avec leurs savoirs expérientiels propres, apprenants et enseignants.

Grammaires pédagogiques et représentations métalinguistiques ordinaires

Faire remonter au moins en partie, comme nous l'avons fait, les descriptions pédagogiques des langues à des représentations métalinguistiques appelle quelques éclaircissements. Cette assomption est d'abord à restituer dans la perspective selon laquelle les comportements pédagogiques et les stratégies d'enseignement et d'apprentissage sont modelés par des croyances qui concernent les manières d'enseigner et d'apprendre. Celles-ci relèvent de cultures éducatives diverses, que la mise en place d'enseignements " modernes " n'a pas nivelées, bien que les États, prenant en charge l'éducation obligatoire dans un contexte d'enseignement de masse, se trouvent affronter les mêmes problèmes et élaborent des dispositifs comparables. Ainsi certains étudiants se sentent-ils mal à l'aise dans des activités de groupe ou celles fortement centrées sur les interactions orales improvisées, parce que ces démarches d'enseignement sont étrangères à leurs représentations de l'enseignement/apprentissage des langues, telles qu'ils ont pu les intérioriser au sein de leur propre culture éducative. C'est dans cette optique qu'il convient de considérer la question de la grammaire implicite ou explicite : la demande d'explicitation métalinguistique ou de présentation de l'objet-langue à travers des catégorisations métalinguistiques est de nature culturelle, dans la mesure où elle est suscitée, en partie au moins, par la " grammaticalisation " des enseignements de langue première (Beacco 1993).

Cette variabilité des cultures éducatives s'observe plus spécifiquement dans ses dimensions communicationnelles, en ce que les apprenants sont susceptibles de s'appuyer sur des représentations métalinguistiques caractéristiques de leur communauté de communication ou inscrites dans leur langue première. Celles-ci, par exemple, se fondent sur le métalexique de la langue première. Pour les locuteurs natifs du français, un tel lexique est constitué potentiellement par éléments comme " mot ", " discours ", " cause ", " s'excuser ", " se plaindre ", " bavardage "... D'après un sondage réalisé sur un corpus de dialogues, J. Rey-Debove (1983) note la forte présence des verbes de parole : " le dialogue familier, lorsqu'il est métalinguistique, se préoccupe essentiellement de rapporter des paroles (*dire, faire*) et d'évoquer des comportements où la parole est nécessaire (*répondre, s'engueuler, etc.*). C'est la relation des locuteurs à des discours particuliers qui domine. Le code de la langue n'est abordé que pour la dénomination (*s'appeler, appeler*) " (p. 219). Ce métalexique concerne la dénomination des genres discursifs, celle des actes de discours (dont celle des sentiments ; sur cette question des *speech acts*, voir Wiersbicka 1985), celle des catégories de la langue (" son ", " mot ", " lettre ", " réplique ", *etc.*, par exemple : " temps " *versus* " time " et " tense "). Les représentations métalinguistiques peuvent se fonder sur un lexique " naturel " de ce type ou sur un métalexique naturalisé dans le cadre de l'enseignement de langue maternelle et de celui d'autres langues inconnues acquises précédemment. Il est en mesure de constituer un dispositif catégoriel qui informe les processus d'acquisition des régularités de la langue cible.

En parallèle à ce métalexique dans la langue, on doit prendre en compte l'existence de métadiscours, entendus comme commentaires ou analyses de faits de langue produits par des non-spécialistes de l'étude des langues et du langage. Ces réactions à ce qui se dit, à la manière dont cela est dit, aux réactions que suscite la parole et aux théories sous-jacentes à ces opinions constitue un des domaines de la linguistique dite " populaire "[10]. Cette " théorie du répertoire linguistique et du discours produite par la communauté discursive elle-même "[11] (Hymes 1972, p. 39) mérite examen, en ce qu'elle est constitutive des communautés discursives elles-mêmes, en tant que représentations métalinguistiques partagées ou interprétables selon des critères partagés. Ces interprétations ordinaires des langues et de leurs usages concernent tous les territoires des sciences du langage : de la phonétique (représentation de variétés régionales ou sociales) au discours (jugements de cohérence ou d'appropriété). Ces représentations sont particulièrement vivaces en ce qui concerne l'enseignement apprentissage des langues : les langues étrangères seront dites " faciles " ou " difficiles " " à apprendre ", " à prononcer ", " à écrire "... On pourrait caractériser une didactique ordinaire des langues, à laquelle on ne sait s'il est légitime de rattacher les convictions des enseignants et des apprenants qui sont, les uns et les autres, des professionnels de l'enseignement/apprentissage mais non des linguistes, encore qu'ils ne soient pas totalement étrangers à la linguistique, au moins en ce qui concerne les enseignants. On notera, avec une certaine perplexité, que des données recueillies auprès de locuteurs non-spécialistes relativement à l'enseignement des langues " ne sont pas si éloignées que cela de l'opinion

10. Le terme utilisé par Hoenigswald (1966), découvreur de ce territoire, est " *folk linguistics* ".
11. Notre traduction..

des professionnels " (Niedzielski et Preston 1999, p. 260). Ceci pourrait en dire long sur la scientificité de la didactique des langues si cela était vérifié, la difficulté en l'occurrence demeurant d'identifier la nature des " opinions " des professionnels.

Cet ensemble de traits caractérise les situations éducatives qui ne sauraient être considérées comme un cadre inerte, où prendraient place, en conditions de laboratoire, les enseignements et les apprentissages. Les caractéristiques métalinguistiques de ces situations (que l'on pourrait dénommer *culture métalinguistique*) nous semblent susceptibles de donner naissance à des représentations qui peuvent être rendues opérationnelles et intervenir dans les processus d'enseignement/apprentissage. On fera, en particulier, l'hypothèse que ces représentations alimentent les grammaires pédagogiques définies plus haut. On créditera, dans ce cadre, les enseignants d'une forme d'expertise de linguistique : les enseignants, en particulier ceux qui sont de même langue maternelle que leurs apprenants, sont susceptibles d'avoir mis au point des formes de description et d'explication de phénomènes de la langue cible qui ne sont pas issues des didactiques officielles, de la grammaire pédagogique consensuelle de la langue ou des analyses scientifiques, parce qu'elles font leur part à la culture métalinguistique déjà-là, qu'ils peuvent partager avec les apprenants. Cette expertise non scientifique au regard des sciences du langage, mais *a priori* légitime au sein de la didactique des langues, peut concerner les descriptions à proprement parler, telles qu'elles sont proposées aux apprenants, les interlangues finales de ceux-ci, la gestion des demandes d'explicitation grammaticale.

Nous avons déjà esquissé, à plusieurs reprises, la forme de cette expertise dont la description systématique demeure toujours à l'état de programme de recherche, dans la mesure où il est nécessaire de l'établir langue par langue (paires de langues en contact). En ce qui concerne les descriptions, on rappellera que, dans certaines grammaires (ou manuels d'enseignement de langue) non calées sur celles produites en France et/ou à destination d'un public international, il est possible d'identifier des analyses (concepts, catégories, phénomènes linguistiques) divergentes d'avec les descriptions pédagogisées courantes (Beacco 1997). Ces phénomènes, observables dans certaines grammaires de production " locale " non totalement soumises aux influences modélisantes des grammaires centrales/nationales de la langue cible, pourraient constituer des traces de ce qui se produit en classe, où viennent au contact descriptions savantes et/ou pédagogisées et culture métalinguistique. Si ces traces présentaient des formes de concordance entre elles, il serait possible d'y voir une élaboration *ad hoc* adossée à la culture éducative, qui pourrait, au moins provisoirement, se substituer à la description officielle, plus assurée mais plus lointaine. De telles descriptions plurielles des langues cibles seraient alors variables selon les cultures métalinguistiques caractérisant une situation éducative. On conçoit l'intérêt qu'il y aurait à connaître les

" contenus " de ces descriptions, quels que soient les usages didactiques auxquels elles pourraient donner lieu.

Nous avons aussi attiré l'attention (Beacco 1993) sur le fait que l'expertise des enseignants concerne la représentation des processus d'acquisition ou, du moins, certains de leurs " résultats ". Il est probable que cette connaissance procède de l'expérience professionnelle mais aussi d'une expérience directe : les enseignants sont des locuteurs experts, en mesure, comme les locuteurs de langue de niveau avancé, d'auto-évaluer leurs compétences et, éventuellement, d'isoler leurs zones de fossilisation. Cette expertise non objectivée est d'allure contrastive (en ce sens qu'elle concerne des paires de langues au contact) : elle semble permettre de postuler l'existence de lieux potentiels de fossilisation, globalement pertinents pour un groupe d'apprenants mais non vérifiables dans toutes les interlangues individuelles. Dans son étude des croyances des enseignants, D. Woods (1996) relève cette conviction d'une enseignante à propos de l'acquisition : *"In the first lesson, she wrote the mother tongue of her students on the attendance record to use when she evaluates their writing. It can help to explain stubborn errors, for instance, errors which show up, that we have dealt with, but still do not seem to be amended in any one way or other. If it is a typical problem of a particular language group, it's easier to assume that it's a kind of fossilization"* (p. 188).

Si les observations des enseignants (qui apparaissent dans le cadre d'enquêtes ou transparaissent dans les manuels et les grammaires " locales ") se révélaient concordantes, ces difficultés prévisibles dessineraient une représentation des interlangues qu'il conviendrait de rapporter aux descriptions scientifiques systématiques qui sont disponibles : bien des enseignants de français à des italophones prédisent des difficultés de leurs apprenants comme " le mon oncle ", " j'espère qu'il vienne ", " je vais à le cinéma ", " Rome, c'est belle "... Des relevés quantitativement significatifs effectués à partir d'enquêtes auprès des enseignants, à partir des productions verbales d'apprenants avancés (par exemple, analyse des productions aux épreuves de baccalauréat), à partir de l'analyse des manuels et des grammaires où sont identifiables des traces de traitement spécifiques pour ces " fossilisations " permettraient sans doute de définir des priorités dans les démarches d'enseignement relatives à la systématisation formelle.

Ces représentations métalinguistiques font partie intégrante, à notre sens, des cultures éducatives, dont elles constituent l'aspect le plus pertinent pour les enseignements de langues. Une meilleure caractérisation des convictions des locuteurs ordinaires, de celles des " professionnels ", enseignants ou apprenants, des représentations inscrites dans la langue ou dans la culture communicationnelle permettraient sans doute de construire une didactique, comme théorie de la pratique articulant tous les savoirs sollicités dans l'enseignement, qui soit à l'inverse davantage ancrée dans des terrains spécifiques, assise indispensable au développement de didactiques du FEAL non centripètes et non universalistes.

Références bibliographiques

BEACCO, J.-C. dir; (1985) : *Descriptions pour le français langue étrangère*, Langue française, n° 68.

BEACCO, J.-C. (1993) : " Cultures grammaticales et demande métalinguistique ", *Études de linguistique appliquée*, n° 92, 51-64.

BEACCO, J.-C. (1997) : " Grammaires excentriques et cultures métalinguistiques ", LINX, n° 36, 131-137.

BEACCO, J.-C. (2000) : " Les communautés discursives ", dans Beacco, J.-C dir. : *L'astronomie dans les médias*, Presses de la Sorbonne nouvelle, Paris, 10-23.

BEACCO, J.-C. et CHEVALIER, J.-C. dir. (1988) : " Didactique des langues : quelles interfaces ? ", *Études de linguistique appliquée*, n °72.

BESSE H. (1974) : " Les exercices de conceptualisation ou la réflexion grammaticale au niveau 2 ", *Voix et Images du Crédif* (VIC), n° 2, 38-44.

BESSE H. et PORQUIER, R. (1984) : *Grammaires et didactique des langues*, coll. Langues et apprentissages des langues, Crédif et Hatier, Paris.

CHEVALIER J.-C. et DELESALLE S. (1986) : *La linguistique, la grammaire et l'école*, 1750-1914, Colin, Paris.

COSTE, D. (1986) : " Constitution et évolution des discours de la didactique du français langue étrangère ", *Études de linguistique appliquée*, n°61, 52-63.

COSTE, D. (1992) : " Sur quelques aspects des relations récentes entre grammaire et didactique des langues ", *Französish Heute*, n°3, 264-275.

GERMAIN, C. et SÉGUIN, H. (1995, 1998 pour l'éd. française : CLE international) : *Le point sur la grammaire*, Les Éditions CEC inc, Anjou (Québec).

HALLER S. et SNEUWLY B. (1996) : " Feuilleté énonciatif et mise en bouche. Quelques activités méta- et épilinguisitiques lors de la production à trois d'un texte écrit ", AILE, n° 8,129-152.

HYMES D. (1972) : "Models of the interaction of language and social life", dans Gumperz J. J. et Hymes D. (eds) : *Directions in sociolinguistics : The ethnography of communication*, Holt, Rinehart and Winston, New York, 35-71.

LEHMANN, D. dir. (1986) : *Didactique des langues et sciences du langage*, Études de linguistique appliquée, n° 63.

LEHMANN, D. dir. (1988) : *La didactique des langues en face à face*, Crédif et Hatier, Paris.

MOIRAND, S. (1988) : *Une histoire de discours... Une analyse des discours de la revue* Le français dans le monde 1961-1981, Hachette, Paris.

MOIRAND, S. PORQUIER, R et VIVÈS R. dir. (1989) : " ...Et la grammaire ", *Le français dans le monde*, Recherches et applications, n° de février-mars.

NIEDZIELSKI A. et PRESTON D. (1999) : *Folk Linguistics*, Mouton de Gruyter, Berlin et New York.

REY-DEBOVE J. (1983) : " Le métalangage dans le langage parlé ", *Recherches sur le français parlé*, n° 5, 21-226.

ROULET, E. (1980) : *Langue maternelle et langues secondes. Vers une pédagogie intégrée*, col. Langues et apprentissages des langues, Crédif et Hatier, Paris.

TISSET, C. dir. (1997) : *Métadiscours et enseignement/apprentissage des langues*,LINX, n° 36 et 37.

WIERSBICKA A. (1985) : "A semantic metalanguage for cross cultural comparison of speech acts and speech genres", *Language and Society*, XIV 4.

WOODS D. (1996) : *Teacher Cognition in Language Teaching*, Cambridge University Press.

Échos du débat

(Alliance Française de Paris, 8 décembre 2000)

Représentations métalinguistiques ordinaires et enseignement/ apprentissage de langues

Un intervenant :
J'ai été un peu surpris par la première partie, sur la récupération des savoirs savants dans les grammaires. Si je prends quelqu'un comme Dubois par exemple, la grammaire Dubois-Lagane et la grammaire structurale du français : je ne vois absolument pas le rapport entre les deux. Il me semble qu'il faudrait encore boulonner un peu plus tes définitions...

J. - C. Beacco :
Ce n'est pas une grammaire, c'est tout ! Cela prend le titre éditorial de " grammaire ", mais c'est un essai, une description linguistique. Il se trouve qu'en l'appelant grammaire on vise peut-être des marchés plus étendus que si on l'appelait : " description structurale de la phrase française ", ce qui est bien compréhensible, mais c'est un effet éditorial, ce n'est pas une grammaire de référence faite en tant que telle.

Il y a toutes sortes de grammaire, la grammaire du sens et celle de l'expression, etc. Ce ne sont pas au sens strict des " grammaires ", ce sont des travaux de linguistique qui se présentent éditorialement comme telles et ne sont pas, au sens éditorial, et au plan de la position sur le circuit de transmission de la connaissance, des grammaires : ce sont des savoirs nouveaux qui sont présentés dans ces textes, et non des savoirs repris, transposés et rendus consensuels par le montage de descriptions distinctes.

(Le même intervenant) :
Pour ce qui est de la grammaire pédagogique, tu es un petit peu en décalage avec quelque chose que Pesporteo a écrit dix ans plus tard que l'article de tout à l'heure, en 84 donc, où elle était définie de façon sensiblement différente...

J. - C. Beacco :
Je ne revendique pas la dénomination de " pédagogique " comme étant la seule attribuable à ce que j'ai essayé de définir. Simplement, ce qui me préoccupe, c'est d'essayer de localiser ces grammaires pédagogiques : où sont-elles, concrètement ? J'ai beaucoup de mal à les identifier. Si une grammaire pédagogique est une grammaire du français langue maternelle qui a été adaptée au français langue étrangère, on peut dire qu'elle est pédagogique mais on reste toujours dans le même lieu, le circuit de transmission des connaissances, et non dans un lieu tout à fait distinct. Je ne souhaiterais pas que le vocable " grammaire pédagogique " offusque un lieu où sont en contact des repré-

sentations métalinguistiques d'ordres divers, où se construisent, conjointement ou non, des systèmes explicatifs ou des mécanismes épilinguistiques, et que ce lieu n'ait pas de nom : or je trouve que " grammaire pédagogique " conviendrait assez à cet espace-là. Maintenant, je conçois tout à fait que l'on puisse appeler " grammaire pédagogique autre chose ", mais je préfère que cet endroit-là ait ce nom-là.

Henri Besse :
Simplement du point de vue historique, deux remarques. Au moins jusqu'à la grammaire de Beauzée, toutes les grandes grammaires, y compris les grammaires réputées savantes comme la grammaire de Port-Royal ou celle de Sylvius ou d'autres, sont des grammaires conçues par des gens qui enseignent les langues, et qui ne dissocient pas, comme tu as dit, l'objet d'enseignement de la description aussi savante que possible. L'autre remarque, c'est que ces grammaires sont toujours contrastives, mais dans un sens différent de ce que tu dis, parce que toi tu pensais à Labov je pense, alors qu'elles sont contrastives un peu comme je le disais tout à l'heure de celle de Palsgrave, c'est-à-dire qu'elles ne décrivent jamais une langue en elle-même et pour elle-même, mais toujours par rapport à une autre. Par exemple dans la grammaire de Port-Royal, les auteurs travaillent au moins sur cinq langues : français, latin, grec, mais aussi italien, etc.
Je pense que la distinction que l'on fait souvent actuellement entre grammaire dite " savante " et les autres catégories est en grande partie d'ordre institutionnel : les grammaires savantes n'existent que depuis qu'il y a des gens qui peuvent vivre en faisant de la linguistique sans enseigner les langues. Par exemple, Beauzée, que je citais tout à l'heure, n'a jamais été précepteur, n'a probablement jamais enseigné les langues mais et la grammaire générale ; or la grammaire générale, à ce moment-là, c'est une discipline de l'esprit, comme si on enseignait la logique ou la philosophie, et Beauzée dit qu'il travaille sur dix-huit langues. Cela ne veut pas dire qu'il en pratiquait dix-huit, mais qu'au moins il pouvait consulter dix-huit grammaires différentes sur ces langues.
À mon avis, il faut toujours prendre avec prudence la hiérarchie entre des grammaires qui seraient très savantes, d'autres qui le seraient moins et pédagogiques. Parfois dans des grammaires pédagogiques, il y a des suggestions, tu l'as dit toi-même, très intéressantes, y compris pour la linguistique. En revanche, ce qui me frappe c'est qu'autrefois on appelait " grammaire " quantité de choses qui actuellement ne sont pas classées comme telles. Par exemple, si vous regardez les registres grammaticaux qui viennent d'être faits par le groupe Histoire-épistémologie-langage, vous y trouvez Palsgrave par exemple, mais pas Duguez, parce que ça, c'est considéré comme un manuel de langue. La *Grammatica Completa* n'y est pas parce que c'est un manuel de

langue, et pourquoi est-ce défini comme un manuel de langue ? parce qu'il y a une seconde partie où il y a des dialogues... Donc, on n'a pas mis ces grammaires là, on a mis des grammaires où il n'y avait que la première partie, en gros. À l'époque actuelle, on fait des distinctions qui ne correspondaient à rien autrefois, et à mon avis, les distinctions ne sont pas d'ordre vraiment épistémologique mais plutôt institutionnel.

J. - C. Beacco :
Étant linguiste de temps en temps, je ne sais pas quoi répondre de ce point de vue-là... si tu m'interroges sur l'institution, ou sur le caractère du savoir sur le langage produit par des universitaires qui relèvent de la septième section, au sens strict du terme.

Henri Besse :
Tu as parlé de la grammaire de Chareaudeau, mais si tu dis : " Chareaudeau, ce n'est pas une grammaire ! ", il ne sera pas très content...

J. - C. Beacco :
Si on veut se comprendre, le seul lieu qui permette de s'y retrouver, c'est effectivement de situer des savoirs sur les parcours de ces savoirs, sans utiliser des termes qui seraient hiérarchisants. Donc, on va dire qu'une grammaire est une description dans laquelle confluent des descriptions qui sont en amont, et que ces " grammaires " ont une vocation de type encyclopédique/ pédagogique et non monographique/ scientifique, qu'elles n'exhibent pas les principes théoriques qui les fondent, mais éventuellement, décrivent ou font allusion, aux controverses qui sont normalement à l'œuvre dans un territoire, et, en ce sens, une " grammaire " est un ouvrage de consultation, de référence, "éteint" théoriquement en quelque sorte, un ouvrage général, un dispositif consensuel, au sens moderne du terme.

Évidemment ça a évolué. Ce qui l'a fait évoluer, effectivement, c'est la création d'une science du langage et d'institutions qui produisent ce genre de savoirs. En ce sens-là, je pense que l'on a défini une " grammaire ", et que l'on se donne davantage de moyens de comprendre les interactions entre tous ces pôles de savoirs qui sont à l'œuvre et qui confluent dans la classe de langue (avec l'intérêt de savoir ce qui s'y passe effectivement), auxquels on n'a pas accès mais que nous font parvenir indirectement, précisément, toutes ces grammaires fort nombreuses et non étiquetées savantes (non standard, si vous préférez, cela revient un petit peu au même).

Henri Besse :
Je ne connais pas de grammaire du français actuellement qui décrive autre chose que la variété dite standard du français, que moi je préfère appelée variété cultivée. Il y a très peu de grammaires qui tiennent compte des variétés régionales, ou alors c'est pratiquement décrit comme si c'était une autre langue. Mais il n'y a pas de grammaire du français qui tienne compte de la variété réelle du français. Tu as cité de Françoise Gadet *Le français ordinaire* : elle le dit très clairement, elle dit l'introuvable vernaculaire.

Lorenza Mondada :
Pour alimenter ta liste des caractéristiques et des lieux d'observabilité des grammaires pédagogiques, je pense à mes corpus. Tu as souligné que les enseignants sont généralement assez convergents, alors que moi j'alimente le moulin du situationnisme, et ce qui m'a frappée, c'est la dimension extrêmement située et malléable de ces théories vernaculaires des enseignants, qui selon les occasions, et c'est important, soulignent la convergence qu'il y a entre deux voire trois langues présentes chez les apprenants, ou bien, dans d'autres situations, différencient au maximum pour construire des langues qui soient bien séparées et bien identifiées les unes par rapport aux autres. Par rapport à ça, je trouve intéressant ce programme de recherches que tu lances : je l'élargirais à ce que tu as appelé une linguistique " non savante " (moi je parlerais plutôt de théorie vernaculaire ou endogène de la langue) où il s'agirait d'observer la façon dont ces descriptions vernaculaires du fonctionnement de la langue sont profondément imbriquées dans les activités locutoires, dans les pratiques langagières des participants, et utilisées à toutes fins pratiques pour rendre intelligibles ces pratiques. Il n'y a pas de corps de savoir non savant qui s'élaborerait de façon déracinée par rapport aux activités langagières : c'est cette imbrication qui me semble intéressante, le caractère " occasionné par l'exercice de la conversation " de ce corps de savoirs non savants.

J. - C. Beacco :
Il est clair que les modes de surgissements de ces savoirs doivent tenir à l'interaction. Ce que nous ne savons pas, c'est s'il existe des solutions standard, pré-élaborées, qui collent à des situations interactives dans lesquelles elles peuvent prendre place, en donnant le sentiment d'en être, en quelque sorte, issues. Et la seule manière d'essayer de vérifier, c'est de savoir si ces descriptions sorties de l'événement qui les a fait naitre, quand elles sont consignées dans des ouvrages, sont convergentes ou non. Si elles le sont, ce peut être le fait de la longue *retractatio* des grammaires, chacune reprenant les précédentes, etc. Mais il s'agit au moins de vérifier, d'essayer d'estimer le degré de convergence des descriptions nées *in situ*, quand elles sont consignées dans des

ouvrages détachés de la situation comme des grammaires. Je crois que c'est une des premières tâches de ce genre de travail, si on le fait non sur des interactions mais sur des grammaires qui ont ces caractéristiques : identifier les lieux des langues sur lesquels elles portent ces écarts, et évaluer les degrés de divergence des éventuelles descriptions de substitution créées à ce moment-là. Pour le moment, il faudrait commencer le programme de recherche.

Claude Germain :
Il est important comme on disait ce matin de partir des problèmes de la base, du terrain, et donc de corpus. Or là-dessus j'ai dirigé un mémoire de maitrise il n'y a pas si longtemps à Montréal, où l'on étudiait justement le langage grammatical de l'enseignant, et comment l'enseignant de langue transforme des grammaires que l'on peut continuer d'appeler " pédagogiques ", justement. On aboutit à une sorte de double contrainte, une espèce de complexification dans un sens, et une simplification dans l'autre : à force de vouloir simplifier la grammaire pour la rendre accessible au niveau des élèves, l'enseignant recourt à des images, à des métaphores, à toutes sortes de comparaisons qui finissent par la complexifier, au sens où cela donne lieu à des règles qui sont fausses. Cela, on le voit nettement chez beaucoup d'enseignants : par désir de s'adapter à l'élève, on transforme complètement les manuels, c'est pourquoi c'est très important si l'on veut vraiment comprendre ce qui se passe en salle de classe, parce que c'est ce langage que l'élève apprend finalement. J'aurais aussi une seconde remarque. Pour la première partie, tu as dit que toutes ces questions d'autonomie sont plus des questions institutionnelles qu'épistémologiques. Personnellement, je pense que ce sont d'abord des questions épistémologiques, et secondairement institutionnelles. Même dans le monde anglo-saxon on s'interroge, même si l'on n'utilise jamais le mot " didactique ", je pense à Stern et son *Educational Linguistic*, à K. Caplan, à Widdowson : autant d'auteurs qui n'ont pas ces problèmes institutionnels auxquels tu fais allusion, et qui s'interrogent quand même sur le statut et l'autonomie de la discipline, le rapport entre la linguistique et les autres disciplines et la didactique des langues. Je pense que c'est heureux qu'il en soit ainsi : si une discipline veut se constituer, il faut qu'elle continue à s'interroger continuellement.

J. - C. Beacco :
Sur la nécessité de l'interrogation permanente, comme de la révolution du même nom, il n'y a aucun problème, mais la question est de savoir quelle est la finalité de telles interrogations. Si ces interrogations débouchent sur des programmes de recherche, elles sont les bienvenues. Si elles débouchent sur une sorte de tristesse, d'amertume ou de sentiment de décalage, elles n'ont pas d'intérêt majeur. Par ailleurs, la

scientificité, si on prend la théorie du savoir au sens large, est quand même une production sociale au dernier degré : est savant ce qui est considéré comme tel, de même que la littérature, c'est ce qui s'enseigne, pour ne pas citer Barthes.

Henri Besse :
Sur le problème de ce que l'on appelle quelquefois la " terminologie grammaticale " : à mon avis, quand on l'appelle ainsi, on ne comprend pas très bien ce qui est en jeu, car on en fait simplement une question d'étiquettes. Quand les maitres ou les non-maitres, les savants comme tu dis, raisonnent en termes d'étiquettes, on perd l'idée que ce n'est pas l'étiquette qui importe, mais le concept qui est dessous. Or ce concept, c'est l'outil qui sert à analyser la langue. Quand on le traite comme une étiquette, ça veut dire qu'on n'a pas compris qu'il y avait un outil pour analyser la langue derrière. L'autre chose c'est que, là aussi, les langues ne sont pas égales par rapport à ce problème de terminologie. Quand en anglais, dans le métalangage, la langue courante, on distingue *Name* de *Noun*, ou *Time* de *Tense*, cela facilite pédagogiquement l'enseignement, tandis qu'en français, on dit " temps ", que ce soit le temps des verbes ou le temps qu'il fait, on a un seul mot (" nom ") pour *name* et *noun*, et on est alors obligé de dire " nom propre ", " nom commun "... La métalangue ordinaire des langues ne permet pas la même initiation à une représentation grammaticale, parce que certaines distinguent mieux les deux niveaux que d'autres.

Genre, interprétance et didactique des langues étrangères

SIMON BOUQUET
UNIVERSITÉ DE PARIS X-NANTERRE

Les " genres de textes " comme catalyseurs de la question du sens en linguistique textuelle

LES GENRES EN DÉBAT

Une question qui peut paraître marginale se trouve selon moi, au contraire, au cœur de l'approche textuelle : il s'agit de la question des genres – de ce qu'on appelle les *genres du discours*, ou les *genres de textes*.

Ce thème des genres remonte très loin : il est hérité de la rhétorique antique[1] et a été repris, dans le fil d'une longue tradition, par la théorie littéraire. Significativement (au regard des mouvements d'idées contemporains en linguistique du texte), c'est depuis une dizaine d'années que les linguistes cherchent à se réapproprier la réflexion sur les genres, – mais ceci sans parvenir pourtant à une définition formelle du concept de " genre ", et tout en cherchant, pour certains au moins, les principes d'une typologie générale des genres.

Or, dans les années 1950 déjà, un grand théoricien russe de la littérature, Mikhaïl Bakhtine, avait formulé, sur la question du genre, une position tout à fait singulière – une position qu'on pourrait dire de philosophie du langage ou de linguistique générale. Tous les énoncés linguistiques, dit-il, sont structurés par ce qu'il appelle *les genres de la parole*, de la même façon qu'ils sont structurés par les formes grammaticales, en ceci que les genres de la parole (ou genres discursifs) déterminent " la sélection opérée dans les moyens de la langue – moyens lexicaux, phraséologiques et grammaticaux ".

À la même époque, un autre penseur, Wittgenstein, en était arrivé, par des chemins bien différents, à déconstruire une représenta-

[1]. la fameuse tripartition d'Aristote entre genre judiciaire, délibératif et épidictique (ou démonstratif).

tion logicienne (c'est-à-dire explicitement compositionnelle) qui entendait refléter le tout du sens linguistique (une représentation dont il avait été lui-même, quelques décennies auparavant, l'un des zélateurs les plus brillants), pour la remplacer par une conception qu'on peut appeler *pragmatique* (au sens de " centrée sur l'action "). Dans sa première conception, la logique unifiait tous les énoncés du langage en un genre homogène ; dans la seconde, cette homogénéité sera contestée et remplacée par l'hétérogénéité indéfinie des genres de ces énoncés. Et c'est dans ce fait de la diversité de genre des énoncés (des *Arten der Sätze*) que se fondera la représentation wittgensteinienne du langage comme une *famille de jeux* – famille dans laquelle chaque genre de jeu est, d'un point de vue typologique, un individu.

Ces deux penseurs posent, dans leurs écrits, la problématique du genre sur un terrain plus strictement linguistique que bien des linguistes après eux. (Bakhtine écrivait, à ce propos : "(il faut) poursuivre plus loin l'analyse linguistique pure, si difficile que cela paraisse, et si tentant qu'il soit d'introduire ici des points de vue étrangers à la linguistique "[2]). La thèse croisée de Bakhtine-Wittgenstein peut être formulée ainsi : tout énoncé appartient, génétiquement et synchroniquement, à un genre de jeu de langage, qui est un élément déterminant de son contexte – qu'on peut même considérer comme *étant* son contexte – et ce fait détermine la matérialité grammaticale dudit énoncé. Quant à l'idée de construire des typologies universelles des genres, les deux auteurs la rejettent : ils posent les genres comme des faits culturels, historiques, et, par nature, instables.

De fait, les thèses de Bakhtine, renforcées par celles de Wittgenstein, alimentent la remise en cause de l'hégémonie logico-grammaticale en linguistique – et font apparaitre le problème du genre comme un fil conducteur de cette remise en cause.

Nature interprétative du sens textuel

En effet, des thèses de Bakhtine et de Wittgenstein, découle une représentation simple de la nature du sens, sous sa forme complète, c'est-à-dire textuelle (par " texte " j'entends toute suite linguistique, proférée par un ou plusieurs énonciateurs) – une représentation de ce qu'on peut encore appeler *la nature interprétative du sens* – dans l'optique de la compréhension des formes linguistiques, c'est-à-dire en ignorant le point de vue de leur production (dans la mesure où le seul fait empiriquement traitable, dans ce cadre, est la compréhension : je reviendrai sur la question du répondant empirique du sens textuel dans un instant). Cette représentation revient à poser les faces de l'unité de sens textuel à la façon des faces du signe chez Saussure. Cinq constituants inférieurs relèvent du principe d'une compositionalité interne à l'unité de sens. Un constituant supérieur ne s'applique qu'à l'unité de sens prise globalement (et qui, du coup, la délimite). De bas en haut, on a :

2. (1978 : 59, cité *in* Adam 1990, p. 12).

- d'abord le plan de ce qu'on peut appeler, en termes saussuriens le *signifiant*[3], – ici le *constituant signifiant* – avec deux niveaux d'analyse : le niveau des composants segmentaux (autrement dit la suite des phonèmes) et le niveau des composants suprasegmentaux (c'est-à-dire, à l'oral, les phénomènes prosodiques, d'accentuation et d'intonation)[4] ;

- ensuite la part grammaticale – c'est-à-dire relevant d'une logique compositionnelle – de ce qu'on peut appeler le signifié (signifié textuel, bien sûr) : on a ici a priori trois niveaux d'analyse grammaticale (étant entendu que les composants distincts appartenant à ces trois niveaux se partagent le support du même composant signifiant) ; ces trois niveaux sont, nécessairement, conçus à partir d'un état donné des sciences du langage : aussi n'ont-ils probablement pas une valeur en soi mais ils correspondent en tout cas à des domaines décrits, en l'état actuel des théories, de façon (relativement) spécifique par les grammaires (quand bien même ces domaines ne seraient pas nécessairement autonomes les uns des autres); ces trois niveaux sont :

- le constituant *syntaxique* (en entendant par *syntaxique* aussi les phénomènes de ce qu'on appelle traditionnellement *morphologiques*) ;
- le constituant *sémantique*[5], qui se trouve formellement décrit par exemple dans des théories comme la sémantique componentielle ou la sémantique générative, et dont les dictionnaires offrent, eux, une représentation non formelle ;
- et le constituant *énonciatif*, niveau des liens grammaticaux[6] entre l'énoncé et l'énonciation (lien au temps, au lieu, à l'énonciateur, au destinataire, ou à l'énoncé lui-même) ; le statut de ce constituant énonciatif reste problématique, à mon sens, dans la mesure où, comme le remarquent certains bons ouvrages généraux sur l'énonciation, les phénomènes ici sont assez disparates[7], et pourraient éventuellement être conçus, pour leur part compositionnelle, comme relevant de modules de la syntaxe et de la sémantique ;

- enfin, on a le plan de l'*interprétant* – auquel ressortit la question des genres (dans le sens de Bakhtine et Wittgenstein). On peut donner cette définition de l'interprétant : *c'est un constituant qui actualise, pour une forme signifiante donnée, une combinaison particulière de traits grammaticaux virtuels (syntaxiques, sémantiques, et énonciatifs)*[8].

La réalité empirique qui répond de cette représentation, c'est le phénomène de l'homonymie textuelle : s'il existe, pour un même constituant signifiant, deux (ou plusieurs) combinaisons distinctes de traits grammaticaux, et si, en situation de parole, ce constituant signifiant peut être interprété de manière univoque, alors on appellera *interprétant* ce qui permet de fixer, dans le processus de

---

3. C'est-à-dire le plan du *son*, dans sa représentation psychique, bien sûr.

4. Les théories classiques sont segmentales, à de rares exceptions, qui théorisent peu : ainsi, Palsgrave (humaniste anglais – *1480-1554), professeur de français à la cour d'Angleterre, auteur d'ouvrages didactiques de français, avait remarqué que le français n'avait pas d'accent de mot, mais un accent de phrase.

5. J'emploie le terme " sémantique " dans une acception ordinaire. " Sémique " serait cependant plus adéquat.

6. On parle parfois de *pragmatique* à ce sujet, mais ce terme, qui est ambigu lorsqu'on l'applique à la compositionalité interne à l'unité de sens textuel, je le réserve à l'interprétant.

7. En outre on a tendance à inclure dans l'énonciation des phénomènes non compositionnels qui, eux, relèvent de ce que j'appelle l'*interprétant*.

8. Le fait est opaque à la conscience : on peut avoir le sentiment d'une instanciation perse (compositionnelle), tant les différents traits grammaticaux gardent la trace du fait contextuel (ou du jeu de langage auquel on peut l'assimiler), au point de paraître le contenir – par exemple le fait de la requête peut paraître contenu dans le trait syntaxique de la forme interrogative, ou dans le trait sémantique /requête/ du verbe *demander*. Il n'en demeure pas moins que, dans la parole, c'est le contexte qui permet l'instanciation de ces traits. Et une représentation du sens dans la parole, c'est-à-dire du sens textuel, doit tenir compte de ce fait.

compréhension, une combinaison particulière de traits grammaticaux.

Avant de dire quelques mots sur les propriétés du constituant interprétatif, je voudrais donner un exemple, ce qui permettra d'envisager ces propriétés de manière plus concrète (et ce sera aussi une façon d'illustrer un type d'analyse qui a probablement son intérêt pour l'enseignement du FLE, au moins comme grille de représentation pour l'enseignant). Cet exemple, je l'aime bien, parce que c'est en outre un exemple d'homonymie textuelle.... et qu'on y trouve toute la saveur de la tradition anglo-saxonne d'analyse linguistique. Il s'agit d'une scène d'un film de la série *La Panthère rose* avec Peter Sellers dans le rôle d'un détective idiot nommé Clouzeau.

Clouzeau arrive dans le hall d'un hôtel où se trouvent un réceptionniste et un chien. Il demande au réceptionniste : " Est-ce que votre chien mord ? " Le réceptionniste lui répond : " Non, mon chien ne mord pas. " Clouzeau va caresser le chien, et se fait mordre. Il s'en plaint en disant : " Mais vous m'avez dit que votre chien ne mordait pas ! " À quoi le réceptionniste lui rétorque flegmatiquement : " Ce n'est pas mon chien. "

C'est l'interprétation des deux premières séquences qui m'intéresse :
- on a, pour l'adjectif dit " possessif " *votre*, repris par *mon*, deux valeurs possibles (entre autres) : une qui " indique une possession réelle " ; l'autre qui " indique un rapport de situation " ;
- on a (entre autres) deux couples d'interprétants possibles, correspondant à deux jeux de langage distincts, qu'on peut étiqueter par exemple : d'une part " poser une question pour s'informer objectivement sur des faits relatifs au destinataire de cette question " (type " sondage ") et " répondre à ce type de question " ; d'autre part le couple " poser une question pour adapter immédiatement son comportement en fonction de l'information obtenue " et " répondre à ce type de question ".

Il est clair que, dans cette séquence du dialogue, les deux interlocuteurs se placent chacun dans un jeu de langage différent ; d'où deux actualisations différentes d'un trait du constituant grammatical sémantique ; d'où le malentendu, pour Clouzeau en tout cas – de la part du réceptionniste, on ne sait pas si c'est du malentendu ou de la perversité) – , et d'où un genre comique qui porte bien son nom de *comique de situation*.

Après cet intermède cinématographique, revenons aux propriétés de l'interprétant.

1° il est *pragmatique*, au sens où il est le représentant formel d'un *jeu de langage* (auquel, on l'a vu, un genre textuel peut être assimilé) ;

2° il est *oppositif* (ou *différentiel*), tout comme le signe linguistique de Saussure – c'est-à-dire que c'est l'élément d'un

Genre, interprétance et didactique des langues étrangères

système dans lequel il ne tient sa valeur que de son opposition à d'autres interprétants ;

3° il est *sémiotisé* : ce que j'entends par ce néologisme, c'est que l'interprétant se fonde dans la propriété qu'a le langage de tout pouvoir décrire, y compris lui-même, et qu'il peut être conçu comme *étant* lui-même une *description*, en entendant ce terme ici dans un sens technique (qui pose l'interprétant comme assimilable à une unité textuelle) même si ça n'est qu'à un niveau abstrait ou *virtuel* ; et cette caractéristique de la sémioticité (qui est le ressort même du langage[9]) a une conséquence, pratique, c'est que cette description virtuelle peut être " simulée " par une *description actuelle* (que ce soit celle d'un locuteur, par exemple lorsqu'il désambiguïse un énoncé en précisant son interprétant, ou que soit celle du linguiste qui en fait l'analyse).

Si le phénomène interprétatif est simple dans son principe, plus l'unité textuelle s'allonge, notamment, plus il peut devenir complexe dans son détail (cette complexité étant une caractéristique de la sémioticité). Aussi je voudrais juste évoquer quelques propriétés supplémentaires qui permettent de décrire la complexité de l'interprétant :

- il est *polytypique*, c'est-à-dire qu'un interprétant peut être décrit de manière adéquate (au regard de son oppositivité) par *plusieurs* typologies (qui sont toujours, je le rappelle, des typologies *partielles*, construisant un domaine typologique *ad hoc*) ;
- il est *composite* (c'est aussi une conséquence de la sémioticité), c'est-à-dire qu'il peut contenir une pluralité de " traits " (parmi lesquels des traits prototypiques, comme " narration ", " argumentation ", " description ", *etc.*)

Et, enfin, deux propriétés liées à ce qu'on peut appeler : le niveau d'organisation *séquentiel* de l'interprétant :

- premièrement, *les interprétants des séquences d'un texte se laissent grouper en niveaux d'interprétation* (donc il y a des macro-niveaux d'interprétation), pouvant être représentés par des arborescences, dans lesquels chaque niveau hérite des traits interprétatifs de tous les niveaux supérieurs (qui constituent pour lui un domaine d'interprétation) ;
- deuxièmement, *cette organisation séquentielle est elle-même composite*, c'est-à-dire qu'elle peut entrecroiser plusieurs domaines d'interprétation – l'interprétation pouvant alors s'assortir de découpages différents d'une même macro-unité.

En conclusion, " interprétant " est un concept propre à rendre compte du fait du " genre " – ainsi que de son caractère nécessaire postulé par Bakhtine et Wittgenstein - en assimilant " genre de

9. La sémioticité " s'acquiert " avec la pratique du langage. Au début de l'apprentissage de la langue maternelle (avant la 'complexification grammaticale' et la complexification 'interprétative') on peut tenir que le sens est le contexte (ou le genre, ou l'interprétant). Autrement dit que les premiers " essais " du langage sont bifaces : constituant signifiant d'une part, interprétant de l'autre.

texte " et " genre de jeu de langage ". Dans cette optique les genres sont (l'interprétant est) une dimension du sens que l'on peut appeler l'interprétance (propriété d'une composante interprétative). Or, ma thèse est que cette dimension du sens travaille en profondeur l'histoire contemporaine de la didactique des langues étrangères.

Interprétance et didactique des langues étrangères

L'INTERPRÉTANCE DANS LA RÉVOLUTION DE LA MÉTHODE DIRECTE

Les divers courants méthodologiques d'apprentissage des langues étrangères apparus au XXe siècle auront été profondément marqués par la *méthode directe*, développée au tournant du siècle, notamment en Allemagne (sous les noms de *Reform-Methode*, *phonetische-Methode* ou *Anschauungsmethode*), en France et aux États-Unis. Si cette méthode introduit une rupture radicale dans l'enseignement des langues vivantes au regard d'une tradition pédagogique lourdement centrée sur la grammaire et la traduction, c'est précisément en ce qu'elle prend implicitement appui sur une conception interprétative du langage – aux lieu et place de la conception grammaticale en vigueur, dont la révolution directe thématise et incarne précisément le rejet didactique[10] – et, corrolairement, sur l'articulation des textes à leur contexte.

Les deux caractéristiques fondamentales de la méthode directe, " éviter le détour par la langue maternelle " et " éviter le détour par des règles de grammaires superflues "[11], alliés au caractère oral et quotidien des textes proposés, ont de fait pour fonction de permettre que l'apprenant, en ne se concentrant pas sur la composante grammaticale (celle de la langue enseignée, tout comme celle de sa langue maternelle projetée sur la langue enseignée), stimule sa représentation (épilinguistique, dans bien des cas) de la composante interprétative. Certes, on ne trouve pour autant, chez les zélateurs de la méthode directe, ni théorie du jeu de langage (ou de l'acte de langage) ni théorie d'une sémantique contextuelle/générique : d'une part ces méthodologues n'étaient pas des théoriciens de linguistique générale, d'autre part, l'histoire des idées en linguistique aura fait que leur époque n'aura pas été, c'est le moins que l'on puisse dire, celle du développement de théories interprétatives. Mais ces théories n'en apparaissent pas moins (de manière, pourrait-on dire, subliminale) dans leurs prises de position : par exemple lorsqu'un Charles Schweizer écrit, définissant la méthode directe en 1904, que celle-ci " associe les mots aux actions des êtres "[12], ou encore, au plan de la pratique cette fois, quand les méthodologues directs proposent des " mises en action dramatiques ": " Par exemple dans un tableau représentant la chambre d'un malade,

---

10. La révolution, ici, a certes des précédents : on sait par exemple que déjà Quintilien, et plus tard Montaigne, puis Locke rejettent la grammaire comme outil d'apprentissage des langues étrangères ; le Tchèque Comenius, à l'époque de Locke, théorisant la primauté de l'exemple sur la règle, va dans le même sens bien qu'il ne rejette pas les vertus didactiques de la grammaire. La " révolution " de la *méthode directe* s'entend, toutefois, au regard du fait qu'au XVIIIe, et surtout dans le développement du système éducatif au XIXe siècle, le recours à la grammaire est la voie royale de cet enseignement.

11. À ces deux caractéristiques se conjugue une troisième, liée à la pratique orale : " éviter le détour par l'orthographe " (N. Wickerhauser, " De la méthode directe dans l'enseignement des langues vivantes ", *Der Neueren Sprachen*, XV-4, [1898] 1907 : 213). Sur l'histoire de cette période, voir notamment C. Puren, *Histoire des méthodologies de l'enseignement des langues*, Paris, Nathan, 1988 : 93-209.

faire jouer le rôle du médecin, de la maman, etc., à différents élèves. "[13]

À la composante interprétative du sens linguistique, se laisse attacher un autre aspect de la révolution directe : cette dernière théorise une saisie globale des énoncés (" l'élève [...] apprendra toujours le sens du mot par la phrase et non le sens de la phrase par les mots")[14]. Ainsi H. Laudenbach, en 1902, souhaite " qu'un texte apparaisse [à l'élève] d'abord écrit, ainsi qu'à l'enfant qui sait lire à peine, comme un ensemble sur lequel flotte une lueur un peu confuse [...] comme un 'tout' dont il faut s'emparer d'une prise directe, par intuitions successives (...) "[15] ; en 1903, A. Godart affirme que l'élève " est dans la situation de quelqu'un qui comprend une phrase prononcée en langue étrangère, sans être en état de la reconstituer dans le détail et sans avoir une notion nette des éléments qui la composent. Au travail analytique lent de la lecture grammaticale, la lecture directe substitue une impression synthétique et instantanée."[16] Ce flou, volontaire, dans lequel les méthodologues directs conçoivent que les élèves abordent les textes (textes étant à entendre dans le sens qui nous occupe) est candidat, lui aussi, à favoriser l'intégration de la dimension contextuelle/générique dans le processus d'apprentissage. De nouveau, si ces positions ne se réfèrent pas, et pour cause, à une théorie du sens textuel, la spécificité de la révolution directe se laisse analyser comme le retour d'une articulation interprétative du texte à son contexte, c'est-à-dire au genre textuel.

L'INTERPRÉTANCE, DE LA MÉTHODE DIRECTE À L'APPROCHE COMMUNICATIVE

La méthode directe n'aura eu, en France, qu'une vie assez courte : apparue dans les instructions ministérielles de l'Éducation nationale en 1901, elle sera abandonnée après la guerre de 1914-18 parce que jugée, en des temps de repli, trop expérimentale. Les décennies suivantes verront, jusqu'à nos jours, lui succéder plusieurs paradigmes méthodologiques. Au-delà des étiquettes et des justifications théoriques de ces paradigmes (justifications parfois assez légères mais qui font toujours appel à quelque titre à des théories de linguistique générale), il convient de remarquer ceci : toutes ces méthodologies (qualifiées ultérieurement d'approches) ont en commun de faire perdurer la rupture opérée par la méthode directe, en d'autres termes, d'œuvrer à mettre en mouvement, dans le mécanisme de l'apprentissage, la composante interprétative du langage – qu'on envisage ici comme réduite au topos sémantique du genre.[17]

Il serait aisé (mais long), en examinant chacun de ces paradigmes se succédant au cours du siècle, de montrer comment la contestation du paradigme précédent revient toujours à une quête de plus d'intégration contextuelle/générique (parallèlement à un souci, de plus en plus marqué, de théorisation). C'est le fil qui, sous le nom de

12. *Enseignement de la langue allemande*, Première année, Livre du maitre, A. Colin, Avant-propos : V
13. L. Lubien, " Quelques mots sur l'enseignement par l'image ", *Les langues modernes*, -VI, 1903 : 192). Ce procédé, qui sera intégré dans les instructions ministérielles aux années de la méthode directe, perdurera dans les méthodes audiovisuelles.
14. L'usage du dictionnaire, écrivent A. Bossert et T. Beck, " détourne l'attention [de] l'élève du texte qu'il est appelé à comprendre " (*Les mots allemands groupés d'après le sens*, 7ᵉ éd., 1891, Préface).
15. [Intervention au cours d'un débat à la suite d'une communication de Ch. Schweitzer] *Les langues modernes*, III, juillet 1902 : 79
16. " La lecture directe ", *Revue de l'enseignement des Langues Vivantes*, XI, 1903 : 472 – cité in Puren 1988, op. cit. : 149-150.
17. Le terme d'*approche* lui-même reflète, profondément à mon sens, ce phénomène : l'apprenant " approche " le fait du sens textuel en mettant en scène, de diverses manières, la composante rhétorico-herméneutique du langage, plutôt que d' " apprendre " (illusoirement, bien sûr) le sens des parlers du langage à partir des règles (compositionnelles) logico-grammaticales.

méthode active, court au long des instructions ministérielles françaises jusqu'à 1969. De même, la méthode dite *audio-orale*, significativement dénommée en anglais *Situational Language Teaching*, quelles que soient ses lourdeurs béhavioristes, se préoccupe d'introduire systématiquement chaque nouvel élément linguistique dans le cadre d'une situation[18]. C'est également une amplification de la perception du contexte – au sens où l'on entend ce terme ici, c'est-à-dire d'un interprétant qui peut être conçu comme un genre –, amplification que permettent, en associant l'image au texte, les *méthodes audiovisuelles* (quand bien même celles-ci se réfèrent-elles à une conception structuraliste grammaticale et à une psychologie béhavioriste), ces méthodes restant par ailleurs fidèles aux jeux de rôles des paradigmes précédents.

Les approches dites *communicatives* et/ou *notionnelles-fonctionnelles*, prévalant aujourd'hui (au moins dans les filières universitaires du français langue étrangère et dans l'enseignement de l'anglais langue étrangère), reflètent cette même double mouvance : réaction aux méthodes antérieures et recherche d'un accroissement de la valeur didactique du composant interprétatif[19]. Au travers des multiples références sur lesquelles elles s'appuient – pragmatique des actes de langage, sociolinguistique, ethnologie de la communication, voire sémantique –, c'est toujours la composante interprétative que ces approches visent à mieux impliquer. Si elles font pour cela flèche d'apports théoriques divers et qu'en conséquence leur propre cadre théorique demeure généralement assez vague, les approches communicatives n'en dégagent pas moins des lignes de forces claires : *privilégier la compétence de communication*[20] (ce thème, cardinal en didactique communicative, étant issu précisément, dans l'ethnographie de la communication de D. H. Hymes, d'une bipolarité " normes de grammaire/normes d'emploi[21] ") ; *appréhender le discours dans sa dimension globale* (l'exigence de prendre pour support d'enseignement des documents qui présentent des échanges réels et complets – que sténographient les expressions " documents authentiques " ou " communications authentiques " – s'entendant comme la recherche de garanties quant à l'ancrage générique/contextuel) ; *recentrage sur le sens plutôt que sur la syntaxe* (même si ce sont en l'occurrence surtout les actes de langage d'Austin/Searle qui sont utilisés à cette fin).

Le développement de diverses théories d'analyse du discours en didactique des langues étrangères – ces théories étant notamment considérées comme pouvant soutenir, de manière plus adéquate que les théories des actes de langage, des réponses aux besoins des apprenants de niveau avancé – n'échappe pas au consensus, implicite mais généralisé, de recherche de la composante interprétative[22]. Si, là encore, il n'existe guère de démarche d'analyse standardisée et stabilisée, on débouche heureusement sur une conception culturelle des faits de signification, sur des pragmatiques " sociologiques " comme celle

---

18. " Le langage [...] se développe à travers des situations et il est inséparable du mouvement de ces situations ", lit-on dans la préface de *Voix et images de la France* (Crédif-Didier, 1960).

19. On sait que les fameux *Threshold Level English* (1975) et *Niveau-seuil* (1976), puis tous ceux qui auront suivi, s'organisent autour d'actes de langage.

20. Que l'étiquette de *compétence de communication* recouvre, dans les diverses approches communicatives, des notions différentes n'a rien d'étonnant : on ne trouve pas, dans ces approches, de théorie unifiée de la composante rhétorico-herméneutique.

21. Le modèle SPEAKING, développé par ailleurs par Hymes, peut être tenu pour une tentative de rationaliser la compétence rhétorico-herméneutique.

22. On pourrait en dire autant de l'approche fonctionnelle " sur objectifs " (*for Special Purposes*).

d'E. Roulet et, en particulier, sur la conscience de *speech genres* conçus comme des normes historiques et sociales[23].

Comment le concept d' " interprétance " peut-il offrir une perspective à la didactique des langues étrangères ?

Le recours au concept d' " interprétance " ne saurait être considéré *a priori* dans ce domaine comme un cadre méthodologique, ni même comme la source d'inspiration théorique de possibles méthodologies. Son intérêt immédiat, dans le débat sur les rôles de la linguistique en didactique des langues, est d'une autre sorte : il tient, à mon sens, à ce que la problématique dont relève ce concept et la lumière que cette problématique projette sur l'histoire de l'enseignement des langues étrangères au XXe siècle peuvent contribuer à relativiser utilement la portée dudit débat – rassurant sur ce point, s'il en était besoin, les enseignants (voire les apprenants).

En effet, en concentrant l'attention non pas sur les faits grammaticaux en eux-mêmes, ni sur les faits interprétatifs en eux-mêmes, mais sur la rencontre, à chaque fois spécifique à un énoncé donné, de ces deux types de faits, le concept d' " interprétance " permet, incidemment, de prendre du recul vis-à-vis des virulences théoriciennes, en ce que :
1) il minimise les enjeux du choix de modèles grammaticaux : pour dire les choses de manière un peu provocante, ceux-ci sont tous bons à prendre dès lors qu'ils permettent de mettre en lumière des variations contextuelles ;
2) il dédramatise le choix de modèles interprétatifs (parfois nommés " pragmatiques " : ceux-ci demeurent toujours ouverts et peuvent être remplacés par un étiquetage contrastif *ad hoc*, du moment qu'une variation textuelle répond de la pertinence de cet étiquetage.

Ce relativisme ne conduit pas à justifier l'éclectisme des théories : il n'y a nul avantage intrinsèque à la multiplication théorique. Il s'agit en fait de se fier ultimement, plutôt qu'à l'éclectisme des théories, à la complexité ordonnée de la langue (c'est-à-dire du langage, appréhendable uniquement dans la diversité des langues et des textes). Foisonnement et ordre sont le propre de la langue : l'apprentissage d'une nouvelle langue se fonde sur cette double caractéristique de la langue maternelle et d'autres langues éventuellement déjà connues de l'apprenant. En d'autres termes, si la sémantique du genre reflète une compétence à l'œuvre dans l'acquisition d'une langue étrangère, c'est qu'elle reflète des modalités de " construction des valeurs référentielles ", pour reprendre l'expression d'A. Culioli, largement communes aux locuteurs des langues diverses et, en tout cas, *comparables* (inconsciemment ou non) de langue à langue. C'est en ce qu'el-

23. Cf. notamment J.-C. Beacco, " Linguistique des discours et enseignement des langues " in " Le discours : enjeux et perspectives ", *Le français dans le monde*, numéro spécial, juillet 1996.

le peut lui permettre d'analyser, parfois, ce processus à l'œuvre, que le cadre conceptuel d'une " sémantique du genre " peut s'avérer précieux pour l'enseignant de langues étrangères. La perspective impartie par ce cadre conceptuel permet d'articuler en outre la langue avec ce qui, au sens le plus large, relève de faits culturels non-linguistiques : elle est, en elle-même, une médiation possible, fondée sur des matériaux purement linguistiques, entre cours de langue et cours de civilisation.

Des actes de langage à l'activité langagière et cognitive

Grammaire et action en didactique des langues

HENRI PORTINE
ÉQUIPE TELANCO - UNIVERSITÉ DE BORDEAUX 3

L'une des opérations de l'équipe TELANCO (TExtualisation – LANgage – COgnition) porte sur les apprentissages linguistiques en présentiel et par le multimédia. Cet article et celui d'Agnès Bracke entrent dans la problématique de cette opération de recherche qui a pour objectif l'étude des rapports entre activité langagière, énonciation, adéquation pragmatique et structuration dans les apprentissages linguistiques.

Problématique

Le principe de base adopté ici est : **tout apprentissage d'une langue se fonde sur la compréhension de l'adéquation pragmatique des énoncés mais nécessite en complément un travail sur les structures** (de groupes de mots, de phrases, d'énoncés, de séquences d'actes de langage). Pour parler comme les Britanniques : l'exigence de *fluency* doit précéder l'exigence d'*accuracy* mais l'*accuracy* doit venir compléter la *fluency*. Pour cette dialectique, quatre domaines jouent un rôle particulièrement important : a) **la didactique de la grammaire** qui cherche à associer le complément structurel indispensable au développement pragmatique et qui sera discutée ici ; b) **la pédagogie du projet**[1] qui assure le développement pragmatique tout en faisant place dans certaines phases à des interrogations structurelles ; c) **le FOS** (Français sur objectifs spécifiques), *ESP (English for Specific Purposes)*, etc., c'est-à-dire les prolongements de ce qui fut appelé " enseignement fonctionnel " qui doivent mettre l'apprentissage linguistique en rapport avec les connaissances (voir Hutchinson et Waters 1987) ; d) **la didactique de l'écrit** (cf. Gaonac'h 1990) qui suppose un cadrage pragmatique avec un complément structural assez fort. Précisons que ce qui sera dit ici est orienté vers le français langue étrangère mais peut être

1. Qui fait l'objet de l'article d'Agnès Bracke dans ce même numéro.

aussi utilisé *mutatis mutandis* pour le français langue maternelle (pour le travail de la grammaire en français langue maternelle, voir Bouix-Leeman 1993).

DE LA GENÈSE DES APPROCHES COMMUNICATIVES (AC) EN DIDACTIQUE DU FLE

Entre 1976 et 1980, l'émergence des approches communicatives en didactique du FLE se fonde sur la critique de la méthodologie structuro-globale audio-visuelle. Cette phase sera suivie d'une phase plus stabilisée où le terme de " communication " passe pour le maitre mot sans véritable analyse (Gaonac'h qui lie communication et cognition sera assez peu entendu, de ce point de vue)[2]. Nous verrons comment cette seconde phase essaie de lier actes de langage et interaction. Cette phase se termine par une demande de reprise en compte du grammatical (lisible dans les méthodes des années 1986-1989) mais là encore sans véritable interrogation sur ce que peut signifier " apprentissage grammatical " : plus donc par un retour à l'enseignement grammatical ou par un glissement de la grammaire de la phrase au discours[3] que par une véritable émergence d'une didactique de la grammaire (Portine 1998).

DES APPROCHES COMMUNICATIVES AUX APPROCHES COGNITIVES

Les années 1988-1990 marquent un tournant dans les approches communicatives. Nous pouvons en prendre deux témoignages : (a) en 1990, parait en un numéro spécial du *Français dans le monde* intitulé *Acquisition et utilisation d'une langue étrangère*, avec " L'approche cognitive " pour sous-titre, dirigé par Daniel Gaonac'h ; (b) la prise en compte de l'interaction n'est plus une évidence mal maitrisée mais change de modalité d'existence (cf. Mondada et Pekarek dans ce même numéro).

Cette évolution a marqué les années 1990. La prise en compte du " méta- " (activités métalinguistiques, métadiscursives, métacognitives) puis de " l'épi- " (auto-évaluation et auto-ajustement infraconscients des conduites langagières) se fait de plus en plus importante. L'intérêt pour le *Language awareness* se manifeste. L'opposition entre déclaratif et procédural et l'insistance sur les savoir-faire deviennent prégnantes.

Doit-on dans ce contexte parler d'" approche(s) cognitive(s) " ? Cette question n'est pas d'ordre épistémologique mais stratégique. Comment favoriser le travail des apprentissages et la prise en compte du double rôle de la " fonction sociale de l'élève " et de la " fonction cognitive de l'apprenant " par les enseignants ? Une nouvelle étiquette ne fera sans doute pas l'affaire. Si elle est rassurante (tout simplement parce qu'elle nomme une évolution), une étiquette nouvelle a

---

[2]. Le terme *communication* peut prendre des sens très différents : technique (Shannon), " rationnel " (Grice), socio-culturel et anthropologique (Hymes), cognitif (ou plutôt métacognitif, Sperber et Wilson).

[3]. Ce qui a été souvent une prise en compte retardée des travaux dits de " grammaire de texte " qui émergent à la fin des années 1960. Pour des interrogations de ce type, cf. Portine 1979, Moirand, Porquier et Vivès 1989. Nous avions essayé de poser ce problème aussi dans : " Français fonctionnel et apprentissage de la grammaire : Papier de travail ", Paris, BELC, Ronéo, 64 pages.

aussi le grand défaut de faire considérer tout ce qui précède comme caduc et de conduire à des oublis regrettables. Il paraitra donc peut-être plus souhaitable de parler de la **dimension cognitive des approches communicatives**.

Partant de la prégnance du pragmatique, nous allons d'abord reprendre la genèse de la notion d'acte de langage parce qu'elle est à la fois très bien et très mal connue.

La théorie des actes de langage

LE SUBSTRAT DE LA THÉORIE DES ACTES DE LANGAGE

La théorie des actes de langage est la théorie pragmatique la plus célèbre. Mais d'où vient-elle ? Elle ne nous vient pas de la linguistique mais de la philosophie. Trois mouvements l'ont fortement influencée.

Le premier est une **réaction à un principe posé par Aristote** dans le *De Interpretatione* (17a1-5) : " Tout discours n'est pas une proposition, mais seulement le discours dans lequel réside le vrai et le faux. " Cela signifie que seuls les énoncés qui sont soit vrais soit faux (ou qui le seront dans l'avenir) sont dignes d'analyse ; ajoutons : d'une analyse logique. De ce fait nombre d'énoncés se trouvent écartés : les ordres, les promesses, les questions et bien d'autres types d'énoncés. Des réactions contre ce principe ont eu lieu (notamment au XVIIe siècle), mais l'affirmation (ou assertion) est toujours restée l'énoncé canonique.

Le deuxième mouvement se joue dans l'évolution de Wittgenstein, ou plutôt dans la façon dont on lit son évolution (qui reste hypothétique). Wittgenstein publie en 1922 le *Tractacus logico-philosophicus* qui se termine ainsi : " 7. Sur ce dont on ne peut parler, il faut garder le silence " (traduction de Gilles-Gaston Granger). La formule peut paraitre banale. Lorsqu'elle clôt un texte qui comporte des propositions comme " 6.3. [...] hors de la logique, tout est hasard " ou " 6.375. De même qu'il n'est de nécessité que logique, de même il n'est d'impossibilité que logique ", on comprend que " ce dont on ne peut parler " signifie " ce dont on ne peut parler **logiquement** ". À tort ou à raison, le *Tractacus logico-philosophicus* a donc été interprété comme la valorisation de la logique et la dévalorisation du parler ordinaire. Or Wittgenstein meurt en 1951 et en 1953 paraissent les *Investigations philosophiques* **qui portent sur le parler ordinaire**.

Le troisième mouvement est celui opéré par Morris, dans *Foundations of the Theory of Signs* (1938). Il ajoute aux domaines de la syntaxe (étude des formes et des agencements de signes) et de la sémantique (étude de la signification des signes) un troisième domaine, la " pragmatique " (**étude de l'emploi des signes**), déjà proposé par Peirce (dont la lecture est si difficile qu'elle masquera longtemps ses propositions innovantes).

Nous avons maintenant tous les éléments de notre petit drame. Le héros (ou le héraut ?) peut s'avancer. Il s'appelle John Langshaw Austin.

Une première formulation, J. Austin

Professeur de philosophie à Oxford, John Austin appartient au courant oxonien de " la philosophie du langage ordinaire ", à laquelle appartient aussi S. Toulmin qui a remis en cause la distinction stricte opérée entre logique formelle et logique pratique (1958). Cette école prétend tirer de l'activité langagière ordinaire (nous préférerions " quotidienne ") des enseignements philosophiques. En 1955, John Austin donne une série de douze conférences à l'Université de Harvard, à partir d'idées travaillées dès 1939. Il meurt en 1960 et l'un de ses collègues édite ces conférences en 1962 sous le titre *How to do Things with Words*. Ce sera la première formulation des actes de langage. Quelle part de cette théorie est due au caractère oral des conférences ? Nous ne le saurons jamais mais elle semble plus faible que pour Saussure.

Austin présente sa théorie en deux phases (la question de la classification n'est abordée que rapidement à la douzième conférence):

a) il existe des énoncés qui ne sont ni vrais ni faux et que l'on peut cependant caractériser du point de vue d'une logique de l'action ; ce seront les **performatifs** ;

b) l'analyse des performatifs peut être généralisée à toute action par le langage[4], à tout acte de langage.

Les énoncés " Je vous marie " et " Je te promets de venir " ne sont pas susceptibles d'être vrais ou faux, mais nous pouvons les caractériser par leurs **conditions de réussite** (leur " félicité ") : conventions à respecter, intention(s) effective(s), réception adéquate. Ils ont en effet comme propriété de réaliser un acte (*to perform*), c'est pourquoi on les appellera " performatifs ". En cela, ils se distinguent d'énoncés vrais ou faux qui décrivent un état du monde et que l'on appellera des **constatifs**. Austin note l'absence de critères grammaticaux pour caractériser les performatifs. Si " je te promets de venir demain " est bien un performatif, en revanche " je t'ai promis de venir demain " et " il te promet de venir demain " sont des constatifs (vrais ou faux).

Utiliser un performatif, c'est agir (" je te promets " promet ; " je te salue " salue ; " je te remercie " remercie ; etc.). Mais ce n'est pas le seul mode d'**action par le langage**. Utiliser un constatif, c'est aussi agir par le langage mais d'une façon un peu différente. Si dire " je te promets " promet, dire " je fais la vaisselle " ne fait pas la vaisselle (malheureusement). Alors que fait-on ? Selon les contextes, on informe (" Qu'est-ce que tu fais ? - Je fais la vaisselle "), on s'excuse (" Tu peux venir m'aider au jardin ? - Je fais la vaisselle "), on fait un reproche (" Tu viens ? Le film commence à la télé. - (Moi) Je fais la vaisselle "), etc.

---

4. Dans la huitième conférence, on trouve : " [...] la notion d'acte même n'est pas très claire. Nous y répondrons par une théorie générale de l'action (*a general doctrine about action*) ".

5. Les vraies difficultés commencent lorsqu'on veut appliquer la théorie des actes de langage aux textes écrits qui ne sont pas de la correspondance.

Des actes de langage à l'activité langagière et cognitive

Toute parole (au moins dans l'interlocution[5]) est donc action. Austin propose de distinguer trois niveaux dans ce type d'action : un niveau central, celui de l'action effectuée proprement dite (le niveau **illocutoire**) ; un niveau qui tient compte de l'aspect matériel de l'énoncé (le niveau **locutoire**) ; un niveau qui vise l'infinie diversité des situations (le niveau **perlocutoire**). Nous avons vu les aspects illocutoires de " Je vous marie " (marier), de " Je te promets de venir " (promettre) et de " Je fais la vaisselle " (informer, s'excuser, reprocher).

Laissons pour l'instant de côté le niveau locutoire (nous y reviendrons en abordant la formulation de Searle) et donnons maintenant un exemple simple et évident de perlocutoire. Vous écrivez un scénario de film. Première scène : le héros pique-nique avec son fils au bord d'un champ dont il est séparé par une forte clôture et lui dit " il y a un taureau derrière toi " ; l'enfant se retourne tranquillement en mangeant sa glace. Deuxième scène : le héros pique-nique avec son fils qui a un polo rouge, dans le même champ mais après avoir franchi la clôture, et lui dit " il y a un taureau derrière toi " ; tous deux se lèvent d'un bond et se mettent à courir. De toute évidence, les deux productions de " il y a un taureau derrière toi " n'ont pas le même effet bien qu'il s'agisse (illocutoirement) dans les deux cas d'une information : la situation (absence d'une clôture entre le taureau et nos personnages) peut ajouter une valeur (perlocutoire) d'avertissement à l'information.

Tout paraît clair : l'illocutoire, c'est la valeur fondamentale (ce qui est fait *in saying*, en disant ce qui est dit) ; le perlocutoire c'est la valeur ajoutée dans certaines situations (ce qui est fait *by saying*, par le fait de dire ce qui est dit). On remarquera cependant que la frontière n'est peut-être pas si évidente à définir entre d'un côté l'avertissement ajouté à l'information (" il y a un taureau derrière toi ") et de l'autre l'information transformée en excuse (" je fais la vaisselle ").

UNE SECONDE FORMULATION, J.R. SEARLE

En 1969, le Californien John Searle publie *Speech Acts*. En traversant l'Atlantique, la théorie des actes de langage va subir quelques modifications. Dans la traduction d'abord. L'anglais " speech act " devrait se traduire par " acte de parole ", mais " acte de parole " est déjà utilisé en français pour désigner toute prise de parole. Il y aurait donc un risque d'ambiguïté. Le traducteur d'Austin a recouru à " acte de discours ". La traductrice de Searle choisit " acte de langage ", terme qui sera le plus fréquemment employé.

L'acte locutoire d'Austin regroupait trois types d'actes (fin de la septième conférence) : phonétique (produire des sons), phatique (se conformer à certaines constructions)[6], rhétique (associer un sens et une référence à l'énoncé des mots). Searle le remplace par les actes d'emploi (*utterance acts*) et les actes propositionnels (référer et prédiquer). Si on retrouve référer et prédiquer dans les deux cas, toute l'attention

6. Bien évidemment, le terme " phatique " employé par Austin n'a rien à voir avec le même terme créé par Malinowski en 1923 et repris par Jakobson dans son célèbre schéma des fonctions de la communication..

portée par Austin à la construction matérielle de l'énoncé s'estompe chez Searle. Il y a sans doute là la manifestation d'un fait important : Searle veut expliquer le fonctionnement de l'esprit humain comme organe de l'action.

La notion de perlocutoire est reprise par Searle mais sans être intégrée à la notion d'acte de langage. Elle en acquiert un statut secondaire qui va encore être diminué par les actes indirects. Les actes indirects sont des actes de langage qui ne font pas ce qu'ils disent faire. Ainsi, " Est-ce que tu peux me passer le sel ? " semble être une question sur les possibilités de l'interlocuteur alors qu'il s'agit en fait d'une requête : on lui demande de passer le sel. Il s'agit d'une extension de la notion d'illocutoire qui rend secondaire le perlocutoire puisque la situation va permettre d'agir par des moyens linguistiques indirects.

Alors qu'Austin cherchait à construire une **théorie de l'action par le langage** qui soit plus générale que l'approche logique classique, Searle réinscrit cette théorie dans l'un des objectifs de l'École d'Oxford : élaborer une **théorie de l'esprit humain** (cf. Ryle, Toulmin). L'être humain définit des normes d'évaluation et de cadrage de l'action. Ces normes passent par le langage. Comment construisons-nous ces normes ? Comment évaluons-nous la réussite ou l'échec de nos actions ? Quel rôle jouent nos capacités cognitives et notre conscience dans la construction et l'application de ces normes ? Comment la réalité sociale et les réalités institutionnelles qui reposent sur des accords collectifs se constituent-elles ? Toutes ces questions sont au centre des travaux de Searle à partir du tournant des années 1980.

L' APPROBATION DE LA THÉORIE DES ACTES DE LANGAGE PAR LA DIDACTIQUE DU FLE

À la fin des années 1970, la théorie des actes de langage ne pouvait que convenir à la réflexion sur la didactique des langues[7]. Passant d'une approche structurale à une approche fonctionnelle centrée sur la communication, la didactique des langues avait besoin d'un point de vue pragmatique (au sens linguistique[8] du terme) sur les énoncés.

Cependant, la didactique n'étant pas confrontée aux exigences de la linguistique, la formule " acte de parole " parut plus simple et plus intuitive. Elle fut adoptée. Comme la grammaire se chargeait de la structure des énoncés, l'important était d'avoir à sa disposition un outil pour décrire l'action par le langage dans la communication. Ce fut le dispositif de Searle qui fut retenu, sans pour autant respecter la structure et les fondements épistémologiques de la théorie. En effet, l'application de la théorie des actes de langage ne pouvait pas être véritable : les questions fondatrices pour Austin et Searle ne pouvaient être celles de la didactique des langues. Deux grandes différences allaient apparaître : l'intérêt pour les réalisations des actes (secondaires pour Searle) et le remplacement des actes par des séquences d'actes.

---

7. En revanche, la théorie des actes de langage ne bénéficia pas d'une réception très positive en linguistique théorique en France. Rares furent les linguistes qui s'y rallièrent, et encore partiellement, comme Ducrot ou Kerbrat.

8. Rappelons la différence entre l'adjectif courant " pragmatique " qui signifie " fondé sur l'utilité et la réussite " (à la base de la philosophie utilitariste de William James) et l'adjectif linguistique " pragmatique " dû à Peirce qui peut aussi être un nom et qui signifie " prise en compte de l'emploi en situation des énoncés ".

Le premier remaniement reste parfaitement compatible avec la théorie des actes de langage. Il s'agit de distinguer " catégorie d'acte " et " réalisation d'acte ". La quête ontologique de Searle n'a pas grand intérêt pour la didactique des langues. En revanche, le fait de catégoriser des actes de langage devient primordial. Que puis-je apprendre dans une langue étrangère ? Non pas à saluer, à demander une information, à remercier, etc., mais comment saluer, demander une information, remercier, etc., dans la langue cible. Pour ce faire, il faut donc **catégoriser** des réalisations effectives en types d'actes, c'est-à-dire découper l'action par le langage en différents actes et **faire correspondre à chaque Acte** (avec un A) **différentes réalisations ou actes** (avec un a). Ces réalisations sont **situées**, ce qui signifie qu'elles sont inscrites dans des situations déterminées. Ainsi, à la catégorie (ou Acte) " saluer " correspondront les réalisations " bonjour ", " salut ", " au revoir ", " ciao ", " porte-toi bien ", etc. Ces réalisations se distingueront par des **critères sociolinguistiques** et éventuellement par des **modalités différentes** (" bonjour " et " au revoir " sont deux modalités différentes de l'Acte " saluer "). On peut représenter cette répartition, mise en évidence par Martins-Baltar dans le *Niveau Seuil* par le tableau suivant :

Acte (catégorie d'acte)	Réalisations (actes effectifs et situés)	Caractérisation sociolinguistique
SALUER	bonjour Mme/M	très formel
	bonjour	peu formel
	ça va ?	courant
	alors ça va ?	plutôt familier
	salut	familier
REMERCIER	Je vous remercie	très formel
	Merci (beaucoup)	de formel à courant
	C'est très gentil	courant
	C'est sympa	familier
	C'est chouette de ta part	très familier

On peut faire deux remarques sur ce tableau. Tout d'abord, les noms d'Actes sont en majuscules afin de bien les distinguer des actes effectifs (nous l'avons vu, les noms d'Actes sont des noms de catégories comme le sont " Nom ", " Verbe " ou " Adjectif " en grammaire). Nos caractérisations sociolinguistiques sont volontairement pauvres. En cours de langue, elles doivent faire l'objet d'une **évaluation (éventuellement comparée) par les apprenants** eux-mêmes. De plus ces caractérisations ne peuvent être rigoureuses : " Merci " peut aller de " formel " à " courant " selon l'intonation et l'attitude du locuteur.

Le deuxième remaniement consiste à replacer les actes de langage dans des séquences et donc dans des **stratégies pratiques**. Apprendre à réaliser un acte de langage ne doit pas aboutir à un savoir formel mais permettre de construire une stratégie discursive. Les travaux du CRAPEL ont bien mis en évidence cette exigence. On aura donc des organigrammes du type " SALUER - DEMANDER UNE INFORMATION - REMERCIER ", qui se combineront avec les réactions potentielles de l'interlocuteur (connaissance ou non de l'information demandée, compréhension ou non de la sollicitation). **Ces séquences sont marquées socio-culturellement** : dans certains univers culturels, on demandera une information de but en blanc (sous peine de passer pour hésitant voire louche) alors que dans d'autres univers culturels il faudra s'excuser et peut-être s'enquérir de la santé de l'interlocuteur (sous peine de passer pour brutal ou impoli). Chaque attitude socio-culturelle paraît déplacée dès lors qu'elle est utilisée hors contexte.

Que les Actes soient des catégories d'actes en fait de ceux-ci un outil qui n'est pas banal mais demande à être conceptualisé en langue maternelle (on emploiera différentes techniques selon que les élèves partagent ou non la même langue maternelle). L'apprenant doit aussi prendre conscience de ce qui est poli ou impoli dans sa culture d'origine afin de pouvoir s'adapter à de nouvelles règles. Ainsi, **l'apprenant apprend à structurer son action en langue étrangère**. On aboutit à un **cadrage pragmatique de l'apprentissage**. Ce cadrage pragmatique correspond à une mise au premier plan de l'interaction. Mais l'interactionnisme ainsi exhibé reste un " interactionnisme sauvage " : **apprendre une langue c'est interagir avec cette langue**. On est encore loin des travaux sur l'interaction qui illustreront une prise en compte des aspects cognitifs à partie de 1989-1990 (cf. Mondada et Pekarek dans ce numéro).

CONSÉQUENCE : L'ÉVICTION DE LA GRAMMAIRE ET DES DONNÉES AUTOMATISÉES

En procédant par actes de langage, on a focalisé sur les savoir-faire. Il est remarquable que la didactique des langues ait eu ainsi une vingtaine d'années d'avance sur la formation générale puisqu'on entend actuellement (2000-2001) des propositions comme " la formation est trop fondée sur les savoirs, il faudrait la refonder sur les savoir-faire " (avec parfois en prime l'exemple de la formation continue japonaise qui n'est pas sous la direction du ministère de l'Éducation mais sous celle du ministère du Commerce et de l'Industrie).

Ce passage des savoirs aux savoir-faire (ou si l'on préfère des " connaissances déclaratives " aux " connaissances procédurales ") a été salutaire puisqu'il a mis les apprentissages linguistiques sous le commandement des réalisations pragmatiques. Mais les modes tendant à l'exclusion des pratiques anciennes et non à leur rééquilibrage, l'acquisition de savoirs s'est trouvée reléguée au rayon des accessoires dépassés. Du point de vue linguistique, cela s'est traduit par l'éviction de la grammaire, non pas dans les faits mais dans les directives et discours théoriques sur les " bonnes pratiques " en matière de didactique des langues.

Cette éviction de la grammaire entraine l'oubli des données automatisées. En effet, notre pratique langagière se fonde sur la coexistence et l'articulation de deux niveaux[9] :

- le niveau du cadrage par les concepts (exemple, le concept de demande d'information) et par les réseaux de concepts (exemple, le réseau fourni par le fait qu'une demande d'information suppose la possession d'information et la possibilité de transmettre cette information),
- le niveau des données automatisées présentes dans notre organe mental sous la forme de gabarits (ou modèles) et de moyens d'appariement de ces gabarits avec les données perçues.

Or l'utilisation des actes de langage consiste très exactement en l'apprentissage de traitements dirigés par les concepts (ici les catégories d'actes et les réseaux que représentent les séquences d'actes). On comprend bien alors les réactions provoquées parfois par un élève ayant été un bon apprenant mais limité à cette approche : " Il se débrouille bien mais il ne parle pas très correctement ", " Il est plus à l'aise dans des jeux de rôle que dans des exercices écrits ". Ce dont manque cet élève c'est de structuration des énoncés et de données automatisées.

Didactique de la grammaire et approche orientée par la cognition

Un retour à la grammaire ?

Nous confierons la tâche de construire les bases de l'activation automatique principalement à la **didactique de la grammaire.** Notons que celle-ci jouera aussi un rôle pour certaines résolutions stratégiques, par exemple dans le choix de certains temps grammaticaux comme l'imparfait dans certains contextes hypothétiques (mais la morphologie de l'imparfait, elle, sera dans tous les cas de l'ordre de l'activation automatique).

Cette didactique de la grammaire est-elle un simple retour à la grammaire[10] ? Non, pour les raisons suivantes :

- la didactique de la grammaire ne consiste pas en l'enseignement d'un manuel de grammaire mais en un **travail de la grammaire mentale de l'apprenant** (ce que Chomsky appelle l'*I-language, l'internalized linguistic system*) ;
- le travail de structuration de l'apprenant n'est pas un travail d'**hétérostructuration** (l'enseignant propose ou impose une certaine forme de

9. Nous devons cette répartition en deux niveaux (" haut niveau " et " bas niveau ") au groupe LNR (Lindsay-Norman-Rumelhart). Le haut niveau est celui du traitement dirigé par les concepts (conceptually driven processing). Notre connaissance du monde nous fournit des concepts et des réseaux de concepts qui nous permettent d'interpréter une image ou un énoncé. Ces concepts et ces réseaux de concepts définissent un ou des horizons d'attente. Dans certains cas, cet horizon d'attente peut aller à l'encontre de la signification de l'énoncé produit. C'est le cas dans le sketch de Coluche : " Vous passez en voiture à côté de personnes qui déjeunent sur le bord de la route ; vous leur criez "bande d'abrutis !" ; ils vous répondent "Merci !" " L'horizon d'attente de ceux qui déjeunaient sur le bord de la route était " bon appétit " et les consonances voisines de " bande d'abrutis " ont entrainé la méprise. Mais l'exemple du sketch de Coluche montre que la reconnaissance correcte d'une signification nécessite aussi des opérations de reconnaissance de modèles automatisés (patterns ou gabarits), c'est-à-dire des opérations de bas niveau ou traitement dirigé par les données (*data driven processing*). En effet, dans ce cas comprendre " bon appétit " est une erreur d'interprétation qui n'aurait peut-être pas eu lieu si " bande d'abrutis " avait été dit par un piéton. Dorénavant, nous ne parlerons plus de " haut niveau " et de " bas niveau ", qui présentent les défauts d'introduire une hiérarchie et de rendre l'ensemble un peu statique, mais de résolution stratégique et d'activation automatique dans un rapport dialectique. La production d'actes de langage, la structuration des séquences d'actes, les ajustements relèveront principalement d'une résolution stratégique informée par les activations plus ou moins automatiques (nous sommes dans le cas d'une langue étrangère).

10. Remarquons que la grammaire, lorsqu'elle " naît " au IIe siècle avant J.-C. était fortement liée à la rhétorique (cf. Portine 1999) et qu'elle n'est devenue une discipline autonome qu'au XIVe siècle, pour des raisons théoriques. Cette autonomie a sans doute joué un rôle important dans la constitution de la grammaire en une discipline qui se veut formelle. Sans nier l'intérêt d'une grammaire formelle (que l'on songe par exemple aux applications informatiques), la didactique des langues a plutôt besoin d'une grammaire fonctionnelle en prise avec l'emploi des structures. Nous pensons que la procédure d'auto-structuration correspond à une grammaire fonctionnelle, et qu'en didactique des langues l'approche de la grammaire doit mobiliser des activités langagières. Cela ne signifie pas que l'on doive décrire à quoi sert une structure en même temps qu'on l'étudie (cette pratique reste formelle) mais qu'il faut plutôt travailler la grammaire dans le cadre d'activités langagières. Nous appellerons ce mouvement" didactique de la grammaire " (et non " enseignement grammatical ").

structuration à l'apprenant) mais d'auto-structuration (l'apprenant construit sa propre structuration en collaboration avec l'enseignant, le groupe classe et certains co-apprenants avec lesquels il entretient une relation cognitive priviligiée[11]).

CONSTRUIRE SA GRAMMAIRE

Comment procéder ? Nous définirons trois phases de travail pour les apprenants :

- le repérage auditif ou visuel ;
- l'observation du phénomène à analyser ;
- l'analyse des cas présentés ou recueillis.

Ces trois phases sont ordonnées : elles peuvent avoir lieu de façon discontinue. Les apprenants doivent comprendre que **toute grammaire intériorisée est une grammaire ouverte** qui peut constamment être soumise à remaniement et à ajustement.

La phase de repérage

On ne peut comprendre le fonctionnement d'un objet que si on le perçoit : il faut donc dans un premier temps amener le groupe à la perception du phénomène étudié. L'idéal est la découverte par les apprenants eux-mêmes d'un point nouveau qui fait problème : ce peut être à l'oral (repérage auditif) ou à l'écrit (repérage visuel). Prenons un exemple oral et un exemple écrit. Confrontés à " de la glace, oui j'en veux " à l'oral, des apprenants à cheval sur un niveau débutant et sur un niveau moyen entendent " de la glace, oui je veux ". Imaginons qu'on leur fasse remarquer la présence de " en ". On leur aura apporté une donnée nouvelle (hétéro-structuration) mais celle-ci ne sera pas un véritable problème pour eux : **un problème n'existe pour moi qu'à partir du moment où il me fait obstacle.** C'est pourquoi il sera préférable qu'ils se heurtent à cette question eux-mêmes. À l'écrit, les apprenants rencontrent une forme verbale qu'ils ne connaissent pas : ce sera leur problème. Si on avait commencé par leur signaler cette difficulté, ce serait resté " le problème du prof ". Bien sûr, on ne va pas attendre qu'ils découvrent toutes les questions grammaticales par eux-mêmes : le rôle tutoriel de l'enseignant est de les aider à découvrir de nouveaux points à étudier (nous disons bien de les aider à trouver, pas de trouver à leur place).

Plusieurs procédures sont possibles. On peut par exemple réunir un micro-corpus de dialogues enregistrés. Au début, les élèves ne percevront pas le nouvel élément : il ne faut surtout pas le leur signaler. Au deuxième ou troisième enregistrement certains élèves vont percevoir quelque chose de nouveau : l'effet de groupe (collaboration transversale) va amener d'autres élèves à s'interroger. L'ensemble de la classe va ainsi percevoir le phénomène sans que l'enseignant ait eu à le pointer.

À l'écrit, un élève peut soulever un problème : on demande alors aux autres de l'aider tout en sachant qu'ils ne pourront y parvenir. On leur propose ensuite d'essayer de réunir d'autres objets de ce type (on peut aussi leur proposer de faire soi-même le corpus dans lequel ils devront repérer par eux-mêmes le phénomène qu'ils avaient préalablement entrevu).

La phase d'observation

La phase d'observation consiste à caractériser et à paramétrer le point à analyser. Prenons un exemple : un étudiant a été surpris par un emploi de l'imparfait avec un sens futur (du type " s'il pleuvait demain on pourrait aller au cinéma "). L'enseignant est convenu avec les apprenants de constituer un corpus pour la semaine suivante. Quelques apprenants ont rencontré un ou deux exemples auxquels l'enseignant ajoute les siens. Observer reviendra vraisemblablement à remarquer que tous les exemples comportent une hypothèse généralement marquée par " si ". Le corpus peut contenir des exemples contrastifs (cela est même préférable) du type " l'an dernier, s'il était en retard à un rendez-vous, je m'inquiétais ". On va pouvoir alors distinguer des séquences " imparfait - conditionnel " et des séquences " imparfait - imparfait " avec *si* = *quand*.

Un problème d'observation typique est celui de la pronominalisation et plus particulièrement de la pronominalisation clitique en français (" je *lui* parle " et non pas " je vois à *lui* " sur le modèle " I talk to *him* "). En français, au paramètre " remplacement d'une répétition par un pronom " s'ajoutent les paramètres " déplacement en position préverbale atone (d'où l'appellation *clitique*) " et " absorption de la préposition (*je lui parle* et non *je à lui parle*) ". Bien évidemment, on n'attendra pas des apprenants une observation aussi formalisée mais une description plus grossière et plus intuitive qui montrera qu'ils ont saisi les paramètres en jeu.

La phase d'observation consiste donc à recueillir des données en grand groupe ou en petits groupes selon les cas. Ces données permettent de bien comprendre sur quoi on va travailler. Elles fourniront des paramètres lors de l'analyse.

La phase d'analyse

En prenant soit le corpus qui a servi à repérer et à observer, soit un nouveau corpus, on va se livrer à une analyse. L'enseignant propose de travailler sur quelques exemples du corpus. Les élèves se réunissent en petits groupes et échafaudent des hypothèses. Puis chaque petit groupe présente son ou ses hypothèses devant le groupe classe. On met d'un côté les hypothèses équivalentes et de l'autre les hypothèses divergentes. Ce travail de classification et de clarification étant fait, le groupe classe se redivise en petits groupes et chaque petit

11. Sur les notions de collaboration verticale (l'enseignant est l'expert), de collaboration transversale (un autre élève est l'expert comme dans la relation de binôme), de collaboration mixte (l'enseignant s'appuie sur quelques élèves) et de collaboration conjointe (co-construction par des apprenants d'un savoir entièrement nouveau), voir Portine (à par b).

groupe confronte son hypothèse à de nouveaux exemples :
- si l'hypothèse semble se confirmer tout va bien et l'on peut continuer ;
- si l'écart semble peu important l'hypothèse est affinée ;
- si l'hypothèse parait infirmée par les nouveaux exemples il faut alors reprendre le chantier.

On enchaine ainsi travail d'élucidation et d'élaboration d'hypothèses en petits groupes et travail de clarification, de choix éventuel et de classification en groupe classe. Lorsque le travail sur un petit lot d'exemples semble satisfaisant, on passe à d'autres exemples. Lorsqu'on arrive à un résultat assez homogène (ce dont peut juger l'enseignant) - ce qui ne signifie pas " définitif " -, on arrête le travail. Si l'on arrête le travail avant d'atteindre un tel résultat, on constituera une mémoire qui permettra de ne pas recommencer le travail au début.

<u>Comme on le voit</u>, ce sont les apprenants qui élaborent les <u>hypothèses</u> explicatives : l'enseignant ne dit jamais " c'est juste " ou " c'est faux ", il fonctionne comme une chambre d'enregistrement qui veille à éviter les ambiguïtés et les erreurs flagrantes. Ce type de travail peut générer chez l'apprenant une certaine frustration puisque l'enseignant n'est plus celui qui montre le chemin mais celui qui accompagne dans le travail de découverte. Remarquons que la **frustration peut être négative** (" Je n'y arriverai jamais, c'est trop dur ") **ou positive** (" Je vais y arriver, on va voir ce qu'on va voir ! "). Bien entendu, l'enseignant n'agit pas de la même façon dans les deux cas. S'il peut rester en retrait lorsque la frustration est positive, il doit savoir guider et réconforter quand la frustration devient négative. Collaborations transversale et mixte jouent un grand rôle lors de cette phase.

CONSTRUIRE SES RÈGLES... ET LES AUTOMATISER

Mais l'auto-construction de règles ne suffit pas : encore faut-il créer des automatismes. Ce sera l'aboutissement du travail de l'activation automatique (ou " traitement dirigé par les données "). Il faut distinguer deux types d'automatismes : les premiers sont de purs réflexes (du type " Merci - Je vous en prie ") et correspondent assez bien aux automatismes des exercices structuraux ; les autres sont plus complexes (placer correctement une préposition, recourir à la bonne formation d'un temps verbal, *etc.*). Un deuxième point important concernant les automatismes est la distinction entre automatisme d'un automate et automatisme humain : un automate réalise toujours un automatisme de la même façon (sinon c'est qu'il est hors d'usage et doit être réparé) ; en revanche, l'automatisme humain est soumis à la fatigue et donc aussi à la surcharge cognitive (du point de vue humain, " automatiser " signifie " rendre activable dans des conditions normales ").

Les automatismes les plus complexes pourront bénéficier du travail en binôme (relation d'élève à élève : l'élève A a en charge de produire la forme à automatiser, l'élève B joue le rôle de répondant).

Mais ce type de travail est paradoxal : les fautes d'automatisation commises par A seront alors plus facilement repérée par B que par A et, lorsque les rôles s'inverseront, A repèrera plus facilement les fautes d'automatisation de B que B lui-même. Cela montre que le travail en binôme peut fonctionner " à l'envers ", l'automatisation se mettant plus facilement en place chez celui qui suit le travail d'automatisation que chez celui qui le réalise. Lors du travail en binôme, l'enseignant parcourt la classe mais n'intervient pas. Le travail en binôme a deux vertus : d'une part il permet de travailler les automatismes à acquérir, d'autre part il offre un cadre dans lequel il est moins stressant de se tromper que devant l'enseignant et devant le groupe classe.

Il y a d'autres moyens de construire des automatismes à condition que l'élève ait envie de travailler. L'un de ces moyens consiste à partir d'un exemple erroné produit (anonymement de préférence) par un élève et à le corriger collectivement, l'enseignant ne jouant que le rôle de celui qui note au tableau les propositions. Un autre moyen consiste en la réalisation d'exercices structuraux construit par l'élève lui-même à partir d'un modèle fourni par l'enseignant.

Conclusion

Nous avons laissé ici de côté la question des manuels de grammaire et des éventuelles descriptions faites par l'enseignant. Nous nous sommes concentré sur la question de la **construction d'une grammaire par** l'apprenant, complément de ses apprentissages pragmatiques. La démarche proposée n'est pas nouvelle (Besse en proposait une voisine pour la conceptualisation grammaticale au début des années 1970, mais sur des points déjà travaillés en vue de leur homogénéisation et non sur la découverte de règles). La procédure que nous avons décrite s'apparente à la **résolution de problème** : les apprenants mènent une petite enquête sur des données recueillies. Notre apport se situe vraisemblablement dans les phases de repérage et d'observation, alors que le terme d'" observation " est souvent utilisé pour décrire la phase d'analyse, qui est, elle, plus convenue.

Références bibliographiques

AUSTIN, J. L. (1962), *How to do things with words*, Londres, Oxford Univ. Press. Trad. fse : Quand dire, c'est faire, Paris, Seuil, 1970.

BERNICOT, J., 1992, *Les actes de langage chez l'enfant*, Paris, PUF, Coll. Psychologie d'aujourd'hui.

BERRENDONNER, A., 1981, *Éléments de pragmatique linguistique*, Paris, Minuit.

BESSE, H., PORQUIER, R. (1984), *Grammaires et didactique des langues*, Paris, CREDIF-Hatier.

BOUCHARD, R. (1990), " Diversification des pratiques discursives écrites et homogénéisation des représentations " dans B. Schneuwly éd. *La diversification dans l'enseignement du français*, Neuchatel, Delachaux et Niestlè.

BOUIX-LEEMAN, D. (1993), *La grammaire ou la galère ?* Toulouse, Bertrand-Lacoste, CRDP.

GAONAC'H, D. (1990), " Lire dans une langue étrangère : Approche cognitive ", *Revue française de pédagogie*, 93, 75-99.

HUTCHINSON, T., WATERS, A. (1987), *English for Specific Purposes : A learning-centred approach*, Londres, Cambridge Univ. Press.

KERBRAT-ORECCHIONI, C., 1995, " Où en sont les actes de langage ? ", *L'Information grammaticale*, 66, 5-sqq.

" Les actes de discours ", *Communications*, 32 (1980).

LINDSAY, P. H., NORMAN, D. A. (1977), *Human Information Processing : An Introduction to Psychology*, New York, Academic Press. Trad. fse : Traitement de l'information et comportement humain : Une introduction à la psychologie, Montréal, Études vivantes, 1980.

MOIRAND, S. (1982), *Enseigner à communiquer en langue étrangère*, Paris, Hachette.

MOIRAND, S., PORQUIER, R., VIVÈS, R., eds (1989), " ... Et la grammaire ", *Le français dans le monde*, numéro spécial.

NORMAN, D. A., RUMELHART, D. E. (1975), *Explorations in Cognition*, San Francisco, Freeman.

PORTINE, H. (1979), " Éléments pour une grammaire de l'énonciation : 1. L'anaphore " Paris, BELC, Ronéo, 52 pages.

PORTINE, H. (1998), " Conceptualisation, automatisation et didactique de la grammaire ", G. Legrand ed, *Pour l'enseignement de la grammaire*, Lille, CRDP, 117-130.

PORTINE, H. (1999), " Didactique de la grammaire : Vers une nouvelle *enkuklios paideia* ? ", *Spirale*, 23, 195-209.

PORTINE, H. (à par a), " Énonciation et didactique de la grammaire ".

PORTINE, H. (à par b), " Autonomie et collaboration : Un couple paradoxal ", Journée d'étude, Université de Montpellier 3, 11 mai 2000.

SEARLE, J. R. (1969), *Speech Acts*, Londres, Cambridge Univ. Press. Trad. fse : Les actes de langage, Paris, Hermann, 1972.

SEARLE, J. R. (1975), " Indirect Speech Acts ", dans : P. Cole, J. L. Morgan eds, *Speech Acts*, New York, Academic Press,

SEARLE, J. R. (1976), " A classification of illocutionary acts ", *Language in Society*, 5 : 1, 1-23.

SEARLE, J. R. (1983), *Intentionality : An essay in the philosophy of mind*, Londres, Cambridge Univ. Press. Trad. fse : *L'intentionnalité : Essai de philosophie des états mentaux*, Paris, Minuit, 1985.

SEARLE, J. R. (1985), " La structure de l'action ", *Du cerveau au savoir* (Traduction des Conférences Reith données à la BBC en 1984), Paris, Hermann, chap. 4.

SEARLE, J. R. (1992), *The Rediscovery of the Mind*, Cambridge (Mass), The MIT Press. Trad. fse : *La redécouverte de l'esprit*, Paris, Gallimard, 1995.

SEARLE, J. R. (1995), *The Construction of Social Reality*, New York, Free Press. Trad. fse : *La construction de la réalité sociale*, Paris Gallimard, 1998.

SEARLE, J. R., Vanderveken, D. (1985), *Foundations of Illocutionary Logic*, Londres, Cambridge Univ. Press.

VANDERVEKEN, D. (1988), *Les actes de discours*, Bruxelles, Mardaga.

SPERBER, D., WILSON, D. (1986), *Relevance : Communication and Cognition*, Oxford, Blackwell. Trad. fse : *La pertinence*, Paris, Minuit, 1989.

TOULMIN, S. E. (1958), *The Uses of Argument*, Londres, Cambridge Univ. Press. Trad. fse : *Les usages de l'argumentation*, Paris, PUF, 1993.

Interactions acquisitionnelles en contexte

Perspectives théoriques et enjeux didactiques

LORENZA MONDADA ET SIMONA PEKAREK DOEHLER
UNIVERSITÉ DE BÂLE

La dimension plurilingue et pluriculturelle de nos sociétés oriente de plus en plus l'attention de la politique et de la pratique éducationnelles vers des aspects *sociolinguistiques, discursifs et interactionnels* qui, à côté des aspects proprement linguistiques (lexique, grammaire), sont constitutifs des compétences langagières du sujet parlant. Dans le champ de la linguistique, ces développements ont incité nombre de chercheurs à réfléchir sur la notion de " compétence de communication " proposée par Hymes en 1972. C'est sur ce double arrière-fond que se sont constituées les approches communicatives dans l'enseignement. Après l'échec partiel des méthodes communicatives et avec l'emphase croissante mise par les politiques éducatives nationales et internationales sur la compétence de conversation (Conseil de l'Europe, 1998 ; Lüdi, 1998), la didactique, tout comme la linguistique appliquée, se trouve confrontée de façon plus urgente que jamais à la question de savoir quelle place réserver à l'interaction dans ce contexte. Et ce pour répondre à des questionnements à la fois théoriques et pratiques qui s'imposent tout particulièrement à l'heure actuelle, tels que la définition des compétences d'interaction, l'élaboration d'instruments pratiques pour leur évaluation ou encore la description des conditions socio-interactionnelles de leur acquisition et de leur enseignement.

Dans ce cadre, l'on peut se demander s'il n'existe pas un écart plus ou moins important entre les propositions politiques et les objectifs didactiques d'une part et les méthodologies et pratiques observables ou réalisables dans le cadre de la didactique des langues de l'autre (cf. Pekarek Doehler & Martinez, 2000). On citera à titre d'exemple la persistance d'une pratique évaluative privilégiant l'écrit. On citera également une définition quelque peu réductrice ou monolithique de la notion de compétence de communication, dont les dimensions proprement interactives restent souvent implicites. On citera enfin une compréhension homogénéisante de la communication, voire de ce qu'est un dispositif communicatif en classe, qui risque d'effacer une réalité interactive extrêmement diversifiée dont il est urgent de définir les dimensions contextuelles et interactionnelles dans une formulation analytique et théorique adéquate (Gajo & Mondada, 2000 ; Pekarek, 1999). Ces difficultés manifestent, à notre sens, la persistance d'une vision systémique de la langue et d'une vision monologale du discours qui sous-tend de nombreux modèles linguistiques de référence mis à la disposition des didacticiens.

Ces constats esquissent une problématique pratique dans laquelle l'étude du fonctionnement précis des interactions sociales se révèle être indispensable – concernant l'interaction non seulement comme **objet** d'acquisition, mais aussi et de façon cruciale comme lieu d'acquisition et d'enseignement. Une contribution dans ce sens repose notamment sur une explicitation de l'articulation entre deux dimensions constitutives, celle de l'interaction et celle de la cognition.

Le rôle de l'interaction dans l'acquisition langagière

Consensus et désaccords

Dire que l'interaction en langue seconde ou étrangère contribue à l'acquisition de cette langue est devenu aujourd'hui un truisme. L'emphase mise au sein de la didactique des langues étrangères sur les activités de communication en classe va à ce propos de pair avec de nombreux postulats mis en avant à la fois en linguistique de l'acquisition et en psychologie du développement.

Sont en revanche moins évidents les implications pratiques et les présupposés théoriques qui sous-tendent le postulat de l'importance de l'interaction sociale dont découle la place qui lui est effectivement reconnue. Derrière ce postulat se dégage ainsi une grande diversité de conceptualisations dotées de bases épistémologiques et de conséquences didactiques qui peuvent diverger radicalement. Le paysage théorique est en effet caractérisé par le contraste entre deux conceptions opposées du rôle de l'interaction dans l'acquisition. On y reconnait d'une part et depuis longtemps le rôle " auxiliaire " joué par l'interaction, censée aider ou stimuler l'acquisition en se présentant comme un lieu parmi d'autres où l'apprenant se trouve exposé à la langue étrangère. Cette conception, s'appuyant dans le fond sur une vision monologale du langage, définit l'apprentissage essentiellement en termes d'intériorisation d'un système linguistique. Elle contraste avec la reconnaissance du rôle " constitutif " de l'interaction qui dans ce sens **intervient de façon structurante** dans le développement des compétences en langue étrangère. La vision de l'individu intériorisant un système linguistique est dans ce cas réfutée en faveur de l'idée de l'apprenant (considéré comme un acteur social) comme (co-)constructeur de compétences variables qu'il élabore dans le cadre de relations socio-interactionnelles et d'activités pratiques.

Le champ théorique délimité par ces deux pôles se trouve enfin traversé par une conception de l'interaction comme **objet** d'acquisition – et donc objet didactique – qui trouve sa forme d'expression dès les années 1970 dans les différentes définitions de la compétence de communication et de ses composantes (Hymes, 1972 ; Canale & Swain, 1980 ; Conseil de l'Europe 1998).

Or, si le postulat du rôle central de l'interaction veut se réaliser de façon non seulement concrète mais aussi consistante dans l'élaboration et dans la mise en pratique de programmes didactiques, il doit lui-même se fonder sur un modèle qui permette de penser de façon cohérente le rapport entre processus interactifs et processus cognitifs. Avant d'en venir à cette articulation, nous allons expliciter les différentes postures que nous venons de résumer succinctement.

DE L'INTERACTION COMME LIEU D'ACQUISITION À L'INTERACTION COMME MOYEN D'ACQUISITION

Le paysage diversifié qui s'étend entre les modèles partisans de l'interaction 'auxiliaire' et ceux de l'interaction " constitutive " réunit des positions plus ou moins complémentaires et plus ou moins (in)compatibles que l'on peut résumer de façon schématique et sans doute incomplète selon les cinq points suivants.

L'interaction comme lieu d'exposition à la langue

Parmi les modèles de l'interaction 'auxiliaire' on peut compter en premier lieu celui, d'inspiration chomskienne, selon lequel l'interaction peut dans le meilleur des cas être un déclencheur (ou un accélérateur) de processus cognitifs liés à l'acquisition, conçus comme des processus qui de toute façon auraient lieu indépendamment des modalités de l'interaction puisqu'ils se fondent sur des principes cognitifs innés. Dans ce modèle, défendu notamment par Krashen (1985), l'apport possible de l'interaction n'est pas nié, mais est réduit à n'être qu'un apport parmi d'autres, dont la fonction essentielle est de présenter des données linguistiques compréhensibles (appelées " *comprehensible input* ") à l'apprenant. Krashen lui-même souligne que l'interaction n'est ni une condition particulièrement privilégiée ni nécessaire pour l'acquisition (Krashen 1998). Traitant l'interaction comme lieu d'exposition à la langue, ce modèle met en avant une conception déterministe de l'impact des données sur l'acquisition, suggérant dans le fond que l'interaction est le résultat de l'acquisition en non pas son point de départ. La vision de l'apprenant qui en découle est celle d'un sujet intériorisant un système langagier extérieur, qui s'oppose radicalement à une conception de l'apprenant comme constructeur actif de son système intermédiaire[1].

L'interaction comme cadre

Parmi les approches davantage orientées vers l'interaction, une hypothèse centrale postule que c'est le fait que l'*input* soit modifié dans l'interaction et ainsi adapté aux besoins de l'apprenant (à travers des reformulations, des réparations, des demandes de clarification, etc.) qui déterminerait l'acquisition. C'est la position défendue dans les travaux de Long (1983, 1996) et de ses collaborateurs (Pica & Doughty, 1985) sur les négociations interactives, à l'origine issus de l'hypothèse de l'*input* de Krashen. Soulignant l'importance des modifications interactives en ce qu'elles fournissent à l'apprenant des informations sur des formes linguistiques qui sont problématiques pour lui, ces travaux rendent compte de certaines complexités pragmatiques de l'interaction. Ils ne permettent pourtant pas d'identifier ce qui dans l'activité discursive stimule les modifications de la structure interactive (voir pourtant Pica, 1993) ni comment l'apprenant réagit à celles-ci ou comment il transforme l'*input* compréhensible en *intake* (*i.e.* comment il le mémorise et l'intériorise). Le modèle, même dans sa version la plus récente (Long 1996), reste à notre sens tributaire d'une vision monologale et systémique du discours, insistant sur des compétences strictement linguistiques (et non communicatives, par exemple) et considérant l'interaction comme un simple cadre à l'intérieur duquel la résolution de problèmes d'intercompréhension et l'obtention d'un *feed-back* sont possibles (voir également Donato 1994 pour une critique).

Un autre apport théorique, indépendant du premier, peut être mentionné dans la tendance reconnaissant l'interaction comme " cadre " : il s'agit des approches fonctionnalistes qui admettent que l'acquisition se fait dans et par l'interaction, tout en s'intéressant non pas aux processus interactifs mais aux produits de l'acquisition, et notamment aux grammaires d'apprenants et à leurs itinéraires développementaux (Giacobbe 1992 ; Klein & Perdue, 1992 ; Perdue, 1993). Les études menées dans ce cadre démontrent par ailleurs que l'acquisition implique la reconceptualisation des objets de discours, voire du monde, et ne se limite donc pas à l'intériorisation d'un système linguistique (Caroll & Becker, 1993 ; Caroll & von Stutterheim, 1997).

L'interaction comme contexte psycho-social

Une autre tendance de la recherche comprend les travaux qui mettent l'accent sur l'influence des conditions socio-institutionnelles, socio-culturelles et psycho-sociales de la pratique langagière sur l'acquisition des langues. À côté de certaines études d'orientation socio-interactionniste (Bremer et al., 1996 ; Roberts, 1998), on citera

---

[1]. Le rôle central attribué à l'*input* pose un problème particulier dans le contexte scolaire : dans la perspective de l'*input*, il est difficile d'expliquer pourquoi les élèves, exposés à toutes les " erreurs " commises en classe, et pas toujours corrigées par l'enseignant, ne finissent pas par intégrer systématiquement l'*input* " fautif ". Dans le cadre de l'hypothèse de l'*input*, la conception chomskienne d'une faculté du langage innée sert d'élément explicatif.

dans ce contexte d'une part les travaux variationnistes sur l'interlangue (Ellis, 1990; Tarone, 1983) qui ont contribué dès les années 1980 à préciser la dépendance du système intermédiaire que construit l'apprenant aux contextes langagiers dans lesquels il interagit, réfutant elle aussi une vision de l'acquisition comme simple processus d'intériorisation. Comme le souligne Sato (1990), " *interlanguage development is crucially shaped by discourse processes, i. e. by communicative interaction* " (1990, 16).

On citera ici d'autre part, et dans une optique très différente, certaines études menées sur les représentations sociales et sur les catégorisations insistant sur l'interaction comme lieu d'élaboration de valeurs (attachées aux compétences, aux pratiques, à l'enseignement) ou de conceptions (de ce qu'est l'apprenant, de ce qu'est l'apprentissage) susceptibles d'infléchir et de contribuer à des dynamiques spécifiques d'acquisition langagière (Mondada 1999, 2000 ; Nussbaum, 1999 ; Pekarek, 2000b).

L'interaction comme lieu de mise en pratique

L'insistance sur l'interaction comme lieu de mise en pratique des connaissances et des savoir-faire est probablement la position la plus répandue dans le domaine éducatif. Il s'agit d'une position générale qui peut couvrir plusieurs conceptualisations. Elle repose sur l'idée que la mise en œuvre des compétences langagières est elle-même un facteur central dans leur élaboration (idée sans doute partagée par l'approche plus strictement interactionniste). Sur le plan théorique, cette conception est soutenue notamment par les travaux d'orientation socio-cognitiviste qui soulignent que l'activité langagière implique des processus d'une part contrôlés et d'autre part automatisés, et que l'automatisation, elle, présuppose justement la pratique (Bialystok, 1990; Gaonac'h, 1990; Mc Laughlin, 1987). L'importance de l'interaction, dans cette optique, réside en premier lieu en ce qu'elle rend possible l'automatisation et la procéduralisation des compétences : l'interaction contribue de façon privilégiée au développement de la fluidité verbale et du savoir-faire langagier.

L'interaction comme moyen d'acquisition

Or on peut concevoir une interprétation plus radicale du rôle de l'interaction, qui ne se limite pas à être un cadre où l'on peut appliquer et mettre à l'épreuve des compétences mais est conçue comme fournissant l'occasion d'accomplir différents types d'activités et de tâches ; qui ne se limite pas à la mise en œuvre de compétences acquises par ailleurs mais est conçue comme le lieu de leur émergence, de leur transformation et de leur remaniement, impensables sans elle. Selon une telle conception, l'interaction ne serait pas une simple occasion parmi d'autres qui pourrait stimuler l'acquisition dans la pratique langagière. Au contraire, l'interaction donnerait lieu à un travail cognitif qui ne saurait se produire hors elle (Bange, 1992 ; Krafft & Dausendschön-Gay, 1993 ; Lantolf & Pavlenko, 1995). L'interaction apparait en ce sens comme un facteur structurant le développement, et donc comme son pré-requis.

Cette idée de l'interaction comme véritable moyen de l'acquisition constitue elle-même un champ théorique diversifié dont nous allons brièvement retracer le développement pour ensuite définir les contours d'une position interactionniste forte.

Vers la reconnaissance du rôle constitutif de l'interaction

L'essor des positions interactionnistes en matière d'acquisition langagière[2] s'explique par un double développement épistémologique concernant notamment les versants plus sociolinguistiques de la linguistique et plus socio-cognitifs de la psychologie développementale.

Quant aux premiers, les études sur la migration (Lüdi, 1989 ; Py, 1991) ont contribué à démontrer l'impact des contacts sociaux de l'individu sur son répertoire langagier et ont ainsi, dès les années 1970, invité à une *approche contextualisée* des pratiques et des développements langagiers, qui a à son tour déclenché un intérêt pour les conditions sociales, voire socio-interactionnelles de l'acquisition[3]. De façon plus générale, l'intérêt pour la communication exolingue (Porquier, 1984), souvent associé à des études sur l'acquisition d'une langue étrangère en situation informelle, permet d'interroger les conditions interactionnelles plus ou moins favorables au développement de l'interlangue (de Pietro, Matthey & Py 1989 ; Krafft & Dausendschön-Gay, 1993 ; Vasseur, 1991). La ressource analytique de ces études, à savoir l'analyse des interactions, fréquemment inspirée de l'analyse conversationnelle, s'est avérée de plus un instrument privilégié pour étudier les processus interactifs dans lesquels se déploient les processus d'acquisition.

Simultanément, les théories socio-cognitives du développement langagier (dont notamment *Pensée et Langage* de Vygotsky, écrit en 1935 et traduit en français en 1985, et l'idée des formats interactifs proposée par Bruner 1983, 1985), ont fourni un appui théorique substantiel à l'étude des conditions socio-interactionnelles de l'acquisition au cours des années 1980-1990, bien qu'elles n'aient été reprises que de façon marginale et partielle en linguistique acquisitionniste. La conception vygotskienne selon laquelle l'acquisition d'une langue, qu'elle soit première ou seconde, est un processus sociocognitif ancré dans l'emploi instrumental, c'est-à-dire finalisé, de cette langue au sein des interactions entre êtres humains, installe le rapport en face à face, et donc le rapport interactif, comme véritable foyer structurant le développement cognitif, et donc aussi le développement langagier.

---

2. Voir Arditty et Vasseur 1999 et Pekarek 2000a pour des discussions récentes de ce courant.
3. La pertinence de cet intérêt s'est consolidée également par les résultats venant des travaux variationnistes et fonctionnalistes sur le système intermédiaire.

Ces travaux ont d'une part donné corps aux hypothèses développées dans " le courant interactionniste " selon lequel c'est dans la rencontre sociale, à travers le processus dynamique de l'interaction, de la gestion de l'intercompréhension, de la négociation du sens et des positionnements réciproques que se transforment, se consolident et se construisent les compétences langagières. L'acquisition, dans ce sens, est comprise non comme un acte individuel d'appropriation, mais comme une activité sociale, hautement contextualisée et liée aux processus discursifs. D'où l'attention prêtée aux contextes socio-interactionnels dans lesquels s'inscrivent les pratiques langagières de l'apprenant, et notamment à la classe de langue.

Les travaux de Vygotsky et de son entourage ont d'autre part donné lieu à l'émergence d'une **approche socio-culturelle** de l'acquisition des langues secondes, voire du développement cognitif. Malgré l'absence quasi totale d'inspiration réciproque directe, le courant interactionniste en matière d'acquisition des langues secondes, essentiellement européen, montre de fortes affinités avec la théorie socio-culturelle qui se développe durant la même époque aux États-Unis à partir d'un cadre à la fois anthropologique et psychologique, et d'une réflexion qui porte d'abord sur la langue première (Ochs, 1988 ; Wertsch, 1991). Faisant converger notamment le rôle constitutif de l'interaction et une conceptualisation vygotskienne du développement cognitif, cette approche considère, elle aussi, le discours comme un processus social. Elle met l'accent pourtant, non sur l'accomplissement local des activités pratiques, mais sur la dimension socio-historique des apprentissage et leur enracinement dans des activités socio-culturelles spécifiques (voir, dans le cadre de la langue seconde, les travaux réunis récemment dans Lantolf, 2000). Plus récemment, les références faites par certains interactionnistes aux modèles de la cognition située et distribuée (Krafft & Dausendschön-Gay, 1999; Mondada, 1999; Pekarek, à paraître) permettent d'intensifier les parallèles avec le courant socio-culturel, et de donner corps à l'élaboration d'un modèle plus global de l'activité pratique dans ses contingences locales et socio-culturelles (voir Mondada & Pekarek Doehler, 2000 pour une discussion).

Ainsi prend forme un champ de recherches basé sur une vision du discours non pas comme produit d'une acquisition antérieure, mais comme processus social dans lequel est susceptible de s'enraciner l'acquisition comme processus socio-cognitif. Or cette vision dialogale et socio-cognitive du langage permet de penser l'acquisition et l'apprenant en termes de participation à l'activité sociale dans ses dimensions d'accomplissement local et de pratique socio-culturelle.

L'intérêt immédiat et pratique d'une telle approche pour les questions actuelles qui traversent le domaine éducatif est évident. Avec l'objectif de comprendre le fonctionnement socio-interactionnel (et socio-cognitif) qui sous-tend différents processus et conditions d'apprentissage, elle pose comme objets pertinents d'étude les dimensions constitutives des interactions entre apprenant et expert en tant qu'activités pratiques. Du coup, les tâches communicatives, les structures de participation, les relations interlocutives, la construction conjointe du sens et des contextes d'interaction peuvent, voire doivent, être conceptualisées et analysées comme lieux et moyens possibles de l'acquisition. Nous allons esquisser cette reconceptualisation avant d'en donner quelques exemples empiriques sur des terrains intéressant plus particulièrement la didactique.

Pour une perspective interactionniste forte

Face à la prolifération de conceptions hétérogènes de l'interaction dans le domaine de l'acquisition et de la didactique, il nous semble important d'expliciter les présupposés et les fondements d'une approche interactionniste de la cognition, dans le souci de les rapporter à une approche globalement cohérente. Une des conséquences est qu'au lieu de combiner des notions hétérogènes inspirées de paradigmes parfois difficilement compatibles entre eux, cette approche invite à une redéfinition d'un certain nombre de notions cardinales, telles que celles de cognition, acquisition, compétence.

QUELQUES PRÉSUPPOSÉS FONDAMENTAUX

La démarche interactionniste en linguistique de l'acquisition s'inspire d'un horizon théorique s'inscrivant d'une part dans les sciences sociales (l'interactionnisme symbolique, la sociologie compréhensive, la phénoménologie sociologique d'A. Schutz, l'apport de Goffman, l'ethnométhodologie) et d'autre part dans la psychologie sociale et dans les sciences cognitives (qui développent les notions d' " action située ", d' " approche socio-culturelle de la cognition ", de " cognition située "). Dans sa version la plus proche de l'analyse conversationnelle, elle se distingue donc (si l'on prend au sérieux l'opposition que fait Levinson, 1980, entre " conversation analysis " et " discourse analysis ") d'une autre tradition, davantage inspirée de la théorie des actes de langage et de la logique pragmatique de Grice. Levinson montre bien que, alors que la première est une démarche qui attribue une importance fondamentale aux phénomènes qui peuvent être découverts dans des données empiriques enregistrées et soigneusement transcrites, la seconde est au contraire une démarche qui privilégie des modèles théoriques définissant des types d'unités et leurs combinatoires à l'image de la syntaxe formelle, pour les appliquer à des données évaluées à l'aune de leur capacité à illustrer ces modèles. L'ordre de l'action est donc différent dans les deux cas : d'une part c'est un ordre qui est accompli progressivement au fur et à mesure que l'action elle-même se déroule, selon des modalités qui émergent des enchaînements successifs proposés par les partenaires de l'échange ; d'autre part c'est un ordre qui est fortement inspiré de celui de la grammaire.

Il en découle, pour un cadre interactionniste qui prend au sérieux la première de ces alternatives, que l'action est organisée de façon endogène, par des procédés qui expriment la perspective des participants et qui ne sont pas guidés par des principes exogènes, externes à leur action et à ses pertinences locales. D'où l'importance du contexte et de la dynamique sociale de l'action : un cours d'action n'est pas prédéfini par un schéma ou un plan qui lui préexisterait mais est configuré au fur et à mesure de son déroulement, selon les modes de coordination des participants. Ces dimensions ont été développées notamment par la notion d'" accomplissement " en ethnométhodologie d'abord et en analyse conversationnelle ensuite : cette notion renvoie à l'idée que le caractère ordonné et intelligible de l'action est issu de la façon même dont cette action est organisée, de façon à en exhiber son caractère reconnaissable (" *accountable* ", Garfinkel, 1967) pour les participants collectivement engagés dans l'action.

Il est intéressant de remarquer qu'historiquement ces présupposés n'ont pas produit dans un premier temps une approche ethnométhodologique de l'acquisition[4], et n'ont pas immédiatement été adoptés par les approches interactionnistes de l'acquisition en linguistique, lesquels pour la plupart ont combiné pendant longtemps la reconnaissance de la dimension interactionnelle avec des préoccupations dérivées de paradigmes plus classiques en linguistique et en psychologie (cf. Rampton, 1997 pour une critique). Plus récemment, c'est le paradigme de l'action située et de la cognition située qui s'est inspiré de l'ethnométhodologie (cf. Chaiklin & Lave, 1993 ; Engeström & Middleton, 1996 ; cf. Conein & Thévenot, 1997) dans une rencontre qui permet à certains d'envisager le rapprochement avec l'approche socioculturelle de la cognition.

LA REDÉFINITION D'UN CERTAIN NOMBRE DE CONCEPTS CENTRAUX

Face à l'hétérogénéité du paysage acquisitionnel en linguistique et aux conceptions multiples des liens entre l'interaction et l'acquisition, il est utile d'expliciter la façon dont la prise en compte des présupposés énoncés ci-dessus et d'une position interactionniste forte va de pair avec la nécessité de reformuler de façon cohérente un certain nombre de notions centrales.

La cognition

Une approche interactionniste qui ne veut pas reléguer l'interaction à n'être qu'un simple facteur externe stimulant les potentialités internes d'une compétence acquise par ailleurs se doit de dissoudre l'opposition entre interne et externe qui régit les modèles mentalistes de la cognition pour reformuler cette notion dans un sens praxéolo-

4. Ce sont plutôt les mécanismes et les manifestations de la socialisation qui ont intéressé les ethnométhodologues, voir notamment Garfinkel et son intérêt pour la réflexivité des normes sociales (cf. ses " *breaching experiments* ", 1967). Les travaux sur les enfants sont relativement rares (mais voir Spier, 1971 ; Maynard, 1986 ou Hutchby & Moran-Ellis, 1998) ; plus nombreux et importants pour la suite les travaux sur l'école et la classe (Cicourel, 1974 ; Mehan, 1979 ; Coulon, 1993)..

gique et incarné (Quéré, 1998). Cette conception tient compte à la fois de la critique ethnométhodologique de la cognition (cf. Coulter, 1989) et des travaux récents sur la cognition située et distribuée (Lave, 1988; Suchmann, 1988, etc.). En particulier il s'agit de tenir compte du fait que (cf. Mondada & Pekarek Doehler, 2000 pour un développement plus détaillé) :

- la cognition n'est pas cachée dans les arcanes du cerveau mais est **déployée publiquement** dans des activités pratiques, coordonnées entre les différents participants et donc rendues intelligibles pour et par eux ;
- la cognition est **située**, fonctionnant et se reconfigurant selon les contextes des actions dans lesquelles elle est engagée, et ne s'applique donc pas de façon universelle à toute tâche conçue de façon abstraite ;
• la cognition est **distribuée** (et non pas limitée à ou centrée sur l'individu) dans le double sens où elle est partagée entre plusieurs acteurs engagés ensemble dans une action et entre des acteurs humains et des acteurs non-humains, notamment des objets.

L'acquisition

De façon compatible avec une conception située de la cognition, l'acquisition peut elle-même être conçue de façon **praxéologique**, i.e. par une approche qui l'appréhende avant tout comme une activité spécifique imbriquée dans d'autres activités sociales. Autrement dit, l'acquisition est considérée au sein d'accomplissements pratiques, au fil desquels les acteurs (parfois catégorisés comme apprenants) sont engagés, dans lesquels ils élaborent localement leur conduite appropriée, s'approprient à toutes fins pratiques des ressources telles que les connaissances et les savoir-faire disponibles qu'ils co-construisent avec d'autres acteurs et qu'ils ajustent à la spécificité de ce contexte particulier. Donc l'acquisition :

- est liée à des **activités** sociales et non limitée à des processus mentaux;
- se développe en émergeant dans et par l'*organisation locale* des activités et non pas en appliquant ou en mettant en pratique des schémas préétablis d'action ;
- se développe dans des activités **sociales**, impliquant nécessairement des collectifs, des relations à l'autre[5], des échanges, des co-constructions, des négociations, des distributions des tâches, qui ne sont donc pas limitées à la sphère individuelle (même dans des activités apparemment réalisées en solitaire).
- est une activité liée à des **contextes** particuliers[6], et non pas abstraite et décontextualisée ; son ancrage rend compte de son indexicalité irrémédiable, mettant au premier plan la question de savoir comment les apprenants développent un sens de l'ajustement de leur action dans des contextes différents.

---

5. En particulier, ces relations à autrui ne se réduisent pas à des demandes d'informations ou d'aide, voire à des échanges du type stimulus-réponse ; elles concernent aussi et plus fondamentalement, outre les séquences d'aide, de réparation, de facilitation bien étudiées dans la littérature, le fait que la situation où l'on agit est socialement définie et avec elle le sens des actions qui s'y déroulent, leur caractère approprié, leur évaluation-description à toutes fins pratiques.

6. Les activités dans lesquelles les apprenants sont engagés ne sont elles-mêmes pas réductibles à des pratiques exclusivement langagières mais impliquent souvent la manipulation d'**objets** – que ce soient des objets sémiotiques (écrits, oraux, de différents types), des objets techniques, des interfaces communicatives, *etc.*, qui ont des effets structurants sur l'organisation de l'action et en même temps peuvent en objectiver les possibilités et les limitations.

La vision de l'acquisition qui en résulte intéresse la didactique dans la mesure où elle attire l'attention sur les pratiques effectives et les détails, souvent considérés comme banals, qui les constituent.

La compétence

Cette façon d'appréhender la cognition dans l'acquisition et dans la vie quotidienne des acteurs permet plus précisément de redéfinir la compétence linguistique, discursive et interactive des acteurs sociaux. En particulier, la compétence est liée à la façon dont est accomplie la définition de la situation et à celle dont les interactants sont mutuellement catégorisés. La compétence est donc située, changeante selon les contextes : ceci signifie qu'elle ne fonctionne pas selon une logique du transfert d'un contexte à un autre mais plutôt selon une logique de réancrage, d'appropriation située, d'exploitation indexicale.

L'apprenant

Dans ce cadre, l'apprenant sera caractérisé comme un acteur social engagé dans des expériences et des activités diverses (non seulement acquisitionnelles), pouvant être catégorisé de différentes façons (non seulement en tant qu'apprenant) (Mondada, 1999) et ayant lui-même une compétence de catégorisation qu'il exerce notamment sur ses interlocuteurs (Mondada, 2000).

Lorsqu'on suit la trajectoire d'un acteur-apprenant durant un certain laps de temps (au lieu de l'extraire de sa temporalité quotidienne pour le considérer uniquement, de façon ponctuelle, lorsqu'il est engagé dans des activités particulières, comme les activités scolaires), on se rend compte qu'il traverse à la fois des contextes publiquement reconnus comme étant des contextes d'acquisition, où celle-ci est explicitement reconnue et visée, et des contextes qui, au contraire, sont caractérisés autrement et où l'acquisition se fait éventuellement mais sans être thématisée, au sein d'autres activités. Autrement dit, toutes les activités impliquent l'acquisition de savoirs au sens large, même chez des acteurs que nous ne songerions pas à catégoriser comme des apprenants ; par contre les activités mutuellement et publiquement reconnues comme comportant une acquisition se restreignent aux situations culturellement et institutionnellement définies comme des situations pour apprendre. Ces différences sont importantes au regard de la définition des expériences de l'apprenant, intéressant la didactique dans la pensée des rapports entre l'espace scolaire et l'espace des autres expériences sociales.

CONSÉQUENCES

Cette façon d'appréhender l'acquisition par l'interaction invite à une explicitation des compatibilités et des incompatibilités théoriques avec d'autres conceptions de la cognition. Elle souligne en particulier la difficulté d'affirmer la dimension située, interactionnelle, sociale de l'acquisition tout en maintenant un paradigme cognitif centré sur les dichotomies entre l'intériorité et l'extériorité, l'individuel et le social, la compétence et la performance, les processus mentaux et les activités socio-culturelles (cf. Rampton, 1997; Firth & Wagner, 1997).

Cette façon d'appréhender l'interaction pour l'acquisition invite aussi à réfléchir de façon empirique aux enjeux théoriques que nous venons d'expliciter, afin de les ancrer dans des pratiques sociales particulières. Pour ce faire, nous allons nous focaliser sur un ensemble particulier d'activités interactionnelles des apprenants qui est en même temps un ensemble de phénomènes intéressant particulièrement le didacticien : les tâches communicatives. Nous allons réfléchir, à l'aide d'analyses d'extraits de transcriptions, à la façon dont on peut localiser et décrire au mieux cette dimension communicative et éventuellement acquisitionnelle. Nous allons centrer notre attention sur les activités interactionnelles en classe, sur les modes de participation et les relations interlocutives sur lesquels elles se fondent, sur la construction conjointe du sens et des contextes d'interaction, sur la culture scolaire et sur le traitement public de la cognition qui les accompagnent.

Pratiques des apprenants, tâches didactiques et activités communicatives

On l'aura compris, une approche interactionniste de l'acquisition est particulièrement attentive aux activités des apprenants telles qu'elles se déploient dans leurs contextes d'accomplissement ; elle vise notamment à en fournir une description détaillée, inspirée ici par l'analyse conversationnelle, qui se fonde sur la temporalité du déploiement de l'action, l'organisation séquentielle de l'interaction et la constitution de schémas de participation.

Une des façons dont les activités des apprenants sont conceptualisées et gérées dans le domaine de la didactique scolaire consiste à les formuler en termes de " tâches " (notion qui occupe une place centrale aussi bien dans le discours didactique que dans la didactique en action sur le terrain). C'est par conséquent par le biais d'une discussion théorique et empirique de cette notion que nous allons reprendre les enjeux généraux que nous avons développés plus haut.

LA CENTRALITÉ DES " TÂCHES " DANS LE DISPOSITIF SCOLAIRE ET LEUR INTÉRÊT POUR UNE ANALYSE DES ACTIVITÉS DES APPRENANTS

Les " tâches " sont une notion centrale dans les dispositifs didactiques mis sur pied par les enseignants : en tant que telles elles sont à la fois conceptualisées dans les discours didactiques, les manuels, les modèles pédagogiques, les plans curriculaires du corps enseignant et mises en œuvre, actualisées, voire accomplies dans la façon d'organiser une leçon, de proposer des activités aux élèves, de gérer l'emploi du temps de la classe.

Au-delà de cette conception didactique de la tâche, on peut prendre en considération plus généralement dans ce cadre les activités auxquelles participent ensemble les élèves et les enseignants dans leur vécu scolaire. Alors que certaines définitions didactiques tendent à restreindre le répertoire des tâches envisageables pour mieux les modéliser, un regard sur les activités auxquelles se livrent les acteurs sociaux dans la classe montre que celles-ci sont extrêmement variées, impliquant des " jeux de langage " diversifiés, contextualisés, riches en occasions imprévues, dont le déroulement est contingent, émergeant de la gestion qu'en effectuent ensemble les partenaires concernés.

En ce sens, nous approchons la tâche en classe comme une dimension complexe où plusieurs niveaux peuvent être distingués :
- du point de vue des acteurs engagés dans le vécu de la classe, la tâche est une activité pratique centrale pour les enseignants et les élèves, qu'ils ont à gérer ensemble ;
- du point de vue des didacticiens et des méthodologues engagés dans une programmation et une conceptualisation des activités de la classe, la tâche est un problème pratique pour lequel ils produisent des solutions et des modèles ;
- du point de vue du chercheur engagé dans une description du monde scolaire et de ses pratiques constitutives, la tâche est un observatoire intéressant à partir duquel il peut analyser les interactions en classe et les processus socio-cognitifs qui s'y mettent en œuvre.

Le travail du chercheur, dans un cadre interactionniste, a pour but de reconstituer les points de vue développés par les acteurs de la classe et incarnés dans leurs actions. Il vise à attirer l'attention sur la dimension centrale que représente l'interaction dans ces activités : en effet, les tâches ne se réalisent sur le terrain que dans la mesure où elles impliquent également les enseignants et les élèves, et où par exemple des choix concernant la forme à donner à un exercice impliquent immédiatement des structurations possibles de la participation des élèves, des façons particulières d'interagir entre enseignants et élèves.

Cette dimension interactionnelle est traitée de façon paradoxale par les enseignants : elle relève d'un savoir qui est souvent tacite et implicite, n'étant que peu conceptualisé dans les manuels ou dans les modèles didactiques, mais qui est pratique et incarné dans des façons de faire, des façons de se mouvoir dans la classe, des façons de modeler la relation aux élèves. Ce savoir pratique est très loin des schémas didactiques : il intègre une capacité à gérer les détails de la vie de la classe, qui intéressent autant la gestion de l'ordre social que la gestion des contenus académiques. C'est un savoir qui est distribué entre enseignants et élèves, puisque c'est ensemble qu'ils réalisent le programme, c'est interactivement qu'ils procèdent à des ajustements, des réappropriations, des adéquations du plan initial par rapport aux contingences surgies dans l'*hic et nunc* de l'interaction en classe. La reconnaissance dans l'analyse voire dans la conceptualisation des tâches de la co-construction, de la négociation et de la réalisation collective de l'ordre des relations sociales et des contenus scolaires est importante dans la mesure où elle montre qu'une tâche n'est pas déterminée par un *curriculum* ou un programme, ni par l'ingéniosité pédagogique du seul responsable de la classe, mais qu'elle est accomplie de façon située et distribuée par tous les participants concernés.

Nous allons montrer comment cette dimension interactive se manifeste dans les activités en classe, pour ensuite tirer quelques conséquences à la fois théoriques et didactiques, mettant en relief la complexité et la richesse des enjeux qui en émergent.

UNE PREMIÈRE SITUATION : L'EXERCICE DE GRAMMAIRE ET SA STRUCTURATION INTERACTIVE

Toute tâche comporte une dimension interactive forte, même celles qui apparemment en semblent dépourvues dans les conceptions que s'en font avant ou après coup certains acteurs. Prenons par exemple une tâche typique de la vie de la classe, l'exercice de grammaire (il s'agit ici d'un exercice portant sur les terminaisons des verbes) :

(1) (mond/oba07064)

1	E	heu aller . heu: Ana . deuxième personne pluriel on repart dans
2		le futur hein deuxième personne pluriel
3	A	aller deuxième personne irons non irez
4	E	eh dis-moi toujours avec le prono[m
5	A	[nous irons
6	E	deuxième personne
7	A	non vous irez
8	E	vous irez . faire heu: troisième personne pluriel Dani
9	D	faire troisième ils feront
10	E	ils feront comment est-ce que t'écris ça
11	D	ef a i non ef e er o en té
12	E	voilà ef e hein tout du long e alors que le verbe faire
13		ef a i er être heu: . première personne singulier . Ana
14	A	être (4) je serai
15	E	je serai elles les savent bien hein/ c'est vraiment épatant/ je serai
16		très bien heu venir .. deuxième personne singulier . Dani
17	D	je v- non tu viendras
18	E	tu viendras terminaison
19	D	[a es
20	E	[a es dis-moi toutes les terminaisons du futur Ana
21	A	a i . a es . a .. o en es . e zed . o en té
22	E	elles ressemblent à quoi/
23	A	à au présent
24	D	non [à avoir à avoir
25	A	[non elle était- [ah ouais c'est vrai
26	E	[au verbe avoir au présent c'est ce que
27		c'est ce qu'on avait remarqué

Un premier coup d'œil à cet extrait de transcription de l'enregistrement de l'exercice montre qu'il se déroule dans l'alternance de la prise de parole entre l'enseignante E et les élèves A et D. Les élèves sont, dans la plupart des cas, présélectionnées par E (qui par exemple les appelle par leur prénom, comme à la ligne 1 ou 8, etc.) qui gère ainsi interactionnellement l'exercice, mais peuvent aussi s'auto-sélectionner (comme à la ligne 24 où D intervient en chevauchant la réponse de A). Un schéma interactionnel régulier apparait, fondé sur la paire adjacente question/réponse (l'une posée par l'enseignante, l'autre offerte par l'élève). Cette séquence toutefois se complique assez rapidement : la réponse de l'élève peut faire l'objet de réparations (lignes 4, 6) avant de faire l'objet de ratifications (ligne 8) voire d'évaluations (15-16). La complexification de ces séquences montre bien le travail situé, ajusté aux contingences de l'interaction, effectué par les participants, qui dépasse la tâche ou qui du moins la réélabore de façon contextuelle: ainsi ligne 4 la réparation de E ne porte pas tellement sur le contenu de la réponse que sur son format, ajoutant à un travail sur la terminaison un travail sur la forme normale (normée) que prennent les conjugaisons (pronom + verbe) dans les exercices. Ce qui est enseigné ici par E au moyen de cette réparation est autant un contenu académique qu'une façon de formuler ce contenu de manière reconnaissable; c'est autant un savoir qu'une manière d'être socialisé, i.e. une manière de savoir répondre aux questions de façon conforme. Une autre expansion de l'exercice, ligne 10, montre comment la tâche grammaticale peut se combiner ponctuellement à une tâche d'écriture, à propos d'une difficulté potentielle (comme le montre l'auto-réparation de D ligne 11). C'est aussi l'occasion pour E (ligne 12) d'enchainer par rapport à la réponse correcte de l'élève en généralisant la portée de cette réponse, en donnant une règle qui dépasse ce cas particulier – cette orientation vers la règle générale pouvant être partagée avec l'élève comme dans l'enchainement entre la liste des terminaisons du futur (20-21) et l'énoncé d'une règle formelle (22-27). Les enchainements produits par E comme par les élèves sont localement contingents, dépendant du tour précédent et s'ajustant par rapport à lui; ils sont organisés, dans l'interprétation pratique que donne ici E de la tâche "conjuguer les verbes", de façon à construire progressivement, par touches successives, un modèle grammatical, dont l'apparition est structurée par la séquentialité de l'interaction et émerge avec elle (par opposition à un modèle grammatical qui serait délivré par l'enseignante de façon monologique et abstraite durant un cours magistral).

Dans cet exercice de grammaire on voit ainsi se concrétiser une façon interactive d'enseigner la grammaire, de guider l'attention des élèves sur les formes pertinentes, de leur faire apprendre les modes adéquats de répondre aux questions. À travers cette tâche apparemment simple, ce sont plusieurs activités qui se déroulent et s'emboîtent.

Comprendre la tâche pour l'accomplir : une question de compétence socio-institutionnelle

On l'a vu déjà dans l'extrait précédent, la réalisation interactionnelle de la tâche suppose toujours une compétence socio-institutionnelle (dont relève la capacité à interagir dans une forme acceptable, à répondre en donnant une forme acceptable à sa réponse) profondément imbriquée dans une compétence académique. Autrement dit, il n'y a pas pour l'enseignant de travail sur les formes linguistiques (dans le cas de l'exercice de grammaire) qui soit indépendant par rapport à un travail de gestion de l'ordre de la classe (comme le montre la distribution des tours de parole parmi les élèves dans l'extrait précédent) ; de façon analogue, il n'y a pas pour l'élève de travail académique (donner la "bonne" réponse) indépendamment du travail interactionnel (énoncer la réponse dans une forme adéquate à la question et attendue par elle ; énoncer la réponse à un moment séquentiellement bien positionné, en enchainant de façon adéquate par rapport au tour précédent) (Mondada, 1995). Il découle de cette profonde imbrication entre des compétences apparemment distinctes le caractère tout aussi profondément situé des instructions et des savoirs en jeu. Plus particulièrement, on pourra ainsi affirmer le caractère situé, indexical, de la compétence académique de l'élève, indissociable d'un "métier d'élève", i.e. de sa socialisation adéquate en tant qu'élève.

Contrairement au premier extrait, où l'exercice se déroule sans heurts majeurs, le deuxième extrait permet, par les difficultés qu'il soulève, d'observer ce caractère situé de la compétence :

(2) (mond/ENV07123e)
Exercice sur les démonstratifs ; les élèves doivent tour à tour proposer un SN démonstratif.

```
1       E       Musa . au suivant .. le suivant/ après ballon
2       M       cette cette trousse
3       E       CETTE trousse/ comment on écrit
4  (0.5 s)
5       M       té [er o u
6       E            [c-  non/ trousse c'est écrit/ mais CETTE trousse
7       M       mhm es e
8       E       cé/
9       M       cé e té té e
```

Il s'agit ici d'un autre exercice de grammaire, portant cette fois sur les démonstratifs. Après que M a répondu à la question de E (1) en proposant un SN démonstratif (2), E produit une expansion de la séquence (3) en posant une question supplémentaire sur la façon d'écrire la réponse. Cette question est produite par E d'une façon qui est à la fois contingente, enchainant par rapport au tour de M, et cohérente par rapport à l'exercice, comportant la distinction entre plusieurs formes du démonstratif – de la même façon que les expansions observées dans l'extrait 1. La réponse donnée par M (5) après une courte pause est intéressante : on peut dire qu'elle est correcte mais non adéquate. L'enseignante, E, la rejette comme non recevable et non pertinente: elle fournit un *account* de ce rejet ("trousse c'est écrit"), sans toutefois rethématiser positivement la tâche localement pertinente (la désambiguïsation du genre du démonstratif /sEt/). Le problème de M consiste en effet à ne pas avoir identifié la bonne tâche, à ne pas avoir compris la dimension indexicale de l'instruction "comment on écrit", qui ne précise pas l'objet sur laquelle elle porte, en la traitant donc comme allant de soi.

Cet extrait montre ainsi un aspect important de la socialisation de l'élève : sa participation à une activité (la leçon de grammaire) se définit par une série d'attentes normées par rapport auxquelles il va être évalué. Cette évaluation est rendue visible par la façon dont sa réponse est traitée séquentiellement dans l'interaction, en étant rejetée ou corrigée ou acceptée par l'enseignante. Son savoir ou non savoir lexical ou grammatical est ainsi interactionnellement défini et rendu reconnaissable par sa façon de participer à l'activité de façon adéquate au contexte de la classe, de l'enseignante, de l'exercice.

Cet extrait montre l'articulation existant entre l'activité en cours, le contexte où elle se déroule et qu'elle contribue à définir (par le fait notamment que l'enseignant "fait l'enseignant" en corrigeant l'élève et l'élève "fait l'élève" en réparant éventuellement sa réponse, cf. Mondada, 2000) et la forme séquentielle de l'interaction (dans l'alternance de question-réponse-évaluation fréquente en classe, cf. Mehan, 1979). De même, et de façon plus générale, l'engagement dans des activités interactionnelles comprend la capacité à organiser sa conduite de façon adéquate au contexte de l'activité en cours – cet engagement constituant à la fois une occasion de socialiser et une occasion d'apprendre.

La compétence de l'élève se dessine ainsi dans l'enchaînement adéquat d'un tour à l'autre, qui fait l'objet de l'évaluation de l'enseignant : le rejet de cet enchaînement comme non adéquat va éventuellement de pair avec une évaluation de l'élève comme "ne sachant" pas la réponse. L'évaluation de l'élève se base sur la visibilité interactionnelle des preuves de sa compétence – cette visibilité ne pouvant être produite par l'élève en absence d'une socialisation lui permettant d'exhiber sa compétence dans des formes acceptables et reconnaissables et d'être reconnu comme bon élève.

Des études d'interactions scolaires dans des contextes socioculturels très divers permettent de montrer la variabilité de la performance scolaire de certains élèves selon les schémas de participation ou les formes de séquentialité interactionnelle dans lesquels ils sont engagés : ainsi certains élèves enchaînent plus facilement à des questions fortement guidées par les enseignants dans une interaction contrôlée par lui et ses présélections ; d'autres élèves par contre s'expriment mieux dans des petits groupes non dominés par l'enseignant, où chacun s'auto-sélectionne et où le travail s'auto-organise entre pairs. Les préférences pour différentes formes d'interaction dépendent du vécu socio-culturel de l'élève et notamment des formes de socialisation extra-scolaires (familiales, ethniques, etc.) dont il fait par ailleurs l'expérience (Philips, 1972). Cette variabilité permet d'interroger le caractère évident, "taken-for-granted", de certaines consignes et de certains exercices, dont le caractère irrémédiablement indexical peut être vécu de façon opaque par l'élève. Par ailleurs, cette variabilité permet aussi d'envisager une archéologie des formes d'interaction propres au système scolaire de notre culture, ainsi que de leur rigidification et de leur caractère normatif les rendant évidentes et inquestionnées.

De ce dernier point de vue, il est intéressant de constater que des formes interactionnelles typiques traversent tous les niveaux du curriculum scolaire de notre culture et se propagent des enseignements plus "traditionnels" comme la grammaire vers d'autres activités, comme celles communicatives. Tout se passe comme si dans les exercices communicatifs réifiés dans des formes interactionnelles figées se perpétuent des attentes et des habitudes issues du travail sur les formes linguistiques.

Il en découle que les formes interactives ne peuvent pas être comprises et travaillées indépendamment d'une réflexion sur les cultures communicationnelles dont elles sont issues et des expériences communicatives des acteurs au sein et en dehors de l'école (Gajo & Mondada, 2000). Indépendamment non plus des gestions contingentes de ces formes – où elles peuvent assumer des sens, des valeurs très différentes.

Transformations contingentes des tâches : glissements d'une activité à une autre

Les remarques qui précèdent montrent la complexité des dimensions qui s'imbriquent dans le traitement pratique des tâches par les participants, soient-ils enseignants ou élèves. Une tâche dans ce sens n'est jamais définie de façon homogène ni une fois pour toutes ; elle se définit dans l'usage configurant qu'en font les participants et peut donc se transformer de façon dynamique au fil de l'interaction. Nous indiquerons ici deux orientations différentes de cette transformation, en nous focalisant d'abord sur une tâche centrée sur la morphologie qui glisse vers une activité communicative à propos d'un savoir encyclopédique, puis sur une tâche communicative qui se transforme en un exercice lexical pour redevenir activité communicative (cf. aussi Gajo & Mondada, 2000, chap. 1).

Voici un premier exemple :

(3) (mond/OCAC10054)

Exercice sur les verbes et les noms qui leur correspondent: étant donné un verbe, les élèves doivent proposer le nom. E est l'enseignante, EQ est l'enquêtrice, les autres sont des élèves.

1	R	madame/ ... madame/ là crier/ le cri\
2	E	oui\
3	R	y a un tableau qui s'appelle le cri\ il a été volé
4	B	le cri dans la nuit/
5	E	tu sais qui l'a peint/
6	R	non
7	E	c'était pas Van Gogh
8	EQ	non c'est Munch
9	E	non/ qui
10	EQ	c'est c'est Munch le:
11	E	ah oui Munch c'est juste/
12	EQ	c'est un peintre norvegien
13	E	c'est très : .. frapPANT\ c'est juste\
14	P	madame/
15	EQ	pourquoi on l'a volé/
16	R	parce que : il était cher/ il avait une grande valeur/ j'sais pas
17	E	oui mais il est difficile à revendre parce qu'il est très connu/
18	P	madame/ répondre/ le répondeur/
19	EQ	((bas)) une affaire d'avortement/ je crois qu'ils l'ont
20		volé pour demander l'arrêt de: de pratiques d'avortement en Norvège

L'exercice en cours concerne ici la morphologie des verbes et des substantifs. Après avoir donné la "bonne" réponse consistant à trouver la nominalisation du verbe "crier", ratifiée comme telle par E (2), R enchaîne en ajoutant une information nouvelle à propos du substantif, qui est ainsi traité non plus comme une catégorie morphologique mais comme un objet de discours (3) susceptible d'être développé dans la suite des échanges conversationnels. Cet enchaînement provoque une suspension momentanée de l'exercice, pour suivre une autre trajectoire séquentielle et thématique : l'association entre le nom produit dans le cadre de l'exercice ("le cri") et le titre d'un tableau volé introduit ainsi un nouveau thème dans l'échange, portant sur le tableau, développé d'abord dans une perspective encyclopédique (tableau -> peintre) et ensuite dans la perspective de l'actualité (tableau -> les circonstances du vol du tableau). Cette irruption de l'actualité extra-scolaire permet d'une part l'expression des savoirs et des intérêts particuliers des participants et rend d'autre part légitime l'intervention de l'enquêtrice, qui propose d'abord le nom recherché (8), puis pose une question à laquelle elle répondra elle-même (15, 19). La suspension de l'exercice modifie donc les modes de participation et le cadre de participation des différents acteurs.

Un cas inverse est représenté par l'extrait suivant, où une activité centrée sur les contenus de la discussion est d'abord suspendue pour focaliser un problème lexical dont la résolution se transforme ensuite en un échange communicatif et revient enfin à la définition du lexème :

(4) (peka/il4cl, l. 100-119)
Discussion au sujet d'un exposé présenté par un élève.

1	E	à votre avis qu'est-ce que c'est que le chiffrage . Christian
2	A	moi je pense eh le chiffrage c'est mettre ses pensées en des mots
3		oui alors si si moi je pense oui après j'utilise la langue pour
4		eh pour construire ces pensées pour que l'autre comprend
5	E	donc chiffrer ça signifie mettre des pensées en mots
6	A	oui
7	G	moi je dirais que : pas seulement des mots pa- ehm ce sont aussi
5		des gestes et la façon de: de regarder les personnes c'est aussi
6		très important pour la langue
7	E	mhm est-ce- qu'il y a une différence entre gestes
8		mimiques d'une part et mots d'autre part . . oui
9	B	je crois le mot est beaucoup plus exactement défini .
10		donc ehm ehm il est moins bien possible qu'on qu'il y a un
11		malentendu avec des mots qu'avec des gestes
12	E	mhm (3s) je vous ai donné hier oui
13	C	je crois le chiffrage chiffrage peut être aussi des
14		signaux électriques
15	E	mhm
16	C	transformer les mots des mots dans des signaux électriques
17	E	oui
18	C	par exemple le téléphone

Dans cet extrait, l'enseignant E interroge les élèves sur les significations possibles du terme "chiffrage". La question de E est formulée de façon à inviter à une activité d'interprétation du terme (1: "à votre avis..."), qui est prise en charge par les réactions subséquentes des élèves. L'échange parcourt trois étapes dont la responsabilité est distribuée de façon variée entre l'enseignant et les élèves.

Dans un premier temps, les élèves A et G, ne se contentant pas de fournir de simples définitions lexicales, se mettent à formuler des hypothèses sur la signification contextualisée du terme dans le cadre de leur discussion actuelle. Il est symptomatique à cet égard qu'ils modalisent leurs propos (2: "je pense"; 7: "je dirais"), les exemplifient (2-4) ou encore qu'ils énoncent des jugements subjectifs (5-6). Ils présentent ainsi une interprétation conceptuelle plutôt qu'une définition encyclopédique, ratifiée de la part de E (5, 7). Sur la base de cet accord visible quant au mode de traitement des contenus, la discussion s'éloigne dans un deuxième temps encore davantage de la résolution d'un problème lexical pour glisser vers un nouveau topic, à savoir la différence entre gestes et mots (7-8). Ce glissement d'activité de clarification terminologique vers une activité d'échange de contenus thématiques est accompli de façon collaborative. D'une part, il se réalise à travers l'enchaînement de E, à la ligne 7, sur l'intervention précédente de

G dont E thématise la dimension "gestes et mots". D'autre part, il est complété par la contribution suivante de l'élève B qui reprend justement cette dimension. Enfin, dans un troisième temps, la clarification terminologique redevient l'objet de l'échange sous l'initiative de C et prend, cette fois-ci, une forme plus catégorielle de définition lexicale (16). La réorientation de la discussion par C est enfin, elle aussi, ratifiée par E (17).

La séquence présente plusieurs transitions subtiles entre une réflexion métalangagière et la construction d'un contenu de discussion. L'élément langagier proposé par un acte directeur de l'enseignant est réapproprié de différentes façons dans le discours des élèves et de l'enseignant lui-même dans sa double dimension d'objet lexical et de contenu de discussion. Les transitions entre ces orientations des activités, ratifiées de part et d'autre, ne relèvent pas de la seule initiative de l'enseignant, mais sont le produit d'un partage situé des responsabilités entre enseignants et élèves ; ils résultent d'une adaptation réciproque fine et continuelle de leurs activités.

À travers ce travail d'adaptation et de collaboration relatif aux transformations des foci d'attention sont ainsi reconfigurés non seulement les contenus et les modes de participation, mais encore les enjeux communicatifs de l'échange. Le passage témoigne de l'émergence interactive d'un espace discursif diversifié dont les élèves sont les co-constructeurs au même titre que l'enseignant. Il témoigne aussi de la perméabilité même des activités et des micro-tâches qui les constituent et qui se construisent de façon interactive. Il témoigne, enfin, de la mise en pratique d'une compétence solide – de la part des élèves et non seulement de l'enseignant - à manœuvrer à travers les reconfigurations des activités, des objets de discours et des structures interactives.

L'IMBRICATION DES ACTIVITÉS : VERS UNE DÉCONSTRUCTION DE L'OPPOSITION FORME-CONTENU

Dans leurs accomplissements interactifs, les activités tout comme les visée acquisitionnelles éventuelles qui leur sont attachées ne se laissent pas toujours séparer les unes des autres. La distinction entre exercices formels et activités communicatives risque de dissimuler un fait important, à savoir que les activités orientées vers les formes langagières et celles qui sont centrées sur les échanges communicatifs se réalisent souvent selon des modalités imbriquées et complexes. Leur imbrication ne se limite pas à l'organisation interactive d'exercices de grammaire dont nous avons présenté un exemple plus haut (3.2), mais débouche, par moments, sur une véritable indissociabilité entre enjeux communicatifs et enjeux formels.

Tel est le cas dans la séquence suivante qui est tirée d'une activité d'interprétation littéraire centrée sur les opinions personnelles des élèves :

(5) (peka/ en3cllci, l. 189-203)
Discussion sur "Les jeux sont faits" de J.-P. Sartre. On parle des protagonistes du livre, Eve et Pierre.

1	E	(...) et maintenant est-ce que : vous avez dit qu' elle a
2		changé je pense qu'elle a effectivement changé dans quel sens (5s)
3		qu'est-ce qu'elle montre ici . . vis-à-vis de Pierre . et
4		vis-à-vis de son acte de ses actes politiques (4s) et je pense
5		que ça c'est nouveau dans le comportement d'Eve (3s)
6	G	je pense qu'elle le comprend pourquoi il veut faire ça et: et
7		elle elle essaye de . lui donner des forces xxxx des autres .
8	E	exactement . elle le comprend xxx la force nécessaire oui donc
9		le substantif . comprendre . . elle fait preuve là de quelle .
10		qualité . . . qu'on a encore pas très bien ren- enfin qu'on n'a
11		encore pas souvent rencontrée chez elle . .
12	G	c'est de la compréhension
13	E	voilà n'est-ce pas elle fait preuve de compréhension de de des
14		actes de Pierre ((note le terme au tableau)) bon je pense ça c'est
15		une des phrases-clés de ce passage (...)

Au début de cet extrait, l'enseignant E propose une micro-tâche dans le cadre d'une activité d'interprétation littéraire. L'élève G réagit par une réponse (6-7) qui est jugée appropriée par E (8) au sein d'un format scolaire du type initiation-réaction-évaluation. Il est intéressant d'observer que la deuxième intervention de E remplit une double fonction, touchant à la fois à la structuration des échanges et à la gestion des contenus. D'une part, E ajoute à son évaluation un acte initiatif (9-10). D'autre part, cette initiation elle-même opère une réorientation de la discussion vers le traitement d'une forme linguistique, à savoir le substantif du verbe "comprendre". Par la suite, l'élève G (12) poursuit le format interactif tout comme l'orientation formelle ainsi initiés en proposant l'élément linguistique recherché, qui sera à son tour ratifié par E (13).

Or, malgré les apparences, il ne s'agit ici pas d'un simple glissement d'une tâche communicative vers une tâche plus formelle. Tout au contraire, l'attention portée sur l'élément formel est elle-même emboîtée dans une activité conversationnelle centrée sur l'interprétation de l'œuvre littéraire. Différentes traces dans l'échange interactif en témoignent. D'abord, après avoir soulevé la question du substantif correspondant au verbe "comprendre", l'enseignant lui-même réancre sa question sur le plan du contenu : "elle [Eve] fait preuve là de quelle qualité" (9-10). Ensuite, G oriente sa réponse non pas vers l'aspect formel uniquement mais intègre le substantif recherché dans l'expression "c'est de la compréhension" (12) – répondant par là directement à la question sur le caractère d'Eve. Enfin, E réinsère, lui aussi, le terme "compréhension" dans la discussion sur l'œuvre de Sartre (13) et le contextualise ainsi immédiatement par rapport à l'interprétation littéraire. Ce faisant, il note la forme linguistique au tableau. Le déploiement parallèle, à ce moment, de la discussion d'un contenu littéraire et de l'inscription d'une forme linguistique est symptomatique du parallélisme, voire plus exactement de l'imbrication des deux orientations de l'activité. Sans avoir été motivée par une difficulté d'intercompréhension, la focalisation formelle sur le terme de compréhension fait avancer la discussion au niveau de l'interprétation de l'œuvre : Eve non seulement comprend Pierre, mais – qui plus est – fait preuve de compréhension.

L'insistance sur le substantif "compréhension" a en somme deux effets parallèles : attirer explicitement l'attention des E sur un élément lexical au niveau formel et se servir de ce même élément au niveau de son contenu conceptuel afin d'approfondir l'interprétation de l'œuvre littéraire. Ce double enjeu – qui est un enjeu non seulement communicatif mais aussi acquisitionnel, voire éducationnel – met radicalement en doute la pertinence à la fois pratique et interprétative de la distinction souvent perpétuée de façon catégorielle entre focalisation sur la forme et focalisation sur le contenu. Car, non seulement les exercices formels reposent-ils, comme nous l'avons démontré plus haut (3.2), sur une organisation interactive, mais aussi l'attention plus généralement prêtée aux formes peut étayer une reconceptualisation des contenus discutés et alors être complètement finalisée à l'activité communicative.

Enfin, cette possibilité ne relève de toute évidence pas de la planification préalable par l'enseignant ni de son activité individuelle locale, mais elle est le produit d'un ajustement et d'une mise en accord continuels entre enseignant et élèves. L'emboîtement complexe des orientations formelle et communicative est configuré de façon collaborative et relève des activités situées des acteurs et de leurs savoirs implicites sur les pratiques scolaires. Il témoigne, par là même, de la compétence qu'ils ont à tirer profit des occasions communicatives et acquisitionnelles qui se tissent de façon contingente et contextuelle à travers leur participation pratique.

La recherche sur l'acquisition des langues nous a avertis des dangers qu'il y a à traiter les compétences de façon ségrégationniste, isolant la compétence linguistique, par exemple, de celles socio-culturelle ou pragmatique. Nous avons, quant à nous, démontré que l'on ne peut pas non plus séparer les savoir et les savoir-faire académiques de ceux socio-culturels. Le même constat vaut également pour les activités, voire les tâches : pour des raisons heuristiques, on peut choisir de séparer momentanément divers types d'activités tout comme divers types de compétences ; sur le plan à la fois pratique et théorique, pourtant, on est forcé de reconnaître que ces éléments constituent des ensembles complexes dont les composantes sont hautement interpénétrables – jusqu'à être inextricables. Ce caractère est l'inévitable corrélat de la nature située des activités et des compétences, de leur configuration locale dans et par la pratique.

Quelques conséquences pour la didactique et pour la linguistique

Symétriser les relations interdisciplinaires

Les conséquences que nous pouvons tirer des observations faites jusqu'ici intéressent aussi bien la didactique que la linguistique, considérées comme pouvant mutuellement enrichir l'une la problématique de l'autre et comme formulant réciproquement l'une à l'autre des défis pratiques et conceptuels. Plus particulièrement, nous considérons que les demandes des didacticiens peuvent faire bouger la linguistique, en lui indiquant de nouveaux terrains et de nouvelles questions – qui ne sont pas imaginables pour une linguistique qui se limiterait à être pratiquée par des chercheurs de cabinet. Inversement, les apports des linguistes sur ces terrains peuvent modifier des idées reçues, déconstruire un certain nombre de présupposés et fournir d'autres idées motivant de nouvelles expériences. Nous insistons donc sur la stimulation réciproque des deux champs – et non pas sur l'importation de concepts d'un champ à l'autre, avec le risque de malentendus, de décalages, d'exportation de théories périmées ou rigidifiées ou de références stéréotypisantes à l'autre camp.

Nous allons en particulier souligner les enjeux d'une approche contextuelle à la fois au niveau épistémologique et au niveau d'une politique socio-éducative. De cette façon nous soulignerons moins la nécessité d'appliquer des concepts conçus dans un domaine pour les projeter dans un autre domaine, que la nécessité d'expliciter les présupposés d'une démarche interactionniste en linguistique et en didactique, qui dépasse le foisonnement parfois contradictoire des modèles communicatifs pour adopter une conceptualisation cohérente, permettant une formulation de propositions pratiques pour l'enseignement compatible avec une analyse précise et rigoureuse des pratiques acquisitionnelles.

Conséquences didactiques

Les remarques que nous avons développées sur la base d'extraits de transcriptions, c'est-à-dire en tenant compte de la particularité et de la complexité des situations pratiques étudiées, montrent bien qu'il n'y a pas de "bonnes formes" interactionnelles que l'on pourrait "appliquer" systématiquement. Il n'y a pas de "recettes" interactionnelles, de dispositifs qui garantissent une intégration des activités et une participation équitable de tous les élèves. Car les formes interactionnelles sont configurées dans le cours d'une action située, sensible à la contingence de son déroulement, résultat d'un accomplissement pratique de tous les participants. Il en découle que l'adéquation de ces formes doit être co-construite par les acteurs, dans une négociation collective de leur valeur, de leur efficacité, de leur intérêt pédagogique.

Cela relativise l'impact de la planification préalable des activités, des dispositifs pré-définis d'enseignement, voire des méthodes de référence. Au contraire, cela invite à réfléchir à une appropriation et à un développement situés des "méthodes" (au sens ethnométhodologique du terme) mises en œuvre par les participants, qui sont des procédures permettant l'accomplissement situé des tâches.

En particulier, cela invite à reconnaitre l'importance des dimensions suivantes:
- la pluralité des activités et les transitions de l'une à l'autre : les activités ne sont pas homogènes, ne sont pas imperméables les unes par rapport aux autres ; au contraire les enchainements conversationnels peuvent plus ou moins favoriser le passage d'une activité à une autre, les insertions d'une activité dans une autre, les combinaisons d'intérêts et d'enjeux. Ceci en particulier permet de valoriser une variété ouverte de savoirs présents dans la classe, qui débordent les savoirs académiques ciblés par l'apprentissage, les savoirs normés de l'école, la détention du savoir par l'enseignant.
- la richesse des "occasions" à saisir : au fil du déroulement de la conversation, les participants sont constamment confrontés au choix de l'encha inement qu'ils vont offrir au tour précédent, aux éléments qu'ils vont traiter, reconnaitre, valoriser dans le tour précédent. Face à des enchainements qui privilégient le fil prévu d'un exercice, d'autres déroulements interactionnels sont constamment possibles et envisageables, qui intègrent des événements imprévus, des associations surgies au hasard de l'échange, des intérêts particuliers des élèves.
- la variété des formes de participation et d'implication des élèves : l'ouverture vers des objets de discours qui n'auraient pas été prévus par l'exercice et qui seraient apportés par les élèves eux-mêmes ou surgiraient de la conversation va de pair avec des formes de participation variées, pouvant accentuer le rôle structurant de l'enseignant ou l'initiative des élèves, pouvant reconnaitre ou limiter la structuration par les élèves eux-mêmes du cours de l'action didactique.
- la complexité variable des contraintes socio-cognitives : la nature localement configurée et émergente des tâches et des activités pratiques implique un formatage dynamique et variable des processus socio-cognitifs liés à leur gestion. La gestion des transformations, que ce soit pour en prendre l'initiative ou pour y enchainer de façon cohérente, présuppose une mobilisation des ressources linguistiques qui n'est pas dissociable de celle des ressources interactives et sociales. La gestion même de ce dynamisme interactif présente des contraintes socio-cognitives fortes dont l'adéquation par rapport aux savoirs et aux savoir-faire des apprenants concernés est un des facteurs-clés qui définissent l'efficacité acquisitionnelle des pratiques communicatives.
- la reconfiguration locale des objectifs d'apprentissage : la reconnaissance de trajectoires interactionnelles contingentes, ouvertes aux ini-

tiatives de tous les participants, liée à la transformation des activités en cours va de pair avec la reconnaissance du fait que les objectifs d'apprentissage immédiats ne sont pas déterminés de façon préalable aux activités en classe ni décidés une fois pour toutes, mais qu'ils émergent de ces activités et sont définis collectivement au fur et à mesure de leur développement.

Un certain nombre de conséquences plus générales découle de ces points particuliers que nous avons traités dans les analyses ci-dessus. Ainsi, la reconfiguration locale des objectifs ainsi que la transformation des activités au fil de leur déroulement ont comme conséquence le fait qu'il est difficile d'opposer focalisation sur la forme et focalisation sur le contenu et qu'il vaut mieux traiter ensemble cette double focalisation (cf. Bange, 1987). De même, de l'imbrication d'une pluralité d'activités découle l'irréductibililité de ces activités à une typologie simple où chaque type exclurait les autres ; il découle aussi une variété de combinatoires possibles entre types d'activités et formes interactionnelles, c'est-à-dire schémas de participation. Ceci a des conséquences sur la façon dont on pense les compétences plurielles de l'élève et les occasions pour apprendre.

La notion de compétence peut ainsi être redéfinie autant du côté de l'élève que du côté de l'enseignant : la compétence de l'élève articule plusieurs savoir-faire et sa compétence interactionnelle implique en particulier sa capacité à mettre en forme de façon reconnaissable et acceptable des savoirs (linguistiques et non-linguistiques) scolaires ; la compétence interactionnelle de l'enseignant comporte notamment l'articulation localement ajustée de l'ordre interactionnel et des objectifs didactiques, la capacité à saisir des occasions émergent de façon contingente et imprévue, la disponibilité à reconnaitre et à multiplier les cadres de participation.

L'appréciation de la dimension interactionnelle n'est donc plus limitée, dans ce cadre, à des types de tâches, dites communicatives ; elle concerne tout type de tâche, en posant pour chaque activité la question de savoir quelle forme interactive adopter pour le meilleur accomplissement situé des objetifs d'enseignement.

CONSÉQUENCES LINGUISTIQUES

Cette façon de reformuler la dimension interactionnelle de la classe n'est pas simplement inspirée d'un paradigme interactionniste qu'il suffirait d'appliquer ; elle implique aussi des défis pour la linguistique qui accepterait de travailler dans ce cadre pour fournir, par exemple, une description détaillée (et non pas des modèles généraux) des pratiques des enseignants et des élèves.

En particulier les dimensions que nous avons énumérées sous la section précédente présupposent du côté de la linguistique aussi un certain nombre de conditions épistémologiques qui sont loin de caractériser la discipline dans son ensemble. Ces conditions (re)défi-

nissent un certain nombre d'aspects centraux de la discipline, en invoquant :
- une linguistique travaillant sur des données issues de contextes sociaux non provoqués par le chercheur (conditions parfois appelées "écologiques", ou encore "authentiques"), qui, une fois enregistrées et transcrites, permettent une analyse détaillée de l'organisation des pratiques interactionnelles. Une linguistique qui par conséquent reconnait la nécessité et l'importance du déplacement du chercheur sur le terrain, l'adoption de méthodes d'enquête de type ethnographique, voire d'enquête collaborative, établissant avec les practiciens des liens de partenariat.
- une linguistique qui reconnaisse le rôle fondamental du contexte dans les pratiques langagières qu'elle étudie, irréductibles à un "noyau dur" qui lui échapperait et, au contraire, structurées en intégrant l'indexicalité, le changement contingent, le caractère occasionné des formes linguistiques. Une linguistique qui par conséquent accepte de conceptualiser les dimensions échappant au système de la langue, sans pour autant les considérer comme extérieures à la langue.
- une linguistique qui travaille sur les activités interactionnelles des acteurs sociaux, en reconnaissant leur rôle structurant pour les formes linguistiques et les pratiques langagières. Une linguistique qui tienne par conséquent compte des perspectives locales des participants sur leurs usages linguistiques et sur les ressources qu'ils mettent en œuvre.

Une telle linguistique permettrait d'intégrer une conception praxéologique et contextuelle de la cognition compatible avec la redéfinition de la compétence des apprenants ; une telle linguistique n'existe pas encore dans une forme stabilisée et par conséquent ne peut pas être simplement appliquée à la didactique : elle peut par contre se constituer en fréquentant notamment les terrains des didacticiens et des enseignants, en analysant les pratiques interactionnelles propres à la classe, en renouvelant le regard que le didacticien lui-même peut jeter sur elles et en articulant leur analyse avec celle d'autres terrains où elle rencontre ceux qui étaient des apprenants dans la classe et qui y réapparaissent en tant qu'acteurs sociaux engagés dans une multiplicité d'autres activités.

Conventions de transcription

[	chevauchements	. .. ...	pauses
(2 s)	pauses en secondes	xxx	segment inaudible
/ \	intonation montante/ descendante\	exTRA	segment accentué
((rire))	phénomènes non transcrits	:	allongement vocalique
< >	délimitation des phénomènes entre (( ))	par-	troncation
&	continuation du tour de parole	=	enchainement rapide
^	liaison (h) aspiration		
(il va)	essai de transcription d'un segment difficile à identifier		

Références bibliographiques

ARDITTY, J. & M.-T. VASSEUR (1999). Interaction et langue étrangère : Présentation. In *Langages* 134, 2-19.

BANGE, P. (1987). La régulation de l'intercompréhension dans la communication exolingue. Contribution à la *Table ronde du Réseau européen de laboratoires sur l'acquisition des langues*. La Baume les Aix, nov. 1987.

BANGE, P. (1992). À propos de la communication et de l'apprentissage de L2. In *AILE* 1, 53-85.

BIALYSTOK, E. (1990). Connaissances linguistiques et contrôle des activités de langage. In D. Goanac'h (Ed.), *Acquisition et utilisation d'une langue étrangère. L'approche cognitive*. Numéro spécial - *Le français dans le monde* (pp. 50-58). Paris: Hachette.

BREMER, K. & al. (1996). *Achieving Understanding : Discourse in Intercultural Encounters*. London : Longman.

BRUNER, J. (1983). *Le développement de l'enfant : savoir faire, savoir dire*. Paris : PUF.

CANALE, M. & M. SWAIN (1980). Theoretical bases of communicative approaches to second language teaching and testing. *Applied Linguistics* 1, 1-47.

CARROLL, M. & A. BECKER (1993). Refence to space in learner varieties. In C. Perdue (Ed.), 119-149.

CARROLL, M. & C. VON STUTTERHEIM (1997). Relations entre grammaticalisation et conceptualisation et implications sur l'acquisition d'une langue étrangère. *AILE* 9, 83-115.

CHAIKLIN, S., & J. LAVE (Eds., 1993). *Understanding Practice : Perspectives on Activity and Context*. Cambridge : Cambridge University Press.

CICOUREL, A. V. (Ed.). (1974). *Language Use and School Performance*. New York : Academic Press.

CONEIN, B., THEVENOT, L. (Eds). (1997). Cognition et information en société. N° spécial de *Raisons Pratiques*, 8.

CONSEIL DE L'EUROPE (1998). *Les langues vivantes : apprendre, enseigner, évaluer. Un Cadre Européen Commun de Référence*. Strasbourg: Ed. du Conseil de l'Europe.

COULON, A. (1993). *Ethnométhodologie et éducation*. Paris : PUF.

COULTER, J. (1989). *Mind in Action*. London : Polity Press.

DE PIETRO, J.-F., M. MATTHEY & B. PY (1989). Acquisition et contrat didactique : les séquences potentiellement acquisitionnelles dans la conversation exolingue. In D. Weil & H. Fougier (Eds.), *Actes du 3ᵉ Colloque Régional de Linguistique* (pp. 99-124). Strasbourg 28-29 avril 1988.

DONATO, R. (1994). Collective scaffolding in second language learning. In J.P. Lantolf & G. Appel (Eds.), *Vygotskian approaches to second language research* (pp. 93-56). Nordwood, N.J.: Ablex.

ELLIS, R. (1990). *Instructed second language acquisition*. Oxford : Blackwell.

ENGESTRÖM, Y. & D. MIDDLETON (Ed., 1996). *Cognition and Communication at Work*. Cambridge : Cambridge University Press.

GAJO, L. & L. MONDADA (2000). *Acquisition et interaction en contextes*. Fribourg : Éditions Universitaires.

GAONAC'H, D. (1990). Les stratégies attentionnelles dans l'utilisation d'une langue étrangère. In D. Goanac'h (Ed.), *Acquisition et utilisation d'une langue étrangère. L'approche cognitive* (pp. 41-49). Numéro spécial - *Le français dans le monde*. Paris : Hachette.

GARFINKEL, H. (1967). *Studies in Ethnomethodology*. Englewood Cliffs, NJ.: Prentice-Hall.

GIACOBBE, J. (1992). *Acquisition d'une langue étrangère : cognition et inter action*. Paris : CNRS éditions.

HUTCHBY, I., & MORAN-ELLIS, J. (Ed.). (1998). *Children and Social Competence* : Arenas of Action. London: The Falmer Press.

HYMES, D. (1972). On communicative competence. In J.B. Pride & J. Holmes (Eds.), *Sociolinguistics* (pp. 269-293). London: Penguin.

KLEIN, W. & C. PERDUE (1992). *Utterance structure. Developing grammars again*. Amsterdam : Benjamins.

KRAFFT, U. & U. DAUSENDSCHÖN-GAY (1993). La séquence analytique. In *Bulletin CILA* 57, 137-157.

KRAFFT, U. & U. DAUSENDSCHÖN-GAY (1999). Système écrivant et processus de mise en mots dans les rédactions interactionnelles. In *Langages* 134, 51-67.

KRASHEN, S. (1985). *The Input Hypothesis*. London : Longman.

KRASHEN, S. (1998). Comprehensible output ? In *System* 26, 175-182.

LANTOLF, J.P. & A. PAVLENKO (1995). Sociocultural theory and second language acquisition. In *Annual Review of Applied Linguistics* 15, 108-124.

LANTOLF, J.P. (Ed., 2000). *Sociocultural theory and second language learning*. Oxford : Oxford University Press.

LAVE, J. (1988). *Cognition in Practice : Mind, Mathematics, and Culture in Everyday life*. Cambridge : Cambridge University Press.

LONG, M.H. (1983). Native speaker/non-native speaker conversation and the negotiation of comprehensible input. In *Applied Linguistics* 4, 126-141.

LONG, M.H. (1996). The role of the linguistic environment in second language acquisition. In W. Ritchie & T. Bahia (Eds.), *Handbook of second language acquisition* (pp. 413-467). San Diego : Academic Press.

LÜDI, G. (1989). Aspects de la conversation exolingue entre Suisses romands et alémaniques. *Actes du XVIIIe Congrès International de Linguistique et de Philologie Romanes*. Université de Trèves, 1986, tome VII, 405-424.

LÜDI, G. et al. (1998). *Quelles langues apprendre en Suisse pendant la scolarité obligatoire ?* Rapport d'un groupe d'experts mandaté par la Commission formation générale pour élaborer un Concept général pour l'enseignement des langues. Berne : Conférence suisse des directeurs cantonaux de l'instruction publique (CDIP), 15 Juillet 1998.

LYNCH, M., & D. BOGEN (1997). Reinventing cognitive sociology. In A. Marcarino (Eds.), *Analisi della conversazione e prospettive di ricerca in etnometodologia* (pp. 11-24). Urbino : Quattro Venti.

MAYNARD, D. W. (1986). The Development of Argumentative Skills Among Children. In P. A. Adler & P. Adler (Eds.), *Sociological Studies of Child Development*. Vol. 1 (pp. 233-258). Greenwich, Connecticut: JAI Press.

MC LAUGHLIN, B. (1987). *Theories of second-language learning*. London, New York : Edward Arnold.

MEHAN, H. (1979). *Learning Lessons*. Cambridge, MA : Harvard University Press.

MEHAN, H. (1979). *Learning lessons. Social organization in the classroom*. Cambridge MA./London : Harvard University Press.

MONDADA, L. (1995). Analyser les interactions en classe: quelques enjeux théoriques et repères méthodologiques. *Actes du 3ᵉ Colloque d'Orthophonie/Logopédie "Interventions en groupe et interactions"*, Université de Neuchâtel, 29-30 sept. 1994. Travaux Neuchâtelois de Linguistique (TRANEL), 22, 55-89.

MONDADA, L. (1999). L'accomplissement de l'étrangéité dans et par l'inter action : procédures de catégorisation des locuteurs. In *Langages* 134, 20-34.

MONDADA, L. (2000). La compétence de catégorisation : procédés situés de catégorisation des ressources linguistiques. In P. Martinez & S. Pekarek Doehler (Eds.), *La notion de contact de langues en didactique* (pp. 81-101) (Notions en Question, no. 4). Fontenay/Saint-Cloud: Editions ENS.

MONDADA, L. & S. PEKAREK DOEHLER (2000). Interaction sociale et cognition située : quels modèles pour la recherche sur l'acquisition des langues ?. In *AILE* 12, 147-174.

NUSSBAUM, L. (1999). Émergence de la conscience langagière en travail de groupe entre apprenants de langue étrangère. In *Langages* 134, 35-50.

OCHS, E. (1988). *Culture and Language Development : Language Acquisition and Language Socialization in a Samoan Village*. Cambridge : Cambridge University Press.

PEKAREK, S. (1999). *Leçons de conversation : Dynamiques de l'interaction et acquisition de compétences discursives en classe de langue seconde*. Fribourg : Éditions Universitaires.

PEKAREK DOEHLER, S. (2000a). Approches interactionnistes de l'acquisition des langues étrangères: concepts, recherches, perspectives. In *AILE* 12, 3-26.

PEKAREK DOEHLER, S. (2000b). La conscience linguistique de l'apprenant avancé d'une langue seconde: points de vue des apprenants et perspectives pour l'enseignement. In *Bulletin VALS/ASLA*, 155-158.

PEKAREK DOEHLER, S. (à paraitre). Mediation revisited: the socio-interactional construction of learning environments". in *Mind, Culture and Activity*, 2001.

PEKAREK DOEHLER, S. & P. MARTINEZ. (2000). Le contact des langues, lors qu'il croise sur son chemin la didactique... In Martinez, P. & Pekarek Doehler, S. (Eds), *La notion de contacts de langues en didactique*. (pp. 191-207) (Notions en Question, n°. 4). Fontenay/Saint-Cloud: Éditions ENS.

PERDUE, C. (Ed., 1993). *Adult language acquisition: crosslinguistic perspectives. II The results*. Cambridge : Cambridge University Press.

PHILIPS, S. U. (1972). Participant structures and communicative competence: Warm Springs children in community and classroom. In C. Cazden, V. P. John, & D. Hymes (Eds.), *Functions of Language in the Classroom* New York : Teachers College Press.

PICA, T. & C. DAUGHTY (1985). The role of group work in classroom second language learning. *Studies in Second Language Acquisition 7*, 233-248.

PICA, T. (1993). Communication with second language learners: what does it reveal about the social and linguistic processes of second language learning ? In J.E. Alatis (Ed.), *Language, communication and social meaning* (pp. 435-464.). Georgetown : Georgetown University Press.

PORQUIER, R. (1984). Communication exolingue et apprentissage des langues. In *Encrages* 3/17, 17-47.

PY, B. (1989). L'acquisition vue dans la perspective de l'interaction. In DRLAV *Revue de Linguistique* 41, 83-100.

QUERE, L. (1998). La cognition comme action incarnée. In A. Borseix, A. Bouvier, & P. Pharo (Eds.), *Sociologie et connaissance. Nouvelles approches cognitives.* Paris : CNRS Éditions.

RAMPTON, B. (1997). A sociolinguistic perspective on L2 communication strategies. In G. Kasper & E. Kellerman (Eds.), *Communication Strategies : Psycholinguistic and Sociolinguistic Perspectives.* (pp. 279-303) . London : Longman.

RESNICK, L.B. (1991). Shared cognition: Thinking as social practice. In L. Resnick et al. (Eds.), *Perspectives on socially shared cognition* (pp. 1-20). Washington, DC : American Psycholgical Association.

ROBERTS, C. (1998). Interaction and bureaucracy : conditions for language use and learning in intercultural encounters. In *CALaP* 16/17, 198-224.

SATO, C. (1990). *The syntax of conversation in interlanguage development.* Tübingen : Narr.

SCHUTZ, A. (1967[1962]). *Collected papers I: The problem of social reality.* The Hague : Nijhoff.

SPEIER, M. (1971). The everyday world of the child. In J. D. Douglas (Eds.), *Understanding Everyday Life.* London : Routledge & Kegan Paul.

TARONE, E. (1983). On the variability of interlanguage systems. *Applied Linguistics* 4/2, 142-163.

VASSEUR, M.-T. (1991). Solliciter n'est pas apprendre (initiative, sollicitation et acquisition d'une langue étrangère). In C. Russier et al. (Eds.), *Interactions en langue étrangère* (pp. 49-59). Aix-en-Provence : Publications de l'Université de Provence.

VYGOTSKY, L. (1985 [1935]). *Pensée et langage.* Paris: Messidor, Éditions sociales.

WERTSCH, J.V. (1991). *Voices of the mind : a socio-cultural approach to mediated action.* London : Harvester Wheatsheat.

Échos du débat

(Alliance Française de Paris, 8 décembre 2000)

Henri Portine :

Finalement, quand on travaille beaucoup avec l'interaction, où est la place de la " bonne forme " ? Y a-t-il encore des " bonnes formes ", au sens syntaxique par exemple, et, si elles existent encore, quelle est leur place ?

Simona Pekarek Doehler :

Votre question soulève à mon sens deux dimensions sur lesquelles on peut enchainer. D'une part, il s'agit de savoir quelle est la forme (correcte ou non) que l'apprenant aurait acquise. Cette dimension a trait aux aspects formels, grammaticaux, lexicaux de la langue. Elle renvoie à l'objet acquis, aux compétences acquises et à leur définition.

D'autre part, il s'agit de la question de savoir quelles sont les formes sur lesquelles se concentre l'observation de la pratique langagière. Là il s'agit alors non pas tant de définir l'objet acquis mais d'identifier les processus interactifs dans lesquels cet acquis est mis en œuvre et éventuellement restructuré. Dans ce cadre, la question des bonnes formes se pose aussi, mais elle se pose moins en termes d'exactitude formelle que de traitement interactif par l'apprenant et son interlocuteur.

Pour l'instant, je ne voudrais rien dire sur les acquis et leur définition. Je voudrais plutôt enchainer sur la deuxième question. Une perspective interactionniste, au sens où nous la comprenons, est une perspective qui s'intéresse, elle aussi, aux formes linguistiques, mais elle s'oppose à un traitement pour ainsi dire ségrégationniste des formes linguistiques et des formes interactives. Elle se refuse à tisser une dichotomie stricte entre les deux dans la mesure où elle considère que les premières peuvent se consolider à travers les secondes et les secondes peuvent formater les premières. Elle souligne par contre que les formes linguistiques font partie des moyens, des méthodes, des instruments par lesquels on ne fait pas que parler correctement, mais par lesquelles on gère l'activité pratique. Dans ce sens, les formes linguistiques sont constitutives de la pratiques interactive – elles sont structurées par elle et structurantes par rapport à elle. Du coup, ce qui peut intéresser le chercheur n'est pas tant l'adéquation de la forme à une norme donnée, mais son traitement interactif, son acceptation ou son refus par les interactants et ses restructurations et/ou consolidations (et éventuelles apprentissages) à travers les processus interactifs.

Lorenza Mondada :
Je dirais qu'il existe évidemment des " bonnes formes ", puisque les acteurs n'arrêtent pas de les chercher. Ce qui m'intéresse, c'est une définition endogène de la bonne forme : c'est-à-dire la définition que les locuteurs lui donnent en situation, dans leur action, à des moments particuliers de leurs interactions où cette question se pose à eux de façon pertinente. N'étant pas didacticienne, l'intérêt que je peux avoir pour la " bonne forme " relève de l'observation de ce que les acteurs eux-mêmes considèrent comme telle, de la façon dont ils se mettent d'accord à son propos, voire des procédures par lesquelles ils en imposent une définition. Cette orientation des locuteurs vers la bonne forme fait partie de la façon dont ils gèrent leurs activités – par exemple les activités évaluatives. De ce point de vue, il est intéressant de travailler sur différents corpus, qui permettent de montrer que la " bonne forme " dans une interaction scolaire, où elle est définie par l'enseignant, peut être quelque chose de très différent dans une interaction entre pairs durant une activité de loisir. D'ailleurs en contexte extra-scolaire les apprenants peuvent se révéler plus normatifs qu'en contexte scolaire. Ces évaluations incorporées et situées dans l'action font partie de ce que j'ai appelé la " compétence de catégorisation ", c'est-à-dire la capacité que possèdent les locuteurs de catégoriser (comme bonnes, mauvaises, standardisées, stigmatisées, etc.) les formes linguistiques qu'ils entendent et qu'ils produisent.

Henri Portine :
Ces " bonnes formes " font partie de ces objets que j'appelle des fantômes, c'est-à-dire des formes qui sont là, circulent, renvoient à l'institution (peu importe si l'institution est omniprésente apparemment ou non : en effet, il se peut que l'institution soit moins contraignante que le milieu extérieur). Je voudrais un peu plus d'explications sur un point concernant la focalisation sur la forme et la focalisation sur le contenu en classe. À partir du moment où l'on définit les formes comme faisant partie intégrale de la situation interactionnelle, je pense que cette distinction est moins opératoire. Mais j'aimerais bien que Simona, qui l'a évoquée, y revienne brièvement.

Simona Pekarek Doehler :
Il est d'abord très important de dire comme remarque de cadrage que j'ai fait référence alors à un cadre théorique. Je ne dis pas que cette distinction ne fait pas sens pour la didactique : au contraire, je pense qu'elle fait vraiment sens car elle fait comprendre beaucoup d'activités. Mais, pour ce qui concerne les processus cognitifs liés à l'acquisition, les choses se présentent de façon différente. Sur ce plan, les focalisations de l'attention sur les formes et sur les contenus interagissent de façon complexe. Pour donner un exemple : si l'on peut apprendre une

langue en communiquant, c'est justement qu'en communiquant on ne focalise pas seulement les formes, mais on focalise aussi des formes. Et pour inverser l'argument : même un exercice de grammaire, qui, sur le plan didactique, a pour objectif de focaliser les formes linguistiques, repose sur des activités du type " gestion des rôles interpersonnels ", " gestion des contraintes pragmatiques ", " gestion de l'interactivité entre l'enseignant et les élèves ". Cette gestion elle-même présuppose toute une dimension de procéduralisation des compétences langagières qui dépasse de loin le savoir sur les formes, et qui peut non seulement être impliquée dans l'activité mais aussi faire l'objet de développements parallèles au développement du savoir linguistique. De façon plus générale, puisque même un exercice de grammaire peut se déployer dans des activités de nature interactive, on ne peut pas dire que l'exercice formel serait uniquement focalisé sur les formes et qu'il servirait uniquement à l'apprentissage de ces formes, de même que l'on ne peut pas prétendre que la communication impliquerait uniquement une focalisation sur les contenus au détriment de toute attention prêtée aux formes. Au niveau des processus cognitifs tout comme des processus interactifs, une séparation stricte des deux semble impossible.

Henri Portine :
C'est donc une réinterprétation de l'opposition, qui me satisfait tout à fait.

Henri Besse :
Ça veut dire que la différence entre " *acquisition* " et " *learning* " n'a rien d'évident, ou qu'elle est purement culturelle.

Une intervenante :
Du coup, je trouve qu'on en arrive un petit peu à avoir l'impression que toute interaction est bonne, finalement. Un peu comme on disait à une époque : " C'est en écrivant qu'on devient écriveron ! ", c'est en interagissant qu'on apprend à interagir. Je me pose quand même la question – je me suis beaucoup intéressée à cette question des tâches : y a-t-il des tâches provoquant des interactions, qui seraient potentiellement acquisitionnelles ? Abordez-vous à un moment ce problème du caractère plus ou moins acquisitionnel des interactions ?

Lorenza Mondada :
On est très loin de dire, ou même de prendre position par rapport à ça. On ne dit pas : " l'interaction est bonne ", on dit que l'enseignement est de A à Z fondé sur l'interaction. Une des grandes difficultés de l'approche communicative, c'est qu'elle ne s'est pas mise à différencier entre les différentes formes d'interaction auxquelles donnent lieu les

dispositifs. Et c'est ce sur quoi l'on veut mettre l'accent : on peut avoir des dispositifs de différents types, qui empiriquement se manifestent dans des pratiques interactives spécifiques, à décrire dans le détail de leur organisation. Une telle description est indispensable pour penser ensuite les formats interactifs plus ou moins favorables à l'acquisition.

Francine Cicurel :
Je ne suis pas du tout une spécialiste de l'acquisition, mais là vous venez de dire que l'acquisition ne se fait que dans l'interaction : ce n'est quand même pas possible, car on apprend en lisant un livre, en faisant des tâches qui ne soient pas dans un engagement avec l'autre. Cela me gêne un peu. Récemment, il y a un accent qui est mis trop fortement sur la dimension interactionnelle de l'acquisition, mais l'interaction n'est qu'une forme parmi d'autres de l'acquisition.

Simona Pekarek Doehler :
Je n'ai pas dit que l'acquisition se faisait toujours dans l'interaction, j'ai dit que la pratique didactique en classe était toujours fondée sur l'interaction. Ce qui importe alors pour l'évaluation ou l'optimisation de l'enseignement c'est de s'interroger sur les formes d'interaction sur lesquelles repose l'enseignement et auxquelles il expose les apprenants. S'interroger sur des formes d'interaction qui sont plus ou moins favorables pour l'acquisition c'est une autre chose, à mon sens, que de dire que l'acquisition ne puisse se faire hors interaction.

Lorenza Mondada :
On peut défendre une hypothèse radicale qui consiste à dire que la dynamique interactionnelle telle que je l'entends - qui sous-tend une conception sociale de l'action - concerne aussi des activités apparemment solitaires, comme par exemple celles où l'apprenant est seul. Je trouve que c'est précisément cela qui est intéressant : une conception interactionniste de l'action qui ne se limite pas uniquement à prendre en compte les interactions en face à face, mais qui tienne compte des objets - comme le fait l'étude de la cognition distribuée (autant dans sa dimension intersubjective que dans sa dimension " interobjective ", comme dit Latour) - et des interlocuteurs absents et pourtant incarnés dans les modes de déroulement de l'activité.

Claude Germain :
J'aurais deux questions. Vous avez parlé de processus cognitifs, et dit qu'ils étaient concrets en quelque sorte, qu'ils se trouvaient dans des activités concrètes. Avez-vous pu identifier certains processus cognitifs et, si oui, quelle est leur nature ? Et ma deuxième question : iriez-vous jusqu'à dire qu'il y a une relation causale entre les activités interactionnelles et le développement de la cognition, ou tout simplement de l'acquisition ?

Lorenza Mondada :

Je ne parlerais pas de relations " causales ". Le problème est que dans un cadre interactionniste on est amené à redéfinir la cognition comme étant située et distribuée, donc publique et sociale : cette cognition n'est pas la même que celle que définissent les modèles des sciences cognitives du *main stream*. Il y a forcément redéfinition de ce qu'on entend par là. La redéfinition la plus radicale que je connaisse est celle pratiquée par Michael Lynch ou par Jeff Coulter qui re-spécifient, comme disent les ethnométhodologues, la cognition. On s'éloigne alors des conceptions mentalistes, causalistes, décontextualisées de la cognition. C'est un préalable à la réponse.

Maintenant, il y a un certain nombre d'activités cognitives – comme des activités de résolution d'un problème, d'effectuation d'une tâche, de prise de décision – qui, même lorsqu'elles sont silencieuses, ont lieu dans une situation sociale. Ces activités cognitives sont mutuellement disponibles pour et par les interactants, qui les rendent accessibles et reconnaissables comme telles. On ne voit pas de neurones frémir, mais on voit quelqu'un qui est engagé dans une activité cognitive – comme par exemple demander de l'aide, essayer de comprendre son interlocuteur, corriger son partenaire – et qui rend reconnaissable cet engagement. Cette reconnaissabilité est importante pour l'intelligibilité, pour la coordination et pour la gestion (notamment langagière) de l'action. C'est ainsi qu'on peut essayer de décrire ces activités cognitives en les traitant comme publiquement observables.

Pragmatique et approche communicative

La contribution du corpus LANCOM

Danièle Flament-Boistrancourt
UNIVERSITÉ PARIS X-NANTERRE
UMR CNRS 2329, MODYCO : MODÈLES, DYNAMIQUES ET CORPUS

" Bernard parle beaucoup, mais ne nous écoute pas assez. À partir de là, le dialogue a du mal à s'instaurer. " déplore, en parlant de son entraineur M. O., une jeune internationale néerlandaise de volley récemment recrutée par le Volley Club de Marcq-en-Barœul.

(La Voix du Nord, 12/ 01/ 2001)

Témoigner des rapports entre sciences du langage et didactique du français langue étrangère se ramène en général souvent à un examen de la contribution positive que la linguistique peut ou a pu apporter à l'enseignement, même si par ailleurs chacun est aujourd'hui bien conscient que celle-ci ne saurait être de l'ordre de la pure application. Ont par contre été beaucoup moins étudiés les cas où, à partir d'une théorie ou d'une méthode en elles-mêmes intéressantes, ont été élaborés des projets pédagogiques qui n'ont pas donné les résultats escomptés[1]. Pourtant l'observation d'une pratique " défectueuse " se révèle toujours fort instructive. Ainsi, qui a eu l'expérience de la classe de français langue étrangère sait par exemple qu'il sera impossible, lors des rituelles scènes de présentation du premier cours, de ne pas entendre, du niveau débutant au niveau avancé, à l'éternelle question: " Et toi, d'où viens-tu ? " les éternelles réponses : " Moi, je viens de la (Belgique, Hollande, Grèce, Suède), etc. ". De quoi assurément persuader les plus sceptiques qu'il existe bel et bien en français un article zéro qui, d'une part gagnerait à être présenté en tant que tel dans les manuels[2] et de l'autre, pose au linguiste une belle énigme théorique

1. Constitue une brillante exception à cet égard dans le domaine du français langue maternelle l'étude que Besse (1995) consacre à la *Méthode de langue française* (1905, 1906, 1908) élaborée par Brunot & Bony pour l'enseignement du français à l'école primaire. S'inspirant de la méthode inductive propre à la linguistique du début du XXe siècle, ces deux auteurs tentèrent en effet de rationaliser les pratiques pédagogiques alors en vigueur et de faire en sorte que la linguistique soit " l'institutrice d'une pensée plus éclairée et plus rationnelle ". Or, pour des raisons bien analysées par Besse (1995), l'entreprise ne rencontrera que peu de succès auprès des instituteurs de l'époque, qui bouderont les trois livres écrits à leur intention. .

2. Dès les premières leçons, la plupart des méthodes de français langue étrangère donnent en général toujours du français l'image d'une langue à article (*France/ Frankrijk* vs *La France*). Ce point de vue les amène alors tout naturellement à reléguer les SN sans article au rang des exceptions (une liste de cas d'omissions). Or, si l'article zéro est aujourd'hui en français contemporain un type de déterminant beaucoup moins employé qu'en ancien français, sa fréquence d'emploi n'en est pas pour autant devenue négligeable. Ainsi, Goyens (1994 : 224) s'est intéressée d'un point de vue diachronique aux types de déterminants présents dans un corpus de traductions du *De Inventione* de Cicéron rassemblant des textes du XIIIe et du XXe siècle. Or, elle donne respectivement pour l'ancien français et le français moderne, les chiffres suivants :
- zéro : 40,76 % vs 15,98 % ;
- indéfini : 2,84 % vs 10,47 % ;
- défini : 44,36 % vs 56,92 % ;
- démonstratif : 7,56 % vs 5,51 % ;
- possessif : 4,36 % vs 6,81 %.
Quoique statistiquement moins présents qu'en ancien français, les cas de détermination zéro occupent donc toujours la seconde place dans le corpus de français contemporain de cet auteur. De plus, envisagé du point de vue de l'apprentissage du français langue seconde, la détermination zéro est une difficulté linguistique qui ne

(voir Lomholt 1983), puisque, de façon fort curieuse, cette détermination zéro ne concerne que les noms de pays dits féminins ((*venir/ un café*) (*de Colombie vs du Brésil*), aller (*en Colombie vs au Brésil*))[3].

C'est donc du côté des pratiques que nous nous tournerons pour revisiter les rapports possibles entre théorie du langage et didactique dans le domaine du français langue étrangère. Parmi tous les couples théorie/ pratique qu'il était possible d'examiner, celui que nous avons retenu réunira pragmatique et approche communicative. Nous essaierons d'éclairer les relations que ces deux ensembles sont susceptibles d'entretenir à la lumière de la présentation d'une synthèse des résultats que nous avons obtenus dans le cadre d'une recherche menée à l'Université de Louvain - K.U. Leuven, à l'occasion de la rénovation de l'enseignement du français langue seconde en Belgique néerlandophone (voir *in biblio* à Flament & Debrock 1996, Flament & Debrock 1997, Debrock & Flament & Gevaert 1999, Flament & Cornette 1999 et Flament 2001 à par.). Connue sous le nom de projet LANCOM (" le français comme LANgue de COMmunication ", voir *in biblio* à Debrock et al. 2000), cette recherche s'est attachée à l'élaboration d'un corpus différentiel d'interactions verbales, provenant de canevas de jeux de rôles joués d'une part par des élèves flamands en classe de français et par des francophones volontaires de l'autre.

La constitution de ce corpus nous a permis d'atteindre successivement trois objectifs. Premièrement, poser à partir d'un cas concret un premier diagnostic précis sur la nature de l'écart qui existe souvent entre approche communicative et pragmatique[4], domaines que le terme très fédérateur d'" acte de langage " tend toujours *a priori* à rapprocher. Deuxièmement, mener une étude approfondie sur un acte de langage présent dès les premières leçons de tous les manuels et vraisemblablement fondamental chez l'homme (voir Kerbrat-Orecchioni 1991) : la requête[5]. S'est alors de ce fait à nouveau posée – troisièmement – la question des modalités possibles de construction d'une relation théorie/ pratique entre les résultats obtenus dans les analyses linguistiques effectuées d'une part et des pratiques pédagogiques concrètes d'enseignement du français langue seconde de l'autre. Un réinvestissement partiel des recherches menées dans le cadre de LANCOM sera tenté dans une nouvelle collection de manuels rédigés à l'intention des élèves belges néerlandophones de l'école secondaire : les nouveaux *Parcours* publiés à partir de 1997 par la maison Pelckmans d'Anvers.

Pragmatique et approche communicative : l'éclairage de LANCOM sur un écart

Origine, caractéristiques et objectifs du corpus LANCOM

LANCOM est un projet de recherche qui s'inscrit dans deux contextes à la fois différents et complémentaires. Le premier est la tradition de constitution et d'exploitation de corpus automatisés de français parlé propre à l'Université de Louvain - K. U. Leuven qui a, dès le début des années 1980, procédé, à partir de près de 500 heures d'enregistrements provenant de l'Étude sociolinguistique sur Orléans (ESLO), à l'élaboration d'un corpus de français parlé de plus d'un million de mots : ELILAP (Etude LInguistique de la LAngue Parlée, voir Debrock et al. 2000).

L'autre élément qui a été à l'origine du projet LANCOM a été l'événement politique majeur de l'année 1994 en Belgique : la constitution d'un État fédéral[6]. En même temps qu'elle accédait à l'autonomie, la Communauté flamande ressentit la nécessité de repenser l'enseignement du français sur son territoire. La situation du français avait en effet, au fil des années, beaucoup changé en pays néerlandophone belge, même si, contrairement à ce qui passe aux Pays-Bas[7], le français arrivait toujours en tête des langues vivantes enseignées dans le secondaire. Les lois linguistiques de 1962[8] marquèrent un tournant décisif dans cette évolution : les écoles francophones qui pouvaient exister à Gand, Anvers et ailleurs disparurent en effet. De plus, les Flamands commençant progressivement à acquérir tous les pouvoirs (démographique, économique et politique), la bourgeoisie flamande qui avait eu pendant longtemps, pour des motivations d'ordre à la fois instrumental et intégratif, l'habitude de parler français à la maison se mit de plus en plus à parler néerlandais et le français commença alors à devenir pour les jeunes générations une véritable langue étrangère (voir Willems 1997, Debrock 1991, 2000 et Binon 2000a). Bien conscient cependant que l'activité économique de la Flandre reposait essentiellement sur des exportations très orientées vers la France, le ministère de l'Éducation de la Communauté flamande prit la pleine mesure de cette évolution et décida de procéder à une réforme de l'enseignement du français qui devait être enseigné selon les principes de la méthode communicative en pays néerlandophone (décrets du 16 février 1994). Une fois décidée, cette réforme allait bien entendu impliquer tant un renouvellement complet du marché des manuels que la nécessité pour les universités, responsables en Belgique de la formation initiale et continue des enseignants, d'organiser à l'intention de ces derniers des sessions de recyclage. L'Université de Louvain - K.U. Leuven s'attela à la tâche et décida, en accord avec les milieux pédagogiques à la

se limite pas qu'aux noms propres de pays, mais concerne également nombre de constructions en N_1+de+ N_2, fort productives chez le natif et dont les manuels ne rendent pas compte. En constituent un bon exemple les N_1+de+N_2 à N_1 déverbal qui ne sont en rien justiciables de la règle selon laquelle l'apparition d'un article défini devant le N_2 serait liée à la présence d'une expansion à la droite de celui-ci : *les clés de voiture* vs *les clés (*de/ de la) voiture rouge*, mais *la consommation de pétrole* vs *la consommation (de/ ? du) pétrole irakien* (voir Flament-Boistrancourt 2000 pour une analyse détaillée de ces problèmes). Il conviendrait donc assurément de présenter à l'apprenant les cas de détermination zéro, non plus comme une liste de cas d'" omissions de l'article " sans rapport les uns avec les autres, mais comme un phénomène relevant d'une catégorie spécifique (l'article zéro) dotée de propriétés syntaxiques et sémantiques précises.
3. On trouvera dans Flament-Boistrancourt (2000) une analyse théorique de ce phénomène menée dans le cadre de la sémantique des stéréotypes actuellement développée par J.-C. Anscombre.
4. Vingt ans après les travaux du Niveau-Seuil, cet écart est encore souligné par Bérard (1991) qui montre bien que c'est souvent d'une façon très réductrice et coupée de l'ensemble théorique

auquel il appartient que le terme d'" acte de langage " est utilisé dans les méthodes communicatives. De plus, cet auteur ne manque pas d'insister sur le fait que, dans ces méthodes, " c'est la relation entre les actes de parole, leurs réalisations et la grammaire qui pose problème " (p. 40). Un corpus opposant, pour gérer des types similaires de situations, des données recueillies à la fois chez des natifs et des non-natifs ne pouvait donc qu'être susceptible d'offrir des informations intéressantes pour pouvoir déterminer, autrement que de façon subjective, les types d'éléments linguistiques constitutifs de chaque situation et indispensables au non-natif.

5. Ce qui était en effet frappant dans les dialogues produits par nos apprenants, c'est que les difficultés linguistiques de ces derniers (impression de manque de réalisme, de rudesse des formulations) pouvaient rarement, de la part du linguiste, faire l'objet d'une explication immédiate, les énoncés recueillis étant, dans la plupart des cas, toujours corrects aux plans lexical et morphosyntaxique. La recherche d'une solution théorique s'est donc imposée.

6. Les structures de l'État belge ne sont pas toujours faciles à comprendre pour qui n'est pas belge. On pourra, pour une information détaillée à ce sujet, se reporter à Francart 1995.

7. D'après une récente enquête publiée dans Le

recherche de données authentiques correspondant aux situations de communication prévues dans les nouveaux programmes, de constituer un corpus d'interactions verbales (LANCOM) utilisable à des fins à la fois d'enseignement et de recherche[9].

Contrairement à la démarche adoptée dans l'ESLO et *Le français fondamental*, dans la constitution de LANCOM la didactique ne fit pas figure d'aval (tirer des applications), mais au contraire d'amont. Notre point de départ était en effet constitué de différents canevas de jeux de rôle du type de ceux qui figuraient dans les nouveaux manuels et que des enseignants volontaires faisaient jouer à leurs élèves en classe de français. Les scènes filmées étaient très variées : conversations téléphoniques, rencontres dans la rue, simulations d'entretiens d'embauche, invitations, organisation de séjours à l'étranger, réservation de chambres d'hôtel, de billets d'avion, *etc*. Une fois ces enregistrements réalisés, nous nous sommes employés à leur trouver une contrepartie émanant de locuteurs francophones : celle-ci nous était fournie soit par des amis français qui voulaient bien suivre les mêmes canevas que les élèves et se laisser filmer, soit, dans certains cas, par des scènes authentiques[10].

L'intérêt de la démarche était double. Il s'agissait d'une part, au plan pédagogique, de fournir aux concepteurs des nouveaux manuels attendus sur le marché des données de français parlé susceptibles de les inspirer. D'autre part, au plan de la recherche universitaire, le pari était qu'un corpus différentiel natif/ non-natif ne pourrait pas ne pas être heuristique, fautes et maladresses se révélant souvent utiles pour mieux comprendre ce qui est central et typique dans le fonctionnement d'un idiome (voir Flament & Debrock 1996, Blanche-Benveniste 1996). LANCOM est un corpus qui a été régulièrement enrichi et qui se compose aujourd'hui de 39 heures d'enregistrements. Sur ces 39 heures, 18 heures représentent un total de 160.593 mots sont actuellement disponibles sous la forme de transcriptions graphiques informatisées et accessibles sur internet à l'adresse suivante : http ://bach.arts.kuleuven.ac.be/elicop. LANCOM a donné lieu à nombre de conférences et de publications ainsi qu'à la rédaction à l'Université de Louvain - K.U. Leuven de seize mémoires de fin d'études entre 1994 et 1999 (voir Debrock et al. 2000).

Diagnostic de LANCOM sur l'écart entre pragmatique et approche communicative

Nous ne rentrerons pas ici dans un examen détaillé de l'approche communicative ou de la pragmatique. Nous nous contenterons de renvoyer, pour le premier point, à Boucher et al. (1986) et Bérard (1991) et, pour le second, à Yule (1996) qui donne de ce domaine de la linguistique une définition très englobante, qui suffira pour le présent propos[11].

L'" acte de langage ", terme fédérateur mais trompeur

Il n'est à cet égard nul besoin de LANCOM pour souligner d'emblée la distance qui sépare la notion d'acte de langage telle qu'elle est utilisée en pragmatique d'une part et dans les méthodes ou pratiques de classe se réclamant de l'approche communicative de l'autre. Chez le linguiste, il s'agit en effet toujours d'une notion qui, quel que soit le cadre théorique choisi, donne lieu, de Searle 1969 à Anscombre 1981, à définition, catégorisations et critères, alors que, chez le concepteur de manuels, c'est souvent, comme le souligne Bérard (1991), le flou théorique qui domine. Dans les méthodes dites communicatives, le terme d'acte de langage fonctionne en fait plutôt comme un signal de reconnaissance sur l'objectif pédagogique à atteindre : non plus la maitrise de structures linguistiques apprises en elles-mêmes et pour elles-mêmes, mais l'acquisition de savoir-faire langagiers utilisables dans des situations précises d'interaction. De la notion d'acte de langage découlera alors une présentation paradigmatique de la matière linguistique qui ne sera pas sans poser nombre de problèmes, signalés par Beacco (1989) et que nous retrouvons dans les classes de LANCOM.

Apprendre une langue revient en effet dans cette optique toujours à apprendre une liste de formules plus ou moins présentées comme équivalentes. " *Qu'est-ce qu'on peut encore dire à la place ?/ Autre possibilité ?/ Qu'est-ce qu'on aurait pu dire encore ?/ Il y a bien entendu différentes possibilités* " disent par exemple souvent dans leurs reprises les professeurs que nous avons filmés. Quant aux élèves, c'est toujours un peu au hasard qu'ils choisiront dans la liste apprise une formule, qui ne sera pas forcément la mieux adaptée à la situation de communication considérée. Ainsi, dans les nombreuses scènes dites " du baby-sitting " de LANCOM (une jeune fille téléphone à une mère qui a mis une annonce dans un journal pour faire garder son enfant), c'est invariablement avec un " *À qui ai-je l'honneur ?* " assurément maladroit que l'élève néerlandophone jouant le rôle de la mère décroche le téléphone.

Enfin, la mise en œuvre dans nombre de manuels du concept d'acte de langage ne va pas sans entraîner de nombreux problèmes d'étiquetage et maint glissement entre langue et métalangue. Ainsi, l'introduction de l'acte de parole " se présenter " suffit souvent à provoquer l'apparition d'une leçon sur les " présentatifs ", même si ceux-ci ne sont pas appropriés à la situation de communication considérée (voir Flament-Boistrancourt 1994). Ailleurs, on trouvera par exemple dans une rubrique portant sur " Comment exprimer la concession ? " que, " dans la phrase : *"Bien qu'il y ait de nombreux chômeurs, certaines offres d'emploi restent insatisfaites."*, l'on concède [dans la principale] que la conséquence attendue n'est pas réalisée ". Bel exemple de confusion entre langue et métalangue, entre d'un côté la *concessio* des grammairiens et de l'autre le performatif " *Je te concède que ...* "

Figaro du 18/07/2000 à l'occasion du Xe Congrès de la Fédération Internationale des Professeurs de Français (FIPF) qui s'est tenu à Paris les 17-21 juillet 2000, c'est le français qui, dans le secondaire, est étudié dans plus de 90 % des cas en Belgique néerlandophone, suivi par l'anglais (70 %), puis par l'allemand (20 %). Au contraire, c'est l'anglais qui arrive en tête aux Pays-Bas (plus de 90 %), suivi par l'allemand (20%) et enfin par le français (entre 15 à 20 %).
8. Ces lois fixèrent définitivement le tracé de la frontière linguistique entre les parties néerlandophone et francophone du pays et stipulèrent que seule la langue propre à chaque communauté serait enseignée et utilisée dans chaque partie.
9. De 1993 à 1995, le pilotage de LANCOM dans ses différents aspects (constitution du corpus, recherches linguistiques et sessions de formation) fut assuré par trois personnes : M. Mark Debrock, M. Raymond Gevaert et nous-même. Vice-recteur de l'Université de Louvain - K. U. Leuven et responsable dans cette université de toutes les questions relatives à l'enseignement, M. M. Debrock fut le maitre d'œuvre du projet. M. R. Gevaert, conseiller pédagogique de français pour la province de Flandre orientale (région de Gand) et corédacteur au ministère flamand de l'Éducation des nouveaux programmes assura la liaison avec les milieux pédagogiques.

148

LANCOM reçut le soutien financier de trois instances : l'Université de Louvain - K.U. Leuven, le Secrétariat national de l'Enseignement catholique de la Communauté flamande de Belgique (NSKO) et les Services culturels de l'Ambassade de France à Bruxelles. Mark Debrock nous choisira comme l'expert étranger coresponsable avec lui de la direction de ce projet auprès des instances citées *supra* et une bourse de recherche de " senior researchfellow " nous sera attribuée par la K.U. Leuven au cours de l'année 1993-94.

10. Par exemple, nous avons filmé pendant trois heures l'activité d'une agence de voyages proche de notre domicile.

11. Yule (1996) donne en effet de la pragmatique une définition très généraliste (" when one intends to communicate more than is said ") qui lui permet d'aborder de nombreux problèmes : *deixis*, inférence, présupposition, implicature, actes de parole, politesse et conversation, qui sont du type de ceux que l'on rencontre toujours à un moment ou à un autre dans l'analyse d'interactions verbales. De même, nous ne rentrerons pas non plus dans le détail des présupposés théoriques propres à chaque école. Ainsi, si la " pragmatique " d'un Searle est clairement d'ordre référentialiste (l'acte de langage obéit à des " conditions de félicité "), il n'en va pas de même pour le type de pragmatique que développent des auteurs

(voir sur ce point Anscombre 1985). Enfin, autre lieu de dérapage lexical bien connu et sur lequel LANCOM devait attirer notre attention, le terme de " conditionnel " suscite invariablement maint exercice de morphologie verbale sur les temps et les modes à employer dans les subordonnées dites " de condition ", alors que, dans un corpus comme le nôtre, pas un seul conditionnel lié à un système hypothétique n'a été relevé ... (voir Flament & Debrock 1996).

Les promoteurs de LANCOM étaient en fait bien conscients de ces différentes difficultés et le corpus constitué allait donc à cet égard apporter une sorte de cadrage aux concepteurs des nouveaux manuels.

Approche communicative : pragmatique ou grammaire traditionnelle ?

Phrases ou interactions ?

Comparons les deux extraits suivants empruntés respectivement aux volets néerlandophone et francophone des scènes du " baby-sitting " :

I.

\<sp who=F nr=2\>	euh: allô = bonjour madame ! je sui:s Isabelle Legrand
\<sp who=F nr=3\>	euh: je suis Isabelle Legrand = je téléphone pour votre annonce dans le journal euh: combien d'enfants avez-vous ?
\<sp who=M nr=4\>	j'ai quatre petits enfants = un garçon
\<sp who=F nr=5\>	ah bon !
\<sp who=M nr=6\>	un garçon: de : trois ans et : trois petites filles euh : de deux mois
\<sp who=F nr=7\>	ah bon ! et: euh combien est le salaire ?
\<sp who=M nr=8\>	euh: vingt-six francs francs par jour
\<sp who=F nr=9\>	et: combien (d'heures est-ce qu'on doit) travailler ?
\<sp who=M nr=10\>	euh: neuf heures par jour = euh : de huit heures du : matin jusqu'à cinq heures
\<sp who=F nr=11\>	bon! et qu'est-ce que ce job continue ?
\<sp who=M nr=12\>	euh : jouer = soigner les enfants = et quand ils dort vous devez faire un peu de ménage

[...]

II.
[...]

\<sp who=M nr=33\>	oui hein: ? euh oui sinon aussi peut-être aussi un point important pour vous: euh : = disons qu'en fait euh : moi j'ai l'habitude de donner plus au moins entre vingt vingt-cinq francs de l'heu:re
\<sp who=A nr=34\>	oui c'est le tarif c'est ce qu'on me donne aussi donc euh
\<sp who=M nr=35\>	bon
\<sp who=A nr=36\>	sur ce point-là i/l y a pas de problème
\<sp who=M nr=37\>	bon mais on pourrait peut-êt/re faire on verrait on verrait ça après peut-êt/re un une sorte de forfait peut-êt/re parce que = est-ce que ça ne vous dérangerait pas là moi ça m'arrangerait: quelquefois que vous: euh: dormiez?

```
<sp who=A nr=38>   ah i/l y a pas de problème mais vous habitez exactement
                   à quel endroit pour voir = sur Roubaix?
<sp who=M nr=39>   euh: non non non j'habite sur Marcq
<sp who=A nr=40>   sur Marcq ah ben c'est parfait! ben comme euh
<sp who=M nr=41>   vous habitez Marcq?
<sp who=A nr=42>   oui c'est parce que: j'ai mon lycée qui est: pas très loin
                   donc comme ça le: le lendemain matin j'ai pas de pro-
                   blème pour y aller
<sp who=M nr=43>   oui = d'accord
<sp who=A nr=44>   donc $
<sp who=M nr=45>   oui puis même si vous venez même à la rigueur en: en
                   vélo
<sp who=A nr=46>   oui voilà c'est ça
<sp who=M nr=47>   ou en mobylette: i/l y aurait = euh: on peut très bien euh:
                   mettre le vélo quelque part donc euh: ça ne craint rien
                   du tout
<sp who=A nr=48>   oui d'accord
<sp who=M nr=49>   hein?
<sp who=A nr=50>   oui c'est parfait
[ ... ]
```

Ce qui frappe, si l'on compare I et II, c'est que le moule discursif dans lequel I est coulé n'est pas celui de l'interaction (voir sur ce point les descriptions données dans Traverso 1999), mais bien celui de la phrase. En effet, questions et réponses s'enchainent et ce sont elles qui rythment la succession des thèmes abordés, qui dépassent chacun rarement l'étendue d'une paire adjacente. Pareil constat n'étonnera pas, car comme le montre bien Bérard (1991), qui s'est intéressée à l'étude de cinq méthodes communicatives du début des années 1980, c'est toujours sur la phrase que les manuels insistent. Or, il est bien clair, si l'on considère II, qu'un acte de langage complet peut s'étendre sur plusieurs interventions. Ainsi, c'est seulement dans le tour de parole n° 42 que se trouve justifiée la demande d'information formulée par l'étudiante dans le tour de parole n° 38. Si l'on se limite à 38, c'est donc seul l'illocutoire qui se trouve pris en compte, alors qu'au plan perlocutoire, la justification effectuée en 42 est importante : elle permet à l'étudiante, qui n'est socialement pas censée avoir l'initiative du questionnement[12], de s'expliquer sur sa démarche et de s'attirer ainsi la bienveillance de son interlocutrice, qui, de fait, clora l'échange avec en 43 une réaction d'acceptation et de compréhension : *Oui = d'accord*. De plus, ce qui distingue I et II, c'est en I une impression de manque de fluidité qui tient au fait que, contrairement à ce qui se passe chez les francophones (voir par exemple *supra* dans II les tours de parole de 38 à 41), les mots de l'autre ne sont jamais repris. Comme nous l'établirons dans Flament & Debrock (1996) manquent en fait toujours chez nos informateurs néerlandophones les éléments suivants très présents chez leurs homologues francophones et tout à fait caractéristiques de la conversation spontanée en français : dislocations, fréquents marqueurs de structuration de la conversation en " *bon, alors* " et " *donc* ", impératifs discursifs (" *écoutez, allez* ") dont certains à valeur

comme Anscombre et Ducrot pour qui, au contraire, c'est toujours dans la langue que se trouve inscrite la valeur non informative d'un mot ou d'une construction. Quoique intéressantes et fort utiles dans d'autres cadres (y compris d'ailleurs en Fle, voir à ce propos Flament-Boistrancourt 2000), ces distinctions ne sont cependant ici que de peu d'intérêt.

12. On aura remarqué qu'il en va différemment en I où c'est, au contraire, toujours la jeune fille qui a l'initiative du questionnement. En fait, comme nous l'expliquons dans Debrock & Flament & Gevaert 1999, cette mauvaise gestion de la relation dominant/ dominé est tout simplement un artefact de la situation pédagogique, l'enseignante ayant elle-même demandé aux élèves d'obtenir de l'interlocuteur le plus grand nombre possible d'informations. La *doxa* du communicatif avait donc été fort consciencieusement appliquée (procéder à une centration sur l'apprenant en l'amenant à s'exprimer dans une situation proche de son vécu), mais sans que soient prises en compte les dimensions sociales et culturelles propres à toute interaction.

nettement argumentative (" *disons* "), nombreux conditionnels d'atténuation et présence régulière de marques d'assentiment (" *oui, d'accord, OK, 'y a pas de problème* " etc.).

Enfin, ce que nous observerons également (voir Debrock, Flament et Gevaert 1999 et Flament, 2001 à par.), c'est que les enseignants filmés n'accordent quasiment aucune importance aux rituels d'ouverture et de clôture des scènes jouées. Ceux-ci sont pourtant des éléments constitutifs bien connus de toute interaction et ils sont en général, comme c'est le cas ici, souvent très différents d'une culture à l'autre. Comme le montre bien I, les néerlandophones des scènes du baby-sitting commencent en effet toujours par se présenter, ce qu'invariablement les francophones préfèreront faire en clôture, tandis qu'ils opteront en ouverture pour une formule de salutation (" Bonjour Madame ! "). Élèves et professeurs tentent donc de produire de la conversation, mais en faisant fonctionner un modèle linguistique peu adapté à cet objectif : le modèle de la phrase, propre à la syntaxe de l'écrit et pas celui de l'interaction.

Le " *notionnel-fonctionnel* " : un point de vue pragmatique ?

LANCOM devait par ailleurs nous éclairer sur une autre difficulté du communicatif : le découpage dit " notionnel-fonctionnel " de la grammaire qui, en dépit de son apparente nouveauté, reste encore très souvent lui aussi apparenté dans sa mise en œuvre aux cadres de la grammaire traditionnelle. Notre corpus comportait en effet de nombreuses scènes de recherche d'emploi pour jeunes (jobs d'été, gardes d'enfants), qui impliquaient toujours de la part de l'employeur une description des tâches à accomplir. Or, comme l'illustre bien le tour de parole n°12 de I, c'est toujours chez nos informateurs néerlandophones un " *vous devez* + inf. ", traduction littérale du néerlandais " *U moet* " qui est employé, là où, pour accomplir le même " acte de langage ", c'est un " *il faudrait que* + subj. " qui est utilisé par le francophone. Bien entendu, au plan perlocutoire, la différence dans ce cas entre " devoir " et " vouloir " est très importante. " Devoir ", *a fortiori* au présent, est en effet toujours perçu par le natif comme beaucoup plus jussif et autoritaire que " falloir " et il aura donc de ce fait toutes les chances d'agacer. Les comptes que nous ferons sur ce point dans les volets néerlandophone et francophone des scènes dites du baby-sitting donneront les chiffres suivants : 117,27 occurrences à l'heure de " devoir " contre 2,73 de " falloir " chez les néerlandophones qui s'opposent, chez les francophones, à 7,5 occurrences à l'heure de " devoir " contre 22,5 de " falloir " (voir Debrock, Flament et Gevaert 1999). Or, cette différence, assurément non négligeable au plan de la fréquence et donc du perlocutoire, n'est jamais prise en compte par les manuels. Regroupés sous la " notion " d'obligation, " falloir " et " devoir " sont en effet toujours exclusivement présentés sous l'angle de leurs seules différences morphosyntaxiques : type de mode (infinitif vs infinitif/ subjonctif) ou de construction pronominale employée (personnelle ou impersonnelle). Pourtant, nous sommes, au plan pragmatique, en présence d'un phénomène de politesse dit négatif (voir Kerbrat-Orecchioni 1996) tout à fait caractéristique du français[13] et important à souligner d'un point de vue contrastif pour des apprenants néerlandophones.

En fait, cette inscription du notionnel-fonctionnel à l'intérieur des cadres de la grammaire traditionnelle se retrouve à nombre d'endroits dans les méthodes communicatives. Ainsi, ce qui frappe, lorsque l'on examine la présentation qui est donnée dans ces méthodes de " l'expression des rapports " dits " logiques " (cause, conséquence, opposition, hypothèse), c'est la permanence d'une approche de type onomasiologique, qui n'est pas sans rappeler les subordonnées circonstancielles des grammaires. Or, comme nous l'expliquons dans Flament et Nebig (1988) et dans Flament-Boistrancourt (1992), le problème du non-francophone en situation d'interaction verbale n'est pas seulement d'ordre onomasiologique, mais il est aussi d'ordre sémasiologique. En discours en effet, les cloisons se révèlent souvent fort étanches : " *Je crois qu'il faut, (si/ quand / puisque/ ...) on parle de la compétence des enseignants, replacer le problème dans ...* " et sujettes à des variations sans doute liées aux modalités de prise en charge par le locuteur du thème installé. Très importants au plan interactionnel et donc a fortiori dans la perspective d'un enseignement à visée communicative, ces phénomènes ne retiennent cependant jamais l'attention des didacticiens. Prévaut ainsi à nouveau à travers le concept de " notionnel ", un découpage de la matière grammaticale qui correspond à celui de la grammaire traditionnelle et pas à l'enseignement d'une véritable compétence de commutation.

Ce que les classes filmées dans le cadre de LANCOM nous ont donc dans un premier temps bien permis d'observer et de comprendre, c'est l'absence de congruence susceptible d'exister entre d'une part, un projet pédagogique mettant clairement en œuvre les principes méthodologiques propres à une *doxa* didactique donnée et de l'autre, la ou les théories linguistiques, qu'il aurait fallu mobiliser pour pouvoir atteindre l'objectif visé. Les écarts relevés dans cette première étape de l'analyse étaient cependant encore tous de l'ordre du saillant. S'avéra par contre beaucoup plus difficile à expliquer l'existence dans les demandes formulées par les non-natifs d'effets perlocutoires peu appréciés du natif et dont on voyait mal l'origine. Les énoncés produits étaient en effet, dans la majorité des cas, toujours morphosyntaxiquement bien formés. De plus, au plan théorique, la description que donne habituellement la pragmatique de l'acte de question pour des langues comme l'anglais, le français ou le néerlandais ne fait jamais apparaître entre ces trois langues de différence particulière, celles-ci se présentant toutes comme relevant d'un même type d'illocutoire dérivé : " *Could you pass me the salt/ Est-ce que vous pourriez*

13. On trouve une autre manifestation de ce type de phénomène infra dans l'extrait III au tour de parole n°6 : " *Vous devez savoir tout d'abord que...* ". Un francophone aurait en effet vraisemblablement préféré un " *il faut tout d'abord que je vous dise* ", qui introduit les mêmes explications, mais en n'empiétant pas sur le territoire des obligations de l'allocutaire.

me passer le sel ?/ *Kunt U mij het zout doorgeven* ? "[14]. Pour essayer d'y voir plus clair, nous entreprendrons donc une étude approfondie de l'acte de requête menée à partir de deux extraits de notre corpus.

Pragmatique de la requête chez francophones et néerlandophones

Les deux extraits de LANCOM que nous utiliserons sont connus dans notre corpus sous le nom des " scènes de l'embauche " et des " scènes du baby-sitting ". Dans le premier cas, les scènes jouées rassemblent, côté francophone, des étudiants en animation sociale et socio-culturelle de l'I.U.T. B de l'Université de Lille 3, auditionnés pour un poste d'animateur au centre social de la ville de Ronchin et, côté néerlandophone, un élève d'un lycée de Bruges candidat à un poste de chef de chantier. L'enregistrement dure 7'48" chez les francophones et 2'30" chez les néerlandophones (voir Flament et Debrock 1997). Quant au corpus dit " du baby-sitting ", celui-ci met en scène une conversation téléphonique se déroulant entre une jeune fille qui cherche des gardes d'enfants et une maman qui a mis une annonce dans un journal à ce propos. Les scènes de ce second corpus durent, pour chaque type d'informateurs, environ une vingtaine de minutes (voir Flament et Cornette 1999). Dans les deux cas, les interactions filmées obéissent en fait toutes plus ou moins à un même " script " ou déroulement prévisible : questions sur la motivation du candidat, son expérience, sa proximité géographique, description du travail et conditions financières de l'embauche. Les informateurs néerlandophones de ces deux types de corpus sont tous des élèves de l'enseignement secondaire général en dernière année d'études. Quant aux francophones, ils sont, eux au contraire, d'origines sociales différentes. Les protagonistes des scènes du baby-sitting sont en effet des adultes ou des enfants issus de milieux de cadres supérieurs, tandis que les étudiants en animation sociale de l'I.U.T. B sont d'origine plus modeste. En dépit de ces différences d'ordre sociologique, les paysages typologiques qui se dégageront d'un corpus à l'autre seront d'une grande homogénéité. Il nous sera bien entendu impossible, dans le cadre de cette synthèse, de rentrer dans le détail de notre méthodologie et des critères que nous avons utilisés pour construire dans chaque cas une typologie, opération qui ne s'est pas toujours avérée aisée. Nous nous limiterons donc ici à un rappel des principaux résultats obtenus.

INTERROGATIONS TOTALES ET PARTIELLES

Le Bon Usage, la *Grammaire du français classique et moderne* et la *Grammaire Larousse du français contemporain* font toutes trois des interrogations totales et partielles des sous-classes des interrogations directes et indirectes. Ces trois ouvrages s'appuyant sur le modè-

14. Wierzbicka (1991) montre qu'il en va différemment en polonais, où les requêtes s'effectuent souvent sans problèmes par le biais d'impératifs, le ménagement de la face de l'autre étant dans ce cas assuré de façon plutôt affective et émotionnelle par le recours à des diminutifs.

le de la phrase, c'est tout naturellement la dichotomie phrase simple/ phrase complexe qui est fondatrice. Or, semblable hiérarchisation n'était pas pertinente pour l'analyse de nos données. Si nos deux types d'informateurs employaient à peu près autant de directes que d'indirectes[15], l'utilisation qu'ils faisaient des totales et des partielles était en effet fort différente.

I. Corpus de l'" embauche "

	Francophones		Néerlandophones	
	Occurrences.	Pourcentages	Occurrences.	Pourcentages
IT	16	80 %	6	50 %
IP	4	20 %	6	50 %
IT + IP	20	100 %	12	100 %

II. Corpus du " baby-sitting "

	Francophones		Néerlandophones	
	Occurrences.	Pourcentages	Occurrences.	Pourcentages
IT	34	58,62 %	30	45,45 %
IP	24	41,38 %	36	54,55 %
IT + IP	58	100 %	66	100 %

D'un extrait à l'autre, les amplitudes sont certes différentes, mais la tendance observée reste la même : pour gérer les mêmes situations et obtenir les mêmes types d'informations, le francophone privilégie l'interrogation totale, là où le néerlandophone préfère l'emploi d'interrogations partielles. Quant au nombre moins élevé d'interrogations totales relevées chez les francophones dans le cas du second corpus, celui-ci s'explique par le fait (différence sociologique ?) que nous avons trouvé en II beaucoup plus de structures intermédiaires qu'en I[16]. Certes, comme le rappelle Dewaele (1999 : 165-166), cette prédilection du francophone pour l'interrogation totale est conforme à ce qui a déjà pu être observé par ailleurs par nombre de chercheurs (voir par exemple Gadet 1989 et Coveney 1996 pour les études les plus récentes), mais ce qui était ici remarquable, c'était le comportement des néerlandophones : le fait que, chez eux, le nombre de partielles employées fût égal ou supérieur à celui des totales[16]. D'entrée de jeu, l'ouverture des scènes de l'embauche donne le ton. Comparons en effet III et IV, empruntés respectivement aux volets néerlandophone et francophone de ce corpus :

III.
```
<sp who=E1 nr=1>   bonjour monsieur Holvoet
<sp who=E2 nr=2>   bonjour monsieur
<sp who=E1 nr=3>   asseyez-vous
<sp who=E2 nr=4>   merci
<sp who=E1 nr=5>   pourquoi avez-vous répondu à notre annonce ?
```

15. Ainsi, dans les " scènes du baby-sitting ", interrogations directes et indirectes se situent, quel que soit le type d'informateurs considéré, dans des chiffres très voisins : toujours plus de 85 % de directes contre environ 10 % d'indirectes, tant chez les néerlandophones que chez les francophones (voir Flament et Cornette 1999 : 133).

16. Les structures intermédiaires de nos corpus sont de deux types, soit de nature syntaxique (interrogations alternatives, interrogations totales dans la forme mais partielles sur le fond, ou encore interrogations réduites à un seul SN et donc susceptibles d'être interprétées indifféremment comme des totales ou comme des partielles), soit de nature sémantico-pragmatique (assertions-demandes de confirmation ou questions orientées). Se reporter pour plus de détails à Flament-Boistrancourt (2000 : 122-123)

17. Larsson Ringqvist (1998) et Dewaele (1999) qui ont eux aussi étudié la formulation des questions en français à partir de corpus différentiels natifs/ non natifs (des suédophones pour la première et des anglophones pour le second) n'observeront pas le même phénomène, le nombre de totales employées dans leurs corpus restant toujours pour chaque type d'informateurs plus élevé que le nombre de partielles. Cette différence s'explique peut-être d'une

<sp who=E2 nr=6>	ah bien à vrai dire monsieur il y a deux raisons vous devez savoir tout d'abord que [...]
<sp who=E1 nr=7>	qu'est-ce qui vous attire dans l'emploi de chef de chantier ?
<sp who=E2 nr=8>	je déteste être derrière un bureau j'aime bien quand [...]
<sp who=E1 nr=9>	quelle est votre expérience professionnelle ?

IV.

<sp who=M nr=1>	bonjour bonjour mademoiselle
<sp who=F nr=2>	bonjour !
<sp who=M nr=3>	je suis le: président du C.A. = voici la directrice du centre = donc vous postulez pour le poste d'animateur ?
<sp who=F nr=4>	euh non
<sp who=F nr=5>	= = je postule pour euh: encadrer le personnel vacataire et le: pa et le: et les bénévoles
<sp who=M nr=6>	hm
<sp who=D nr=7>	$
<sp who=M nr=8>	pensez-vous avoir les: les compétences requises et demandées pour pouvoir encadrer ces : ?
<sp who=D nr=9>	comme vous l'avez marqué dans votre lettre de m:otivation
<sp who=F nr=10>	ben oui je pense que j'ai les compétences pour pouvoir encadrer euh du personnel vacataire et animateur = pa/rce que [...]
<sp who=D nr=11>	hm
<sp who=M nr=12>	et vous étiez euh: seule à êt/re responsable de: de cesecteur ou alors vous aviez quelqu'un au-dessus de vous ?
<sp who=F nr=13>	j'avais le directeur
<sp who=M nr=14>	d'accord vous dépendiez directement du directeur ?
<sp who=F nr=15>	oui

part, par le type de données recueillies (des interviews pour Larsson Ringqvist et Dewaele vs des transactions pour LANCOM) et de l'autre, par la culture d'origine des informateurs utilisés. Chez l'anglophone, le respect du territoire de l'autre est en effet toujours un élément important (voir par exemple ce que dit Wierzbicka 1991 du terme de *privacy* en anglais). De son côté, Kerbrat-Orecchioni (1996 : 75) signale que, dans les requêtes, " le germanophone usera en général dans une situation identique de formules plus directes qu'un anglophone ".

En III, l'employeur va directement au but : " *pourquoi, qu'est-ce qui, quelle est* ? ", tandis qu'en IV, l'" abordage " de l'interlocuteur se fait avec infiniment plus de prudence et de précautions. IV ne comporte en effet aucune interrogation partielle, toujours beaucoup plus contraignante pour l'interlocuteur, puisqu'elle introduit un présupposé. De plus, sur les quatre demandes d'information que comporte l'extrait IV, trois sont de l'ordre d'une assertion-demande de confirmation (tours de parole n°s 3 et 14) ou d'une question alternative (n° 12), structures qui, toutes deux, placent le travail de recherche de l'information, non pas du côté du questionné, mais du côté du questionneur. Enfin, ce qui est frappant au tour de parole n° 3 de ce même extrait, c'est le caractère purement phatique de la question posée, car il est bien évident, sinon elle ne serait pas là, que la jeune fille présente est candidate au poste proposé par la ville de Ronchin. En fait, ce type de questionnement est fréquent chez tous les informateurs francophones de notre corpus. On le trouve soit en ouverture pour gérer le moment apparemment toujours délicat de l'" entrée " en question, soit, dans le corps des interactions, pour passer d'un thème à un autre. L'une des scènes du baby-sitting commence par exemple de la façon suivante :

<sp who=A nr=2>   allô bonjour monsieur je vous appelle pour l'annonce que vous avez placée dans le journal pour une garde d'enfants je: voudrais savoir si la place est toujours libre
<sp who=G nr=3>   ah oui oui tout à fait euh: vous êtes intéressée?
<sp who=A nr=4>   et ben: oui si c'est pour ça que je vous téléphone

Semblable badinage eût bien entendu été impensable chez nos informateurs néerlandophones qui vont eux toujours droit au but, comme c'est le cas en III (" Pourquoi avez-vous répondu à notre annonce ? ") ou encore dans l'ouverture ci-dessous :

<sp who=M nr=1>   allô = ici Anneleen $ à qui ai-je l'honneur ?
<sp who=F nr=2>   bonjour madame! mon nom est $ et je suis intéressée à votre annonce dans le journal = pourriez-vous me donner quelques informations quant au travail s.v.p. ?
<sp who=M nr=3>   bien sûr ! qu'est-ce que vous voudriez savoir ?

Quant aux questions phatiques utilisées par les francophones pour introduire un thème, celles-ci sont en général toujours précédées d'un " donc " de " consensualité énonciative " (voir pour cette valeur Hybertie 1996), qui installe le thème avec plus de douceur : " *Donc vous postulez pour le poste d'animateur* ? " (IV, tour n°3) ; " *Donc vous habitez à Lambersart* ? " (IV, tour n°40).

Nous avons donc affaire dans chaque cas à deux comportements culturellement[18] très différents et vraisemblablement inscrits de façon très ritualisée dans le fonctionnement pragmatique de chaque langue[19]. Le néerlandophone apparait comme très centré sur ses objectifs et l'obtention d'une information est toujours, pour lui, un but à atteindre sans délai. Chez le francophone au contraire, ce qui prime, c'est d'abord la gestion d'une relation interpersonnelle qui porte le moins possible atteinte au territoire de l'allocutaire. Il était à cet égard intéressant d'observer la répartition dans nos deux corpus du temps de parole des différents interlocuteurs. Dans les scènes de l'embauche par exemple, le recruteur, côté néerlandophone, intervient beaucoup moins que le recruté (88 mots vs 329 mots, soit 21 % vs 79 %). Par contre, côté francophone, recruteur et recruté interviennent presque aussi longtemps l'un que l'autre (539 mots *vs* 580 mots, soit 48 % *vs* 52 %). De quoi assurément faire à nouveau passer le Français pour quelqu'un qui aime se mettre en avant, alors que cette façon d'" occuper le terrain " et, comme nous l'avons vu *supra*, de prendre l'initiative de formuler des hypothèses de réponses plutôt que d'attendre celles de l'allocutaire, peut tout à fait s'interpréter aussi comme une stratégie, sans doute culturellement très automatisée, d'importuner l'autre le moins possible, en lui permettant, s'il le souhaite, de se contenter de répondre par un simple *oui* ou un simple *non* (voir sur ce point Flament et Debrock 1997). En fait, l'activité questionnante à l'œuvre chez nos

18. Nous ferons ici l'hypothèse que le comportement de nos informateurs néerlandophones ne tient pas à des artefacts de la situation de classe dans laquelle les enregistrements en langue seconde ont été recueillis, mais s'explique vraisemblablement par un transfert en langue étrangère de la façon dont, en langue maternelle, nos informateurs géreraient les mêmes types de situations. Nous devrons cependant dans ce domaine nous contenter de rester sur le plan de l'hypothèse, car il manque à LANCOM un troisième volet, annoncé mais jamais constitué : un corpus d'interactions verbales en néerlandais langue maternelle. Méthodologiquement a *priori* surprenant, ce point est d'importance et soulève des interrogations sur lesquelles nous reviendrons en conclusion.

19. Ce point nous semble particulièrement intéressant à souligner, car, dans la plupart des modèles de " compétence de communication " actuellement développés dans le domaine de la didactique des langues (voir Bérard 1991 : 17-22), le culturel est toujours posé comme distinct du linguistique, au même titre que les autres types de composantes (stratégique, référentielle ou discursive) du modèle. Ce que nos résultats remettent donc en cause, c'est, du moins pour le culturel et le linguistique, la vision componentielle propre à ces modèles.

deux types d'informateurs se trouve prise dans deux systèmes de valeurs différents. Or, ceux-ci sont rarement perçus comme tels, ce qui contribue alors à alimenter nombre de stéréotypes et de malentendus. Le néerlandophone paraitra impoli et brutal aux yeux du francophone qui, de son côté, aura souvent, pour le premier, la réputation d'aimer parler pour ne rien dire, de toujours " tourner autour du pot " et d'être bien connu pour son comportement arrogant. Chacun ne fait pourtant que suivre son propre code de politesse : " *vérité en deçà, erreur au-delà ...* " .

Le français comportant par ailleurs, pour les interrogations totales, trois structures différentes, là où le néerlandais n'en compte qu'une seule, une étude de la répartition de ces structures selon le type d'informateurs considéré a tout naturellement été menée.

TYPES D'INTERROGATIONS TOTALES

I. Corpus de " l'embauche "

	Francophones		Néerlandophones	
	Occurrences	Pourcentages	Occurrences	Pourcentages
ESV	3	21,42 %	2	33,33 %
V-CL	2	14,30 %	4	66,67 %
SV	9	64,28 %	0	0 %
Total	14	100 %	6	100 %

ESV : interrogation en " *est-ce que* " ; V-CL : interrogation avec inversion d'un sujet de type clitique ; SV : interrogation suivant l'ordre sujet-verbe[20].

II. Corpus du " baby-sitting "

	Francophones		Néerlandophones	
	Nbre Occ.	Pourcentages	Nbre occ.	Pourcentages
ESV	5	15,625 %	7	24 %
V-CL	1	3,125 %	12	41,50 %
SV	26	81,25 %	10	34,50 %
Total	32	100 %	29	100 %

Les temps d'enregistrement pouvaient varier du simple au triple, mais les tendances observées restaient les mêmes : les néerlandophones marquaient une nette prédilection pour l'interrogation par inversion, transfert sans doute de leur langue maternelle, tandis que les francophones préféraient les structures qui se coulaient dans le moule syntaxique de l'assertion. Enfin, l'interrogation en " *est-ce que* " était dans chaque cas de 10 % plus élevée chez les non-natifs que chez les natifs. Le corpus d'interviews de Larsson Ringqvist (1998), qui réunit des suédophones et des francophones, offre dans ce domaine un point de comparaison intéressant. À la différence des informateurs de notre

---

[20]. Nous n'avons pas trouvé dans nos données d'interrogations avec inversion complexe.

propre corpus, les suédophones et les francophones de cet auteur produisent aussi peu d'interrogations avec inversion d'un clitique les uns que les autres (respectivement 4 % et 5 %)[21]. Par contre, Larsson Ringqvist relève, comme nous, un emploi de structures en " *est-ce que* " plus important chez les non-natifs que chez les natifs (respectivement 26 % contre 8 %). Elle donne de ce phénomène une explication qui nous semble également valoir pour nos propres informateurs : l'influence possible " d'un enseignement où l'emploi de la construction interrogative en *"est-ce que"* est souvent recommandée à cause de sa valeur socio-stylistique, qu'on prétend à tort être neutre, et de sa simplicité structurale " (p.31)[22]. Certes, ces chiffres ne nous apprennent rien que nous ne sachions déjà sur la façon dont, dans la conversation spontanée, le natif organise ces différents types de structures (voir par exemple Gadet 1989). Par contre, ce qu'ils nous permettent de mieux comprendre, c'est la raison pour laquelle le français du non-natif est souvent perçu comme étant d'une étrangeté toujours bien difficile à identifier et à localiser, découverte dont, comme nous le verrons *infra*, les auteurs des nouveaux *Parcours* tireront profit.

La question : une demande d'information ?

Hors contexte, une question est toujours inévitablement interprétée comme une demande d'information. Or, si l'on prend comme unité d'observation, non plus le cadre de la phrase, mais le tour de parole, il n'est pas rare que l'on trouve à l'intérieur d'un même tour de parole deux questions qui s'enchainent et qui, parce qu'elles portent sur le même objet, ne peuvent chacune constituer deux demandes distinctes d'information. Considérons par exemple les deux extraits suivants empruntés au volet francophone de LANCOM[23] :

V.
<sp who=M nr=29>   pas de problème = bon! parce que qu'est-ce que vous êtes ? étudiante vous êtes en: en faculté: ?
<sp who=J nr=30>   euh je suis au lycée.

VI.
<sp who=D nr=30>   hm = = et: comment vous concevez euh les: enfin les contacts avec euh: ces personnes justement est-ce que vous y avez déjà un peu réfléchi ?
<sp who=F nr=31>   ben je pense que: avec euh les habitants euh: il faudrait d'abord tout d'a tout d'abord [...]

En V comme en VI, le locuteur commence par formuler une interrogation partielle à la suite de laquelle, sans même attendre une réponse, il enchaine immédiatement sur une interrogation totale. En fait, les partielles des extraits ci-dessus servent moins à interroger qu'à installer un thème, comme le prouvent les paraphrases suivantes : " *Côté études, vous êtes étudiante, en faculté ?* " ; " *En ce qui concer-*

---

21. Larsson Ringqvist (1998 : 7) précise à ce propos qu'en suédois, " les questions globales s'expriment souvent à l'aide de l'ordre déclaratif et d'un contour d'intonation approprié, éventuellement avec l'addition d'une expression marquant l'incertitude ". L'inversion du clitique n'est donc pas dans cette langue la structure de prédilection des interrogations totales.

22. De façon *a priori* un peu curieuse, le corpus natif/ non natif (francophone vs anglophone) de Dewaele (1999) ne fait, structure par structure, apparaitre aucun contraste selon le type d'informateurs considéré (environ 50 % de SV, 40 % de ESV et 10% de V-Cl dans chaque cas). Dewaele propose comme explication possible le déséquilibre quantitatif de son corpus, qui ne compte que 5 informateurs natifs pour 15 non natifs.

23. Ce phénomène n'est pas propre à LANCOM Léon (1992 : 212) relève en effet dans un corpus d'interviews d'hommes politiques des interrogations en *je me demande* et en *est-ce que*, qui se suivent à l'intérieur d'un même tour de parole.

ne les contacts avec ces personnes, est-ce que c'est un point sur lequel vous avez déjà réfléchi ? ". Partielles et totales se répartissent donc les rôles : les premières sont utilisées pour introduire le sujet et les secondes pour effectuer l'acte de requête.

La mise en évidence de cette distribution du discursif et du pragmatique selon le type d'interrogation adopté présentait un double intérêt. Premièrement, elle apportait une preuve supplémentaire à l'hypothèse interactionnelle développée *supra* : la prédilection culturelle du francophone dans les requêtes pour les structures les moins contraignantes possibles pour l'allocutaire. Deuxièmement, elle permettait de bien comprendre pourquoi, dans la plupart des modèles actuellement proposés en didactique pour définir le concept de compétence de communication (voir note 17), le rapport entre les différentes composantes constitutives de cette compétence est, comme le déplore Bérard (1991 : 19), rarement précisé. D'une part en effet, ces composantes, qui sont généralement présentées comme distinctes et complémentaires (des types différents de connaissances qui s'ajoutent), peuvent fort bien, comme nous le voyons ici, se trouver véritablement imbriquées les unes dans les autres. Ainsi, dans notre cas, c'est au cœur même du syntaxique que le culturel se trouve inscrit. D'autre part, si le rapport entre les différentes composantes habituellement invoquées par les didacticiens est si difficile à décrire, c'est vraisemblablement aussi en raison de l'ambivalence fonctionnelle propre à nombre de structures. Ainsi, une interrogation partielle peut très bien, comme nous l'avons observé en V et en VI, servir à installer un thème, mais elle peut aussi, à condition souvent d'être précédée d'un " préalable ", servir à poser une vraie question :

VII.
<sp who=G nr=69> bon ben écoutez bon ce qu'il faudrait quand même c'est qu'on vous voie
<sp who=A nr=70> ah oui oui oui bien sûr !
<sp who=G nr=71> hein ? on aimerait bien vous rencontrer = alors euh: <u>quand pouvez-vous venir euh: nous voir ?</u>
<sp who=A nr=72> euh: ben: le lundi soir euh le lundi: ben tous les jours de la semaine mais à partir de: de sept heures environ ?

Malgré cette complexité, les recherches linguistiques entreprises à partir de LANCOM avaient cependant, au plan contrastif, donné des résultats qui, de par leur netteté, allaient se prêter à un réinvestissement dans des pratiques concrètes d'enseignement, tâche à laquelle s'emploieront les auteurs des nouveaux *Parcours*.

Les nouveaux Parcours : renouveau et tradition

Nous ne rentrerons pas ici dans un examen détaillé et exhaustif de tous les emprunts que les nouveaux *Parcours*[24] feront aux recherches menées dans le cadre du projet LANCOM (voir sur ce point

---

24. Nous employons ici le terme de " nouveaux " *Parcours*, car des manuels portant le titre de *Parcours* avaient déjà en 1991 et en 1993 été publiés par la maison Pelckmans d'Anvers (voir in biblio) : un *Parcours 6* et un *Parcours 5* destinés respectivement à la dernière année et à l'avant-dernière année du secondaire (primaire et secondaire sont en Belgique des cycles qui durent chacun six ans).

R. Gevaert, 2001, à par.). Seront en particulier exploités avec succès dans les dialogues des nouveaux *Parcours* tous les éléments conversationnels et discursifs qui, dans une première étape de l'analyse, avaient été trouvés absents chez nos apprenants néerlandophones, alors qu'ils étaient très productifs chez leurs homologues francophones, car caractéristiques du français parlé. Afin de ne pas déflorer le contenu de l'article à paraître de Raymond Gevaert, nous nous contenterons ici, pour examiner les modalités possibles de réinvestissement dans une pratique pédagogique concrète des résultats obtenus dans le cadre d'une recherche théorique, de quelques effets de loupe portant exclusivement sur les points développés *supra*.

LE RENOUVEAU

Le conditionnel : mode de la politesse et non plus de la condition

Le volet francophone de LANCOM comportait cinq heures d'enregistrement, dont 2 heures 35 minutes entièrement retranscrites. Or, sur ces deux heures et demie de transcription, nous n'avions trouvé aucune occurrence d'un conditionnel lié à un système hypothétique. Les conditionnels relevés étaient en fait des formes employées soit dans des actes de requête (" *est-ce que vous pourriez ...* "), soit dans des indications de consignes (" *il faudrait que vous ...* "), là où justement le néerlandophone faisait le plus souvent, comme c'est le cas en néerlandais, usage du présent. D'un point de vue pragmatique, et plus précisément perlocutoire, ce type d'emploi était donc important à souligner. Il l'était d'autant plus que les manuels du marché belge, y compris ceux qui, au début des années 1990, avaient commencé à introduire des rubriques d'actes de parole, présentaient toujours majoritairement le conditionnel comme une forme caractéristique des systèmes hypothétiques en " si ". Les nouveaux *Parcours 1* et *2* s'emploieront à inverser la tendance et c'est, par le biais de petits dialogues fabriqués fort réalistes, exclusivement la valeur de " politesse " du conditionnel qu'ils commenceront par présenter aux élèves des deux premières années de l'école secondaire et sur laquelle, inlassablement, ils reviendront encore au cours de la troisième année de français (voir *Parcours 3*).

L'acte de question

Il était dans ce domaine facile d'accomplir un grand pas et vite, car, héritage oblige[25], les premiers manuels qui furent publiés sur le marché belge pour répondre aux exigences de la réforme donnaient de l'acte de question une image peu réaliste. C'est en effet toujours, même si le découpage adopté est conforme à la *doxa* du communicatif, sur l'interrogation partielle que l'on insiste. Il n'est pas rare par exemple de trouver quatre pages consacrées à l'interrogation partielle, souvent introduite en premier, contre une seulement dévolue à la tota-

25. Il n'entre bien entendu nullement dans notre propos l'intention de faire le procès d'auteurs de manuels. Pareille entreprise serait injuste, car, bien souvent, ceux-ci ne sont pas au courant des travaux des linguistes et, dans le cas présent, ils ne pouvaient avoir eu connaissance des résultats de LANCOM, puisque ceux-ci n'avaient pas encore été publiés (d'où l'anonymat de nos références). Comme le disait déjà Ferdinand Brunot dans son ouvrage de 1909 consacré à la réforme de l'enseignement en France de la grammaire dans le primaire, il ne s'agit pas de critiquer des personnes, mais un système et, en l'occurrence ici, de bien comprendre de quoi, depuis des siècles, est fait notre héritage de connaissances sur la langue et en quoi il n'est pas forcément LA langue. Seule une prise de conscience de ce décalage permettra peut-être alors d'arrêter le processus de " reproduction ", invariablement constaté de Cicurel (1985) à Grandcolas & Vasseur (1999).

le. Quant aux différentes variantes possibles de l'interrogation totale, celles-ci sont toujours traitées à l'intérieur de l'opposition langage courant/ langage soigné et la construction à inversion est généralement présentée comme une tournure caractéristique de la langue soignée, orale ou écrite[26]. L'héritage est clair : un point de vue morphosyntaxique, auquel s'ajoute sans doute l'influence des pratiques pédagogiques structurales des années 1960-1970 qui, comme l'écrit Soulé-Susbielles (1984), privilégiaient les partielles, de façon, d'une part à canaliser les productions de l'apprenant et à faire travailler le lexique[27] de l'autre. Bien entendu, la pérennité de cet héritage n'est en rien une caractéristique du marché belge des manuels. Bérard (1991 : 78), qui s'est intéressée à l'analyse de cinq méthodes communicatives du début des années 1980, dont quatre publiées par des éditeurs parisiens, montre bien que, de façon générale dans le domaine de la grammaire, c'est toujours " essentiellement le fonctionnement morphosyntaxique de la langue [qui est systématisé] et rarement le fonctionnement de la communication ".

Pourtant, bien souvent, le concepteur de manuel a sur la langue qu'il se propose d'enseigner les intuitions du natif. En apportent la preuve les documents authentiques choisis. Ainsi, dans le cas du manuel cité plus haut, on trouve une page de bande dessinée où un monsieur, qui sur une plage se demande comment aborder sa jolie voisine, se livre à un monologue très vivant, qui abonde en constructions du type de celles relevées au point plus haut : " *Alors, on est en vacances* ?/ *Vous êtes parisienne* ?/ *Vous êtes étudiante* ? etc. ". Or, ce monologue sera utilisé pour illustrer, non pas la façon de " poser une question ", mais celle de " rapporter les paroles de quelqu'un ", vraisemblablement parce que nombre de ces questions sont au style direct et introduites par un *je lui dirai* ou *je vais plutôt lui demander*. Rompu aux analyses de la grammaire traditionnelle, le concepteur de manuel a donc réagi à l'opposition style direct/ style indirect et pas au réalisme du questionnement déployé qui, d'un point de vue communicatif, aurait été intéressant à exploiter. On peut d'ailleurs penser que c'est la prégnance, depuis des siècles, de ce type de culture sur la langue qui bloque toute réflexivité et rend l'auteur de manuel aveugle à des caractéristiques et des tendances dont, depuis trente ans, la sociolinguistique n'a cessé de souligner la présence.

Dans le domaine de la question, LANCOM avait bien pointé nombre de problèmes, surtout dans la perspective d'un enseignement du français langue seconde à des néerlandophones. Les contrastes relevés étaient clairs et les auteurs des nouveaux *Parcours* y furent sensibles. Ainsi, c'est dans le *Parcours 1*, à la rubrique " Comment demander quelque chose ? ", essentiellement sur l'interrogation totale que l'insistance est mise. Celle-ci est introduite en premier et plus de deux pages lui sont consacrées contre seulement trois quarts de page à l'interrogation partielle. De plus, à l'intérieur des totales, une importance

---

26. Comme nous l'avons vu, il en va autrement dans la réalité de l'activité questionnante. Toutes les études sont unanimes à ce sujet : la structure à inversion est rare à l'oral. Larsson Ringqvist (1998) et Dewaele (1999) attribuent à cette construction une fonction thématique : un moyen pour, dans une situation même informelle d'interview, introduire un nouveau sujet.

27. On trouve à la fin de l'ouvrage de Selinker (1992) un bel exemple de ce type de pratique : dix-sept exemples d'interrogations partielles pour lesquelles ont à chaque fois été demandées aux élèves dix réponses possibles : *Where did I put the book ? You put the book on the (table/ desk/ chair* etc.)..

toute particulière est accordée à l'interrogation en SVO, qui est présentée en premier et à laquelle un plus grand nombre d'exercice est consacré. Enfin, l'interrogation par inversion est fort justement présentée comme s'employant plutôt à l'écrit. Le *Parcours grammaire* publié en 1999 reprendra fort fidèlement le même type de présentation, en n'oubliant pas, en outre, de signaler explicitement à l'élève qu'à l'inversion du néerlandais correspond en français une question par intonation : " *Kom je ?* " vs " *Tu viens ?* ". Manifestement, les chiffres donnés dans LANCOM et toutes les sessions de formation qui avaient été assurées dans ce cadre avaient frappé. Il a donc été donné de cette façon à l'apprenant, et ce dès les débuts de son apprentissage, une image beaucoup plus réaliste du fonctionnement de la requête chez le francophone.

" Devoir " vs " falloir "

Les chiffres donnés dans LANCOM à propos de l'utilisation par nos deux groupes d'informateurs de ces deux semi-auxiliaires avaient impressionné (voir *supra*). Les auteurs du nouveau *Parcours 1* en tiendront compte immédiatement. " Vouloir ", " pouvoir ", " devoir " et " falloir ", dont les auteurs du *Français fondamental* avaient bien montré l'importance au plan de la fréquence, seront introduits dès la première année du secondaire (*Parcours 1*) et la préférence du francophone pour la construction en " il faut ", opposée à " *tu dois* ", ne manquera pas d'être explicitement soulignée : " Franstaligen gebruiken meer *il faut* + infinitif " (p. 126). Cette construction sera même travaillée dans un exercice de transformation de structures où il sera demandé à l'apprenant de passer de formes en " *devoir* " à des formes en " falloir ".

Il est donc clair que, même si les rapports entre linguistique et enseignement sont nécessairement toujours de l'ordre du complexe (voir sur ce point Flament-Boistrancourt 2000), il est souvent possible et facile sur nombre de points précis de s'employer à donner à l'apprenant, dès les débuts de son apprentissage, une image de la langue du natif qui soit plus réaliste et en partie débarrassée de l'héritage d'une approche encore très morphosyntaxique, remontant vraisemblablement au latin. Certes, la théorie est rarement en mesure de tout expliquer. Ainsi, comme le rappelle Coveney (1996), le fonctionnement syntaxique de l'interrogation partielle semble très dépendant du type de morphème utilisé et l'on voit donc mal comment, en l'absence de tendances générales nettes, il serait possible de dégager les types de structures les plus productives à enseigner. Quant aux différences qui séparent les totales en SVO des totales en " *est-ce que* ", rien de probant n'a encore à ce jour pu être démontré. Tout ce que l'on sait, c'est que, comme l'ont établi les nombreuses études sur corpus entreprises à ce sujet, " *est-ce que* " n'est pas caractéristique de la conversation spontanée. Par ailleurs, il est bien clair, au plan pédagogique, qu'une certaine stylisation du fonctionnement de la réalité langagière est souvent nécessaire pour éviter de présenter d'un coup à l'apprenant une matière trop complexe. Ainsi, dans l'exercice de transformation signalé *supra*, les auteurs du manuel éviteront, pour ne pas compliquer la tâche de l'élève, d'introduire le subjonctif, qui ne sera présenté qu'au cours de la quatrième année de français (voir *Parcours 4*). Pareille simplification s'opère alors inévitablement au prix d'une perte de sens : " *tu dois partir à temps* " vs " *il faut partir à temps* ". Il n'en demeure cependant pas moins vrai que, même si les emprunts ne peuvent jamais qu'être partiels, la théorie, et en particulier la linguistique de corpus, constituent souvent pour l'enseignement des langues une source d'inspiration et de renouvellement dont, depuis *Le français fondamental*, l'intérêt n'a cessé d'être réaffirmé.

La tradition

Moules syntaxiques

L'enseignement des langues est depuis des siècles enserré dans des moules syntaxiques auxquels il semble *a priori* bien difficile d'échapper. En constitue un premier exemple, l'enchainement question/ réponse, dont, d'après Soulé-Susbielles (1984 : 26), on trouve des traces à toutes les époques en vingt-cinq siècles d'enseignement des langues. Pourtant, comme le signale cet auteur et le rappelle à nouveau Traverso (1999), c'est, dans la vie quotidienne, l'échange à structure ternaire qui est bien plus courant que l'échange à structure binaire : offense/ excuse/ acception, question/ réponse/ évaluation, etc. Or, cette dimension ne retiendra pas l'attention des auteurs des nouveaux *Parcours* qui, dans tous les exercices de sytématisation proposés, opteront toujours pour des structures de type binaire (" *Je peux aller nager, papa ? / Bien sûr ! Tu peux aller à la piscine quand tu veux.* "). Pourtant, la présence régulière dans ces exercices d'automatisation d'une réaction de remerciement (" *Merci 'pa, c'est sympa.* ") ou d'accord permettrait peut-être de faire apparaitre dans les productions du non-natif les nombreuses marques d'assentiment et formules de clôture dont, comme nous l'avons constaté, le français de nos apprenants était souvent dépourvu.

De même, quoique souvent d'une facture fort réaliste, certains des dialogues des *Parcours* gagneraient peut-être plus encore en vraisemblance, si au moule de la phrase était substitué celui du tour de parole . Ainsi, dans un dialogue comme : " *On joue le jeu* " *Questions pour un champion*" ?/ *Je pose les questions ? Et toi, tu donnes les réponses ?* ", si la réponse sonne un peu faux, c'est parce qu'elle est découpée en phrases, alors qu'une structure de type tour de parole accompagnée d'une marque d'assentiment eût assurément été perçue comme plus naturelle : " *Je pose les questions et toi, tu donnes les réponses, d'accord ?* ". Bien entendu, semblable découpage n'étonnera pas, car, comme le signale Blanche-Benveniste (1997 : 12), l'idée que l'on parle à l'oral avec des phrases et des signes de ponctuation est de celles qui sont bien ancrées, y compris chez les locuteurs lettrés.

La tentation de l'automatisme ou le retour à la recherche

Héritage sans doute du structuralisme, les nouveaux *Parcours* proposent de nombreux exercices de transformation. L'un d'eux retiendra tout particulièrement notre attention. Ce exercice portait sur des énoncés de requête donnés au présent, " formule moins polie " et qui devaient être mis au conditionnel, " formule plus polie ". L'idée en elle-même était excellente, car ce qu'avaient mis en évidence les travaux effectués dans le cadre de LANCOM, c'était l'importance chez le francophone de l'emploi du conditionnel, là où l'apprenant néerlandophone utilisait un présent. Or, comme le signale Leeman (1994), qui s'est intéressée au traitement du conditionnel dans plusieurs manuels de grammaire du marché français destinés aux classes de collège, la valeur modale d'atténuation généralement attribuée au conditionnel dans les actes d'ordre et de requête peut facilement s'avérer sujette à caution, dès lors que l'on se met à examiner des exemples précis. Ainsi, pour cet auteur, " la valeur de politesse apportée par le conditionnel n'est pas d'une éclatante évidence " dans : *Voulez-vous un peu de pain* " ƒ " *Voudriez-vous un peu de pain* ? ". De même, il est difficilement concevable qu'un énoncé comme **Tu cirerais tes chaussures, s'il te plait !* puisse être considéré comme un équivalent atténué de : " *Tu cires tes chaussures, s'il te plait !* "

Posait problème dans l'exercice que nous avons examiné la présence dans les requêtes d'une négation. Or, comme l'a montré Borillo (1979), la présence d'une négation dans une interrogation modifie la polarité de celle-ci. Comme l'explique en effet cet auteur, les interronégatives " sont généralement considérées comme des demandes de confirmation positive et assez souvent même comme des questions rhétoriques, c'est-à-dire comme des interrogations ayant véritablement valeur d'assertion, en l'occurrence valeur d'assertion positive " (p. 28). Accentue encore cette valeur d'assertion la présence dans l'interronégative d'un conditionnel, comme le prouve l'utilisation du test en " *de* [- assertion] " / " *du* [+assertion] " :

> Tu ne cherches pas de travail ?
> - Non, effectivement.
> ? - Si, effectivement.
> Tu ne cherches pas du travail ?
> ? - Non, effectivement.
> - Si, effectivement.
> ? Tu ne chercherais pas de travail ? Si, effectivement.
> Tu ne chercherais pas du travail ? Si, effectivement.
>
> (exemples empruntés à Borillo 1979 : 30)

En raison vraisemblablement des mécanismes décrits par Borillo se trouvait dans l'exercice proposé aux élèves une transformation qui ne produisait pas l'effet attendu : *Tu ne peux pas m'aider un peu ? ƒ Tu ne pourrais pas m'aider un peu ?* Même sans avoir jamais lu Borillo, on sent bien en effet dans ce cas que la phrase au conditionnel, au contraire de celle au présent, asserte plus qu'elle ne questionne, voire condamne (*Franchement, tu pourrais m'aider !*). En apportent d'ailleurs la preuve les types d'enchainements possibles après ces deux énoncés :

A.
    Tu ne peux pas m'aider un peu ?
    - Si, tout à fait.
? ?   - Si, effectivement, excuse-moi, je n'avais pas fait attention.

B.
    Tu ne pourrais pas m'aider un peu ?
    - Si, tout à fait.
    - Si, effectivement, excuse-moi, je n'avais pas fait attention.

Parfaitement naturelle en B, une réponse d'acceptation suivie d'une présentation d'excuse l'est moins en A, ce qui montre bien qu'il y a en B un reproche, voire selon le ton adopté l'expression d'un sentiment d'exaspération, qui ne fait pas de B une " formule plus polie " que A.

À vrai dire, la tâche de l'auteur de manuel n'est pas simple, car, comme on le voit dans le même exercice, dans d'autres cas, un conditionnel dans une interronégative peut fort bien apporter un " adoucissement " : " *Tu n'as pas 20 francs pour moi ?* " ƒ " *Tu n'aurais pas 20 francs pour moi ?* ". En fait, lorsque l'on multiplie les exemples, l'on s'aperçoit vite que le fonctionnement de la langue dans ces types de constructions s'avère souvent fort complexe et rarement justiciable de règles absolues. Borillo (1979 : 28) souligne par exemple bien qu'il est impossible d'assimiler sans restrictions interrogation négative et demande de confirmation positive [28]. Quant à Leeman (1994), que nous avons citée *supra*, cet auteur n'exclut pas que l'effet d'atténuation apparemment introduit par le conditionnel puisse également être lié à la nature du verbe introducteur employé.

En fait, le problème que soulève le traitement de ces types d'exemples se rapporte à nouveau aux modalités possibles de construction d'un rapport théorie/ pratique entre linguistique et didactique du français langue seconde. Les difficultés relevées sont en effet éclairantes. D'un côté, elles permettent de tempérer l'optimisme développé plus haut et de bien rappeler " la difficulté qu'il y a à élaborer une leçon de grammaire quand on a été initié à la linguistique " (voir Leeman 1982). De l'autre, le conseil de prudence à tirer au plan didactique est clair : éviter, à l'intérieur d'un même énoncé, de multiplier les variables et, face aux bizarreries de la langue, faire confiance à son intuition de locuteur. L'automatisme ainsi malencontreusement appliqué était en tout cas heuristique pour le linguiste, car il permettait de poin-

---

28. Cet auteur montre à ce propos de façon tout à fait intéressante que le type syntaxique de négation employé joue un rôle dans les acceptabilités observées. Ainsi, une interronégative avec inversion d'un clitique ne sera jamais interprétable comme une demande de confirmation négative, alors qu'une interronégative en SVO acceptera une confirmation négative comme une confirmation positive : " *N'es-tu pas de mon avis ?/ (Si/ *Non)* " vs " *Tu n'es pas de mon avis ?/ (Si/ Non)* ".

ter un véritable problème théorique et d'assigner à la recherche un nouveau champ possible d'investigations.

Il est clair que le recours à un corpus différentiel d'interactions verbales natifs/ non-natifs nous aura permis de revisiter de façon intéressante les rapports entre pragmatique et approche communicative. Certes, il était dans un premier temps inévitable, qu'à la suite d'autres auteurs, nous ne reconduisions pas nous-même le constat d'écart habituellement établi dans ce domaine entre théorie et pratiques. Le type de communicatif mis en œuvre dans nos enregistrements restait en effet, au plan linguistique, coulé dans les cadres de la grammaire traditionnelle (primat de la phrase et d'un point de vue de type morphosyntaxique), ce qui ne permettait pas la mise en place d'une véritable compétence de communication. Pour tenter, comme le prône Bérard (1991 : 60), de renforcer de façon constructive et précise les relations possibles entre des travaux sur l'analyse des conversations et la mise en place d'une approche communicative, nous nous sommes donc attachée à l'étude d'un acte de langage fondamental dans toute communication humaine : la requête. Le fait d'avoir à notre disposition pour ce travail un corpus de nature différentielle s'avérera précieux. Pareil outil nous permettra en effet, d'une part de localiser les lieux d'inscription du perlocutoire propre à chaque type d'informateurs et de dégager des tendances et des contrastes qui, en raison de leur forte ritualisation culturelle, échappent souvent à toute conscience réflexive de l'autre. Les auteurs d'une nouvelle collection de manuels de français langue seconde destinés aux élèves de Belgique néerlandophone s'emploieront alors, et avec succès, à faire leur miel des résultats obtenus dans les recherches linguistiques effectuées. Bien entendu, comme toujours dans pareille entreprise, réussir à s'affranchir complètement de tout réflexe ancien restera parfois difficile, mais, loin d'y perdre, le linguiste y trouvera toujours matière à réflexion et à investigation.

À propos de LANCOM, le fait qu'un corpus rassemblant des scènes jouées en néerlandais langue maternelle n'ait jamais été constitué étonnera. Le projet était annoncé (voir Flament et Debrock 1996 : 8), mais il n'aura jamais vu le jour. Pourtant, disposer d'un tel point de comparaison eût été utile, car celui-ci nous aurait permis de déterminer si le comportement de nos informateurs néerlandophones provenait d'un artefact pédagogique[29] ou d'un transfert en langue seconde de manières de dire propres à la langue maternelle. L'idée nous était chère personnellement, mais nous n'avons jamais réussi à la faire passer auprès de nos collègues flamands. On pourrait certes alléguer que chacun était pris dans une logique de travail et dans un cadre institutionnel qui ne se prêtaient pas à l'opération[30]. Pourtant, cette explication suffit-elle ? N'y avait-il peut-être pas aussi pour nos collègues flamands une difficulté à regarder le néerlandais parlé en Belgique néerlando-

29. Soulé-Susbielles (1984 : 34) signale par exemple que, " dans beaucoup de classes [...] l'apprenant reproduit le schéma auquel le professeur l'a habitué : petites questions sur les parties constituantes de la phrase ".
30. De notre côté en effet, notre séjour à la K.U. Leuven sera de courte durée et limité à l'année 1993/1994. Quant à Raymond Gevaert qui a été de 1993 à 1995 notre coéquipier didacticien dans toutes les sessions de formation organisées à l'intention des enseignants, ce collège n'avait pas statut de chercheur. En outre, au plan didactique, LANCOM avait déjà, sans qu'il soit nécessaire de pousser encore plus loin les investigations, mis rapidement en évidence nombre d'éléments susceptibles d'être immédiatement réinvestis dans des pratiques pédagogiques concrètes. Enfin, ce qui depuis vingt ans intéressait Mark Debrock dans le domaine de la recherche, ce n'était pas l'analyse d'interactions verbales menée dans une perspective interculturelle, mais la constitution et l'exploitation de corpus automatisés de français parlé. Furent même par la suite ajoutées à LANCOM cinq heures d'enregistrements réalisés en Wallonie, dont une heure et demie fut retranscrite. Chacun était donc pris dans des inscriptions institutionnelles et des projets différents.

phone tel qu'il l'était vraiment[31], de la même façon que les Français de France ont mis longtemps à consentir à s'intéresser à leur français parlé et à admettre qu'il était effectivement tel que les descriptions des linguistes le donnaient à voir ? Avait en tout cas prévalu dans ce projet une logique de l'action et c'est ce qui nous avait plu dans cette entreprise.

---

31. Comme le rappellent Vandeputte et Fermaut (1997), pendant longtemps, tant sous les dominations espagnole, autrichienne que française, c'est le français qui a joué le rôle de langue officielle. Étaient alors parlés en Flandre belge de nombreux dialectes néerlandais, peu prisés par les élites qui, juqu'à il y a encore peu de temps, étaient francophones, même si elles étaient issues de la partie néerlandophone du pays. .

Références bibliographiques

ARTICLES ET OUVRAGES

ANSCOMBRE, J.-C. (1981) : " Marqueurs et hypermarqueurs de dérivation illocutoire : notions et problèmes ", in *Cahiers de linguistique française*, 3, Université de Genève, p. 75-125.

ANSCOMBRE, J.-C. (1985) : " Grammaire traditionnelle et grammaire argumentative de la concession ", in *Revue internationale de philosophie*, 155, Université Libre de Bruxelles, p. 333-350.

ANSCOMBRE, J.-C. & DUCROT, O. (1988, 2 éd.) : *L'argumentation dans la langue*, Liège, P. Mardaga éd. (Coll. Philosophie et langage).

BESSE, H. (1985) : *Méthodes et pratiques des manuels de langue*, Paris, Didier-Crédif.

BESSE, H. (1995) : " Ferdinand Brunot, méthodologue de l'enseignement de la grammaire du français ", in *Histoire Épistémologie Langage*, XVII/1, Paris, Université de Paris 7, p. 41-74.

BEACCO, J.-C. (1980) : " Compétence de communication : des objectifs d'enseignement aux pratiques de classe ", in *Le français dans le monde*, 153, Paris, Hachette, p. 35-41.

BEACCO, J.-C. (1989) : " Un rendez-vous manqué ? Théories du discours et grammaire en didactique du français langue étrangère ", in *Le français dans le monde*, recherches et applications, numéro spécial " Et la grammaire ", Paris, Hachette, p. 138-147.

BERARD, E. (1991) : *L'approche communicative : théorie et pratiques*, Paris, CLE International (Coll. Didactique des langues étrangères).

BINON, J. (2000a) : " Van amateurische tot academische lerarenopleiding : een verhaal van groeiende professionalisering ", in *Romaneske*, XXV/ 2, publication de l'Université de Louvain - K.U. Leuven, p. 25-40.

BINON, J. (2000b) : " Twintig jaar Vlaamse scholenroute ", in *Romaneske*, XXV/ 3, publication de l'Université de Louvain - K.U. Leuven, p. 20-45.

BLANCHE-BENVENISTE, C. (1996) : " De l'utilité du corpus linguistique ", in *Revue française de linguistique appliquée* I-2, Amsterdam, Éditions De Werelt, p. 25-42.

BLANCHE-BENVENISTE, C. (1997) : *Approches de la langue parlée en français*, Gap-Paris, Ophrys.

BORILLO, A. (1979) : " La négation et l'orientation de la demande de confirmation ", in *Langue française*, 44, Paris, Larousse, p. 27-41.

BOUCHER, A.-M. et al. (éds, 1986) : *Propos sur la pédagogie de la communication en langues secondes*, Montréal, Publication du CEC/ CEP CEL (Centre Éducatif et Culturel, Centre d'Études sur la Pédagogie de la Communication en Langues Secondes).

BRUNOT, F. (1909) : *L'enseignement de la langue française*, Paris, Armand Colin.

CICUREL, F. (1985) : *Parole sur parole, le métalangage en classe de langue*, Paris, CLE International.

COVENEY, A. (1996) : *Variability in spoken French. A sociolinguistic study of interrogation and negation*, Exeter (GB), Elm Bank Publications.

DEBROCK, M. (1991) : " La situation actuelle du français en Flandre ", in *Romaneske*, XVI/ 3, publication de l'Université de Louvain - K.U. Leuven, p. 70-73.

DEBROCK, M. (1997) : " Kanttekeningen bij de Vernieuwde lerarenopleiding " in *Romaneske*, XXII/ 2, publication de l'Université de Louvain - K.U. Leuven, p. 15-18.

DEBROCK, M. (2000) : " Het Frans in Vlaanderen. Vreemd en toch nabij ", in *De Franse Nederlanden*, publication de la fondation " Stichting Ons Erfdeel vzw ", Rekkem (Belgique), 25ste Jaarboek, p. 74-94.

DEBROCK, M. & FLAMENT-BOISTRANCOURT, D. & GEVAERT, R. (1999) : " Le manque de " naturel " des interactions verbales du non-francophone en français: analyse de quelques aspects à partir du corpus LANCOM ", in *Faits de langues*, 13, Gap-Paris, Éditions Ophrys, p. 46-56.

DEBROCK, M. & MERTENS, P. & TRUYEN, F. & BROSENS, V. (2000) : " ELICOP (Étude LInguistique de la COmmunication Parlée) : constitution et exploitation d'un corpus de français parlé automatisé ", in *Preprints van het Departement Linguistiek*, 172, publication de l'Université de Louvain - K.U. Leuven.

DEWAELE, J.-M. (1999) : " Word order variation in French - interrogative structures ", in *I.T.L. Review of Applied Linguistics*, 125-126, publication de l'Université de Louvain - K.U. Leuven, p. 161-180.

FLAMENT-BOISTRANCOURT, D. (1992) : " Interlangue et grammaire locale : quelques aspects du morphème si ", Communication au Colloque Anefle (Grenoble, novembre 1989), in Jaussaud, A.-M. & Pétrissans, J. (éds.), *Grammaire et français langue étrangère*, Publication de Anefle, p. 151-161.

FLAMENT-BOISTRANCOURT, D. (1993) : " Café de Colombie ou café de la Colombie ? Étude de deux types de constructions en N_1 de N_2 : celles à N_1 syncatégorématiques et celles à N_2 noms de pays ", Communication au colloque " Le français langue étrangère de 0 à 300h " (Angers, juin 1991), in Coubard, F. & Roch, S. éds., Le F.L.E. de 0 à 300h, publication de l'Université catholique d'Angers, p. 91-113.

FLAMENT-BOISTRANCOURT, D. (1994) : "Théories, données et pratiques en français langue étrangère de 1950 à aujourd'hui : bilan et perspectives ", in Flament-Boistrancourt D.(éd.), *Théories, données et pratiques en français langue étrangère*, Villeneuve d'Ascq, Presses Universitaires de Lille (Coll. U.L. 3), p. 19-38.

FLAMENT-BOISTRANCOURT, D. & DEBROCK, M. (1996) : " Le corpus LANCOM : bilan et perspectives ", in *I.T.L. Review of Applied Linguistics*, 111-112, publication de l'Université de Louvain - K.U. Leuven, p. 1-36.

FLAMENT-BOISTRANCOURT, D. & DEBROCK, M. (1997) : " L'acte de question dans des scènes d'embauche à partir d'un corpus différentiel (francophones vs apprenants néerlandophones de français) ", in *Revue PArole*, 2, publication de l'Université de Mons-Hainaut, p. 93-120.

FLAMENT-BOISTRANCOURT, D. & CORNETTE, G. (1999) : " Bon français ou vrai français ? Une étude de l'acte de question menée à partir d'un extrait du corpus LANCOM : les scènes dites du baby-sitting ", in *Travaux de Linguistique*, 31, " Sémantique, interprétation et effets syntaxiques ", Éditions Duculot, Louvain-la-Neuve, p. 119-153.

FLAMENT-BOISTRANCOURT, D. (2000) : *Productions langagières de non-natifs, recherches linguistiques et enseignement du français L2*, mémoire d'habilitation (dir. Mme C. Noyau), Université Paris X-Nanterre, 222 p..

FLAMENT-BOISTRANCOURT, D. (2001, à par.) : " Jeux de rôles et discours d'enseignants en Belgique néerlandophone : analyse d'un *double bind* ordinaire ", in *Langue française*, 129, Paris, Larousse.

FRANCART, M. (1995) : " Nef des fous ou radeau de la Méduse ? Les conflits linguistiques en Belgique ", in Fattier, D. & Gadet, F. (éds.), in *Linx*, 33, " Situations du français ", publication de l'Université Paris X-Nanterre, p. 31-46.

GADET, F. (1989) : *Le français ordinaire*, Paris, Armand Colin.

GERMAIN, C.& SEGUIN, H. (1998) : *Le point sur la grammaire*, Paris, CLE International (Coll. Didactique des langues étrangères).

GOYENS, M. (1994) : *Émergence et évolution du syntagme nominal en français*, Berne, Peter Lang (Coll. Sciences pour la communication).

GRANDCOLAS, B. & VASSEUR, M.-T. (1999) : *Conscience d'enseignant, conscience d'apprenant : réflexions interactives pour la formation*, Socrates/Lingua Action A n° 25043-CP-2-97-FR-LINGUA-LA.

HYBERTIE, C. (1996) : *La conséquence en français*, Gap-Paris, Éditions Ophrys.

KERBRAT-ORECCHIONI, C. (éd., 1991) : *La question*, Presses Universitaires de Lyon.

KERBRAT-ORECCHIONI, C. (1996) : *La conversation*, Paris, Seuil (Coll. Mémo).

LARSSON RINGQVIST, E. (1998) : " L'art de formuler une question : les constructions interrogatives dans le français des apprenants suédois ", in *Rapporter från Högskolan i Växjö - Humaniora*, 3, publication de l'Université de Växjö (Suède), p. 1-38.

LEEMAN, D. (1982) : " La difficulté d'élaborer une leçon de grammaire quand on a été initié à la linguistique ", in *Langue française*, 55, Paris, Larousse, p. 45-65.

LEEMAN, D. (1994) : " Une approche de la grammaire au collège ", in *Le français aujourd'hui*, 105, Paris, Revue de l'Association française des enseignants de français, p. 84-97.

LEON, J. (1992) : " Interrogation totale en est-ce que et couple question-réponse dans un corpus de débats politiques ", in *Journal of French Language Studies*, 2, Cambridge University Press, p. 207-237.

LOMHOLT, J. (1983) : *Syntaxe des noms géographiques en français contemporain*, publication de l'Université de Copenhague, Revue romane, 25 (coll. Numéros supplémentaires).

MOIRAND, S. (1982) : *Enseigner à communiquer en langue étrangère*, Paris, Hachette.

SEARLE, J. (1969) : *Speech acts : an essay in the philosophy of language*, Cambridge, Cambridge University Press.

SEARLE, J. (1979) : *Expression and meaning : studies in the theory of speech acts*, Cambridge, Cambridge University Press.

SELINKER, L. (1992) : *Rediscovering interlanguage*, London–New-York, Longman (Coll. Applied Linguistics and Language Studies).

SOULE-SUSBIELLES, N. (1984) : " La question: outil pédagogique dépassé ?", in *Le français dans le monde*, 183, Paris, Hachette, p. 26-34.

TRAVERSO, V. (1999) : *L'analyse des conversations*, Paris, Nathan-Université.

VANDEPUTTE, O. & FERMAUT, J. (1997) : *Le néerlandais, langue de vingt millions de Néerlandais et de Flamands*, publication de la fondation " Stichting Ons Erfdeel vzw ", Rekkem (Belgique)

WIERZBICKA, A. (1991) : *Cross-cultural pragmatics : the semantics of human inter action*, Berlin - New-York, Mouton de Gruyter (Coll. Trends in linguistics).

WILLEMS, D. (1997) : " Le français en Flandre ", in Blampain, D. & Goosse, A. & Klinkenberg, J.-M. & Wilmet, M. (éds.), in *Le français en Belgique*, Duculot, Louvain-la-Neuve, p. 259-272.

YULE, G. (1996, 4th ed. 1998) : *Pragmatics*, Oxford, Oxford University Press (Coll. Series Editor H.G. Widdowson).

MANUELS

ARENS, C. & DE CLERCQ, F. & DE PESSEMIER J. & DEVEUGLE, A. & VANHE MELRIJK F. & VAN HESE, G. (1997) : *Parcours 1, Frans 1ste jaar SO*, Kapellen, Uitgeverij Pelckmans.

ARENS, C. & DE CLERCQ, F. & DE PESSEMIER J. & DEVEUGLE, A. & VANHEMEL RIJK F., VAN HESE, G. (1998) : *Parcours 2, Frans 2de jaar SO*, Kapellen, Uitgeverij Pelckmans.

ARENS, C. & DE CLERCQ, F. & DE PESSEMIER J. & DEVEUGLE, A. & VAN BELLE, R. & VAN HESE, G. & VAN PETEGHEM, A. & WILLEMSE, J. (1999a) : *Parcours Bleu : Frans 3de jaar SO*, Kapellen, Uitgeverij Pelckmans.

ARENS, C. & DE CLERCQ, F. & DE PESSEMIER J. & DEVEUGLE, A. & VAN BELLE, R. & VAN HESE, G. & VAN PETEGHEM, A. & WILLEMSE, J. (1999b) : *Parcours Couleurs : Frans 3de jaar SO*, Kapellen, Uitgeverij Pelckmans.

ARENS, C. & DE CLERCQ, F. & DE PESSEMIER J. & DEVEUGLE, A. & VAN BELLE, R. & VAN HEMELRIJCK, F. & VAN HESE, G. & & VAN PETEGHEM, A. & WILLEMSE, J. (1999c) : *Parcours 3 : livre du professeur*, Kapellen, Uitgeverij Pelckmans.

ARENS, C. & DE CLERCQ, F. & DE PESSEMIER, J. & DEVEUGLE, A. & VAN HESE, G. & VAN HELMELRIJK, F. (1999d) : *Parcours Grammaire : premier degré*, Kapellen, Uitgeverij Pelckmans.

ARENS, C. & DE CLERCQ, F. & DE PESSEMIER, J. & VAN BELLE, R. & VAN HESE, G. & VAN DER HAEGEN, K. & VAN PETEGHEM, A. & WILLEMSE, J. (2000a) : *Parcours Bleu : Frans 4de jaar SO*, Kapellen, Uitgeverij Pelckmans.

ARENS, C. & DE CLERCQ, F. & DE PESSEMIER, J. & VAN BELLE, R. & VAN HESE, G. & VAN DER HAEGEN, K. & VAN PETEGHEM, A. & WILLEMSE, J. (2000b) : *Parcours Couleurs : Frans 4de jaar SO*, Kapellen, Uitgeverij Pelckmans.

DE CLERCQ, F. & GEVAERT, R. & LEROY, J.-L. & MATHIJS, M. (1991) : *Parcours 6*, Kapellen, Uitgeverij Pelckmans.

DE CLERCQ, F. & GEVAERT, R. & LEROY, J.-L. & MATHIJS, M. (1993) : *Parcours 5*, Kapellen, Uitgeverij Pelckmans.

FLAMENT-BOISTRANCOURT, D. & NEBIG-TORCK, D. (1988) : *La parole efficace : perfectionnement de l'expression orale*, Groningue, Wolters-Noordhoff.

É*chos du débat*

(Alliance Française de Paris, 8 décembre 2000)

Pierre Martinez (Université Paris-VIII) :
Je vais peut-être embrayer sur la question méthodologique... L'intérêt de l'enquête de Danièle et d'autres manifeste à l'évidence qu'il y a des travaux de terrain, des corpus, et que le travail est loin d'être achevé parce qu'effectivement il y a certainement à éclairer ces travaux de manières fort variées. Par exemple, tu n'as pas dit grand-chose de l'intérêt de la vidéo dans l'opération. Or, il est probable que si tu as filmé, c'est bien pour en tirer quelque chose, et ne pas avoir seulement un corpus qui aurait été magnétophonique d'origine. Il y a des croisements à faire de langue à langue. Tu soulignes l'aspect culturel, mais je crois qu'il faudrait aussi revenir probablement au mode d'apprentissage du français, tel qu'il a été effectué par ces gens, par ce groupe. On n'a pas de groupe témoin, on n'a pas d'opposition par sexe : il faudrait voir, étant donné ce qu'on sait quand même des stratégies très différenciées qu'il y a à cet égard, ce que ça pourrait donner... Bref, je pense que le travail est très intéressant, et demande des développements que tu as envisagés, mais que tu n'as pas pu réaliser...

Danièle Flament :
Exactement. Le projet était énorme. On a eu certes des crédits : de la Communauté flamande, de l'Université de Louvain (Leuven), de l'Ambassade de France. Il y a eu 16 mémoires de fin d'études entrepris sur ce corpus et dirigés par Mark Debrock qui était responsable du projet, mais, comme toujours en pareil cas, il faut, pour pouvoir faire le tour de tout, toujours plus de moyens. Le corpus en néerlandais par exemple, j'y ai pensé tout de suite, mais Louvain était dans d'autres projets (la constitution de corpus automatisés de français parlé). Peut-être que si j'étais restée à Louvain plus longtemps, ça se serait fait quand même. C'est toujours difficile à dire.

Pierre Martinez :
Je voudrais aussi souligner l'intérêt qu'il y a à coupler observation et élaboration de matériel pédagogique ou/et formation. Je m'inscris un petit peu en faux contre ce que disait Claude Germain tout à l'heure, ou alors je l'ai mal compris, sur cette opposition qu'il y aurait, ou cette différenciation qu'il y aurait à faire entre empirisme et théorisation. On est là dans un lieu où l'une et l'autre vont opérer, en tout cas il faut l'espérer, qu'ils opèrent de bonne manière, puisqu'il s'agit finalement de produire des manuels et de donner accès à des méthodologies.

Jan Goes (Université d'Artois) :
Ce n'est pas vraiment une question... Je suis belge, néerlandophone... Tout simplement pour confirmer que votre conversation téléphonique en français ressemblait quand même à une conversation en néerlandais transposée en français...

Danièle Flament :
Je vous remercie. C'est gentil de le dire. C'est en fait exactement ce que j'ai pensé à chaque fois. D'où ma frustration de ne pas avoir réussi à convaincre mes collègues flamands de filmer en néerlandais. Ça rejoint ce que Pierre disait tout à l'heure : il y a aussi, je crois, outre le linguistique, les aspects sociaux et les aspects psychologiques. En fait, et je pense, Jan, que tu ne me contrediras pas sur ce point, pendant très longtemps, en Flandre, le français s'est quand même un peu appris en refoulant le flamand, qui n'était pas considéré, du moins chez les générations plus âgées que la nôtre, comme une langue susceptible de permettre une progression sociale. Dominique Willems en parle très bien d'ailleurs dans un très beau livre sur le français en Belgique. J'avais donc peut-être touché à des points sensibles, qui n'avaient rien à voir avec le linguistique, mais qui étaient de l'ordre du social et du psychologique.

Hélène Huot (Université de Paris VII) :
Les prises de contact ou les introductions du type Bernard Pivot " *Bon, alors, écoutez* ", n'est-ce pas un aboutissement qui nécessite que l'on passe par ce que vous avez appelé " les phrases " ? Il est très difficile de se mettre à parler ainsi de but en blanc parce qu'on a l'impression qu'il faut dire des bouts. Moi, je crois qu'il est plus simple, même psychologiquement, de commencer par des phrases simples qu'on a l'impression de dominer, parce que les incessantes ruptures conversationnelles sont très dures à suivre et à maîtriser. Donc, n'y aurait-il pas aussi une sorte de séries d'étapes nécessaires et sécurisantes pour les apprenants ?

Danièle Flament :
Là, je crois en fait qu'il y a deux niveaux à distinguer. Le premier niveau, et ça a été notre problématique : en quoi l'expression orale du non-natif manquait-elle de réalisme ? Là, on a vu qu'elle manquait de réalisme pour la raison que vous signalez, pour ce que Melcuk signale souvent aussi, par exemple l'absence de " phrasèmes ". Dans les enregistrements réalisés à l'agence de voyages à côté de chez moi, on avait toujours des choses du genre : " *Niveau prix, ça donne quoi ? Niveau tarifs, ça donne quoi ? Niveau horaire, ça donne quoi ?* " Le " Ça donne quoi ? " fonctionnait comme un bloc, un phrasème, et en tête il y avait une thématisation. Donc je pense que c'est ce type de structure qui,

entre autres, fait que ça ressemble à ce que fait le francophone et qui, en outre, en raison des accents d'intensité alors mis en place, fait que l'essentiel du message est vite perçu. Mais Mme Huot, je suis par ailleurs d'accord avec vous : j'ai appris deux langues, l'anglais et le néerlandais. J'ai appris l'anglais de façon très traditionnelle et le néerlandais en immersion, avec des approches plus ou moins communicatives. Or, je suis très sûre de moi en anglais, alors qu'en néerlandais, j'hésite toujours. Pourtant, affectivement, la langue du cœur pour moi, c'est plutôt le néerlandais. Mais, j'ai toujours une hésitation : " Est-ce correct ? faut-il mettre ou non en à l'adjectif ? ai-je bien mis l'accent tonique ? " Tandis qu'en anglais, c'est ce que vous disiez lors de votre intervention, de bonnes méthodes traditionnelles peuvent donner de bons résultats, et peut-être d'abord des résultats psychologiques. En fait, on se sent linguistiquement plus en sécurité, parce qu'on connait la grammaire par cœur, qu'on connait des listes entières de mots, qu'on a acquis en laboratoire des automatismes, *etc*. Tandis qu'en néerlandais, j'essayais d'attraper toutes ces petites choses qui font la conversation. Donc, je tiens une conversation, mais si je devais faire un exposé universitaire, je serais beaucoup moins à l'aise. Il y a en fait deux plans à considérer. Le problème que nous nous sommes posé a été le suivant : " Qu'est-ce qui fait que, au fond, ce que nos apprenants parlent n'est pas réaliste ? C'est du bon français, mais pas du vrai français." C'est la question à laquelle nous avons essayé de répondre. Ensuite, le champ de l'intervention : " Que faut-il faire en tant que pédagogue ? " est un autre problème. Je vous avouerai que je n'ai d'ailleurs pas de réponse définitive à ce sujet.

Henri Besse :
J'avais envie de poser la même question qu'Hélène Huot, mais formulée autrement. Vous avez déploré que les pédagogues se coulent souvent dans des schémas anciens, vous avez parlé plusieurs fois du " moule de la grammaire traditionnelle ". Donc tout ça m'a l'air très mal... Il y a peut-être des raisons à ça. Une de ces raisons, c'est celle dont parle Hélène Huot, mais peut-être y en a-t-il d'autres aussi... Disons que, dans la phraséologie française, " traditionnel ", c'est ce qui n'est pas moi. Il y a des effets perlocutifs liés à " traditionnel " : c'est un terme qu'il vaudrait mieux bannir de nos analyses.

Danièle Flament :
Oui, absolument.

Anne-Michèle Gratton (Université de Montpellier) :
Vous avez vous-même donné un témoignage extrêmement intéressant : quand vous dites que vous vous sentez plus sûre en anglais, n'est-ce pas précisément parce que vous avez dans cette langue des repères en

termes de connaissances déclaratives ? J'essaie de travailler sur ce qu'Anderson appelle la " procéduralisation " des connaissances déclaratives. Est-ce qu'il n'y aurait pas un intérêt fondamental à ce qu'il y ait *input* déclaratif avant tout essai de procéduralisation simulée ? Car il n'y a pas procéduralisation, naturellement, pour l'apprenant.

Danièle Flament :
Pendant longtemps ces dernières années, l'apprentissage des langues a été lié au côté productif. L'idée était qu'il fallait que l'apprenant parle le plus possible. Dans son dernier petit ouvrage sur *Second Language Acquisition*, publié dans la collection d'introductions dirigée par Widdowson chez Oxford University Press, Ellis aborde le problème. Il dit que, pendant des années, on a privilégié la production, alors qu'il n'est pas du tout évident qu'on ne puisse pas progresser (et peut-être de façon plus efficace) dans un apprentissage en travaillant sur la compréhension. Si je peux me permettre de revenir à mon cas personnel, en ce moment, pour améliorer mon néerlandais, j'écoute des cassettes dans ma voiture. J'essaie de mieux et de tout comprendre, parce que je me rends compte que mon handicap en néerlandais en matière d'expression se trouve au niveau de choses que je n'ai jamais assez bien distinguées au plan de la compréhension et pas au plan de la production, puisque par ailleurs je n'ai pas de problèmes d'expression dans la vie courante et que l'on ne me fait jamais répéter, ce qui d'ailleurs m'étonne toujours. Bien entendu, ceci va complètement à contre-courant de toutes les méthodologies communicatives actuelles, basées sur un peut-être très rousseauiste et libertaire : " Il faut les faire parler ! " et qui pour le coup, Madame Huot, ne marche pas du tout avec des apprenants asiatiques parce qu'en Asie, culturellement, il est impossible qu'un élève puisse occuper ainsi le terrain de la parole.

Activité langagière et pédagogie du projet

AGNÈS BRACKE
ÉQUIPE TELANCO
UNIVERSITÉ DE BORDEAUX 3

Notre contribution s'inscrit dans le prolongement de la problématique développée par Henri Portine dans ce même numéro. En effet, nous considérons que l'acquisition d'une langue étrangère (et plus particulièrement du français) suppose de la part de l'apprenant un travail articulant données pragmatiques et données structurelles de la langue, ce que nous formulons sous le terme d'" activité langagière ". Cette dernière met en avant le rôle actif de l'apprenant dans la structuration de cette langue étrangère, ainsi que celui, constitutif, du contexte interactif dans lequel est effectué cet apprentissage. Nous proposons d'analyser ce processus d'apprentissage/acquisition dans une pratique de classe particulière : le projet pédagogique. Pour ce faire, nous aborderons, dans un premier temps, les aspects théoriques et pratiques qui sous-tendent la pédagogie du projet, et ce dans le souci de montrer qu'elle répond aux mécanismes cognitifs et langagiers mis en jeu dans l'acquisition. Toutefois cette démarche, en privilégiant la dimension interactive de l'acquisition mais aussi de l'enseignement, nous amène à repenser les relations existantes entre les trois composantes du triangle didactique au sein même de la situation d'enseignement ainsi que dans le cadre général de la recherche en didactique des langues étrangères.

La pédagogie du projet au sein de la classe de FLE

QU'ENTEND-ON PAR PÉDAGOGIE DU PROJET ?

En didactique des langues, la pédagogie du projet consiste en un processus d'enseignement/apprentissage privilégiant la **dimension pragmatique du langage** et donc l'**activité langagière des apprenants**. Ainsi les différents contenus d'enseignement (grammaire, lexique) trouvent leur efficience dans la mise en œuvre de projets pédagogiques centrés autour d'un objectif principal, la " compétence de communication ". L'appropriation d'une langue étrangère, dans ce contexte, repose non pas sur l'accumulation de savoirs linguistiques coupés de la pratique, mais sur un ensemble de savoirs linguistiques et savoir-faire communicatifs interdépendants. En intégrant l'usage fonctionnel des savoirs à acquérir, la pédagogie du projet conçoit l'enseignement de la langue en termes de " système " qui englobe l'ensemble des compétences susceptibles d'être mobilisées dans et par la pratique d'enseignement.

Cette conception de l'enseignement, fondée sur l'articulation de savoirs linguistiques et de savoir-faire communicatifs, est présente dans l'approche communicative. Toutefois, dans les pratiques de classe l'approche communicative fonctionne sur des simulations de situations qui restent artificielles car souvent reliées par les apprenants au contexte particulier qu'est la classe. Pour sa part, la pédagogie du projet intègre dans son fonctionnement la **dimension socio-culturelle de l'apprentissage** des langues, en inscrivant les apprenants dans un véritable contexte social, plus large que celui de la classe. En effet le projet doit faire l'objet d'une réalisation pratique, concrète, dont l'utilité sociale est authentique (par exemple : un journal, un voyage linguistique, une exposition). Ainsi les savoirs scolaires sont-ils articulés avec les savoirs sociaux et les apprenants sont de véritables acteurs sociaux.

Enfin, l'inscription de l'apprenant dans un projet fait de lui l'acteur principal de son apprentissage. Il doit construire ses connaissances pour mener à bien l'objectif visé, c'est-à-dire résoudre un certain nombre de problèmes rencontrés au fur et à mesure de l'évolution du projet. Ces sous-objectifs, intégrés à un ensemble, vont permettre à l'apprenant de **structurer les savoirs acquis** progressivement.

En résumé, nous pourrions dire que **la pédagogie du projet donne du sens aux apprentissages, au double sens de signification** (activités finalisées, c'est-à-dire inscrites dans un projet socio-culturel) **et de direction** (apprentissages favorisant la structuration des connaissances et non l'accumulation de savoirs).

L'ÉLABORATION D'UN PROJET PÉDAGOGIQUE

Un diagnostic pédagogique fondé sur une analyse correcte de la situation

Le point de départ d'un projet pédagogique est nécessairement l'identification du public : publics *captifs* ou *contraints* des établissements d'enseignement général (distinction établie par R. Galisson) ou publics *spécifiques*, c'est-à-dire demandeurs de formation spécialisée. La description du public prend en compte les caractéristiques socio-culturelles des apprenants et permet de poser un diagnostic de leurs besoins langagiers, ces derniers étant la pierre angulaire du projet en tant qu'édifice.

Le diagnostic pédagogique doit aussi porter sur la réalité institutionnelle, c'est-à-dire la politique de l'établissement. Le projet d'établissement détermine les orientations et finalités éducatives à partir des directives et instructions officielles. Les axes privilégiés par l'établissement sont concrétisés sous forme d'actions dont certaines concernent l'ouverture sur le monde socio-culturel donnant des opportunités pour la mise en place d'un projet pédagogique à finalité sociale.

À partir de ce double diagnostic, l'enseignant fixe les objectifs visés dans le projet pédagogique.

Les objectifs

Les objectifs sont définis en terme de finalités données à l'enseignement c'est-à-dire de buts à atteindre : ce sont les objectifs généraux (par exemple : maitrise de la langue et intégration sociale). Ces derniers se décomposent en sous-objectifs, spécifiques ou opérationnels. Pour être opérationnel, un objectif doit être exprimé, comme le mentionnent V. et G. De Landsheere (1976), en termes de savoirs et savoir-faire à développer, de comportements attendus de l'apprenant et de performances qu'il doit réaliser. En ce qui concerne l'acquisition d'une langue étrangère, les objectifs spécifiques se composent des objectifs linguistiques (grammaticaux et lexicaux), des objectifs discursifs (l'expression orale et écrite) et des objectifs pragmatiques (les actes de langage), tous articulés autour d'un objectif thématique, le projet.

Ces deux étapes (diagnostic et définition d'objectifs) sont indispensables car elles permettent de faire passer le projet du domaine du " souhaitable " à celui du " réalisable ". Forts de ce travail de préparation, les enseignants sont plus à même de présenter leur proposition de projet au sein du groupe-classe. Car il reste un dernier aspect fondamental pour le démarrage d'un projet, à savoir sa **prise en charge par les apprenants**[1]. En effet, pour être les acteurs de leur apprentissage et donc du projet pédagogique, les apprenants doivent exprimer une certaine motivation face au projet. Aussi ce dernier doit-il faire l'objet d'une négociation entre les apprenants et l'enseignant pour que naisse ce qu'on peut appeler une " dynamique projective ".

TEMPORALITÉ ET ORGANISATION SPATIALE DU PROJET

Le projet pédagogique en tant qu'activité finalisée doit déboucher sur un produit concret. Il nécessite donc une organisation temporelle, une planification. Les acteurs du projet établissent un calendrier sur lequel sont positionnées les différentes tâches à effectuer pour réaliser l'objet ou l'événement final.

Cette gestion du temps nécessite, de la part de l'enseignant, une évaluation des tâches. En effet, certaines tâches vont exiger l'ac-

---

1. Cf. la fonction " enrôlement " (ou " adhésion ") de l'étayage brunérien.

quisition de savoirs " théoriques " indispensables pour la poursuite du projet. Les apprenants sont alors confrontés à des **situations-problèmes surgies de l'action**. Ces dernières nécessitent un travail cognitif permettant de les résoudre. On est ici dans une démarche inductive, qui va de l'acte à la pensée (cf. H. Wallon, 1942/1970) pour retourner ensuite à l'acte et faire avancer le projet.

Ce travail cognitif peut être réalisé soit par l'intermédiaire de l'enseignant qui favorisera l'acquisition de ces savoirs théoriques, soit par la formation de petits groupes au sein desquels différentes stratégies de résolution vont se confronter et s'enrichir (ce que L. S. Vygotski, 1934, nomme le *conflit socio-cognitif*). Dans les deux cas, la durée de traitement de la tâche doit avoir fait l'objet d'une évaluation de la part de l'enseignant pour ne pas retarder le projet.

De plus, la planification du projet repose sur l'agencement des différentes tâches (quelles tâches doivent-elles être terminées avant de commencer la suivante, quelles sont celles qui peuvent être effectuées en même temps ?) Elle permet aussi une distribution des tâches en petits groupes d'apprenants ou individuellement. Cette répartition sollicite un travail de responsabilisation de l'ensemble des acteurs par rapport au projet, ce qui permet de développer le savoir-être des élèves (savoir travailler en équipe, savoir prendre des responsabilités) lié au processus de socialisation.

Mais chronologie et ordre des tâches ne sont pas les seules manifestations de la temporalité. Le mouvement de la réalisation du projet n'est pas continu mais discontinu, avec des moments " intenses ", des ralentissements, des accélérations, etc.

Les modalités de travail (individuel, en petits groupes, ou en groupe-classe, avec ou sans la collaboration de l'enseignant) soulèvent une question qui reste souvent secondaire : celle de l'organisation spatiale de la classe. Elle est souvent occultée par crainte de provoquer du désordre ou de perdre du temps, toutefois elle a toute son importance en didactique des langues et en pédagogie du projet. Très rapidement, nous pouvons dire que le projet pédagogique nécessite un dispositif spatial polyfonctionnel au sein de la classe :

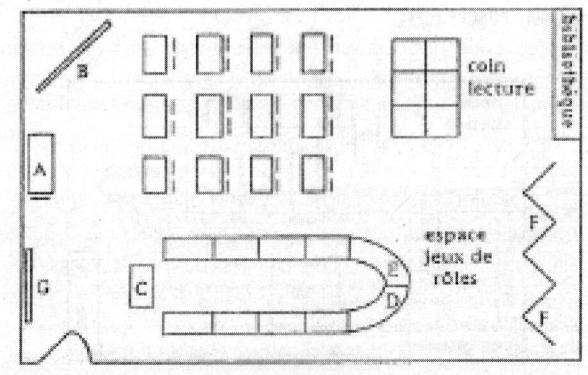

Dispositif spatial polyfonctionnel (figure empruntée à H. Portine, 1997)

Cette figure présente une possibilité d'organisation spatiale favorisant les différentes activités présentes dans une classe de langue, ainsi que les différentes séquences de travail dans un projet pédagogique : travail individuel nécessitant de la concentration ou travail en petits groupes basé sur des échanges, des confrontations et des négociations. Ce dispositif peut être mis en place dès le début du projet, ce qui répondra au problème de perte de temps ou de désordre.

MODALITÉS D'ÉVALUATION

L'évaluation porte sur deux aspects du projet : le premier concerne le produit final. Son évaluation intervient à deux niveaux. En cours de réalisation, elle consiste à respecter les échéances en fonction du calendrier établi lors du démarrage du projet. Cette évaluation est fondamentalement liée à la gestion de la temporalité du projet et donc à la réalisation des objectifs spécifiques. À la fin du projet, l'évaluation du produit final peut être effectuée par un public extérieur (dans le cas d'un journal, distribution à l'ensemble de l'établissement). Cette " exposition " est souvent perçue comme une " mise en danger " mais elle a toujours un côté gratifiant.

Le deuxième aspect du projet à évaluer concerne les objectifs d'apprentissage visés (savoirs et savoir-faire). C'est l'élément central de la pédagogie du projet même si le premier aspect ne doit pas être sous-estimé. Cette évaluation, en fin de projet (évaluation sommative),peut être effectuée par l'apprenant lui-même sous la forme d'un questionnaire individuel portant sur les acquis et sollicitant ainsi un travail réflexif de type métacognitif. Cette auto-évaluation doit être accompagnée d'un réinvestissement des différents savoirs et savoir-faire développés lors du projet dans des activités variées proposées par l'enseignant, et ce dans le but d'assurer le transfert et donc automatisation et procéduralisation des compétences (D.Gaonac'h, 1990).

L'évaluation est aussi présente de façon régulière tout au long du projet (évaluation formative). En effet, l'enseignant effectue une *guidance* individualisée orientée vers l'analyse de la démarche mise en œuvre par l'apprenant. Cette analyse est prise en charge par l'enseignant ou peut être réalisée par l'apprenant lui-même. Dans les deux cas, un travail de reformulation permet à l'apprenant d'expliciter ses réussites ou de prendre conscience du décalage existant entre sa performance et le résultat attendu. Face aux difficultés des apprenants, l'enseignant peut alors amorcer un travail de remédiation basée sur l'orientation ou la réorientation de la démarche de l'apprenant.

LES DÉRIVES

Toute la richesse de cette pédagogie est de laisser un certain degré de liberté et d'autonomie dans la constitution et la réalisation du projet. Toutefois et comme le souligne F. Tochon (1989) : " dans sa pratique quotidienne, l'enseignant est partagé entre théorie et pratique, organisation et créativité, rigidité et souplesse, rendement et écoute, facteur technique et facteur humain. "

Une attitude non interventionniste provoque l'abandon de la part de l'enseignant de son rôle de tuteur et de référent alors que la pédagogie du projet doit prendre en compte les interactions et confrontations enseignant/apprenants. De plus, privilégier la subjectivité, c'est faire passer au second plan les contenus, or l'objectif principal d'un projet pédagogique est l'apprentissage de contenus disciplinaires et de compétences générales préalablement définis.

À l'inverse, une attitude trop interventionniste peut avoir comme conséquence de réduire le projet pédagogique aux objectifs visés dans une planification trop rigoureuse mais toutefois rassurante pour l'enseignant qui ne prendrait pas en compte le caractère évolutif du projet et ne favoriserait pas une démarche ouverte et adaptable. Le produit final ne doit être pour l'enseignant qu'un biais pour favoriser les apprentissages visés. Si l'interventionnisme va jusqu'à imposer le projet, la dimension fondamentale (les apprenants se donnent un problème à résoudre) disparait au profit d'un exercice-problème (imposé) déguisé en projet.

Notre réflexion a porté jusqu'ici sur l'activité réelle générée par la pratique pédagogique du projet. Nous avons voulu montrer les exigences méthodologiques à respecter pour donner toute son efficience à cette pédagogie. Il en ressort qu'elle est une pratique féconde du point de vue de l'enseignement/apprentissage mais complexe et pavée d'incertitudes. Il nous semble que ses difficultés sont liées à la **dimension interactionnelle constitutive de la pédagogie du projet.** En effet, ce dispositif didactique met en jeu différents acteurs dans une relation d'enseignement préexistante (notion de contrat didactique de G. Brousseau, 1984) qui peut freiner la réalisation d'un projet pédagogique (cf. ci-dessous la nécessaire redéfinition des relations d'enseignement).

Les relations au sein de l'enseignement comme obstacles à la mise en place de la pédagogie du projet

LES OBSTACLES INHÉRENTS À L'INSTITUTION

Une question lancinante dans l'enseignement est de pouvoir concilier projet et programme. Il nous semble qu'elle fait écho à la relative autonomie des établissements qui sont limités dans leur démarche active par un objectif omniprésent : " boucler le programme ". La mise en œuvre de projets est souvent vécue comme perturbatrice par rapport aux savoirs programmés. Ces derniers conduisent l'organisation de l'enseignement dans une direction plus rigide, basée sur un apprentissage formel pondéré d'évaluations de type sommatives. Dans un tel contexte, l'introduction d'un projet pédagogique est vécue comme une contrainte, une difficulté supplémentaire, liée au temps et à la crainte que les objectifs spécifiques travaillés à l'intérieur du projet pédagogique ne collent pas avec ceux qui seront évalués lors des épreuves communes.

Face à ces craintes, l'institution éducative a tendance à banaliser la pédagogie du projet la ramenant à une activité socio-culturelle ou de sortie de classe (par exemple : la visite d'un journal quotidien venant clôturer un enseignement sur les différents types de textes). Ces types d'activités s'inscrivent totalement dans les objectifs d'insertion et d'ouverture sur le monde inhérents à l'éducation. Toutefois, elles ne répondent pas à la dimension pragmatique du projet pédagogique par laquelle l'apprenant, acteur dans son apprentissage, évolue dans des activités finalisées donnant du sens à sa formation.

Les obstacles inhérents à l'identité de l'enseignant

L'enseignant reprend souvent à son compte l'obstacle du programme. Ainsi a-t-il tendance à séquentialiser ses cours, s'assurant, par une évaluation sommative à la fin d'une unité d'enseignement, que les contenus (objectifs visés) ont bien été assimilés. Ce fonctionnement permet à l'enseignant de " mieux voir et savoir où il va ", c'est-à-dire de pouvoir évaluer la progression de son travail par rapport au programme, mais, par cet enseignement morcelé (activités formelles, activités communicatives), il favorise l'acquisition de savoirs parallèles qui ne permettent pas aux apprenants d'appréhender l'usage fonctionnel de ces savoirs. Il est ainsi plus difficile pour les apprenants de " voir ou savoir où eux vont ".

Dans cette organisation séquentialisée, l'enseignant s'inscrit en tant que responsable de la classe et gère les contenus véhiculés ainsi que leur progression. Il garde ainsi **le contrôle cognitif de la situation d'enseignement** en focalisant l'attention des apprenants sur l'activité traitée de façon homogène par un système rigoureux de questions-réponses. Il est d'ailleurs intéressant de remarquer que, dans la représentation schématique du triangle didactique (enseignant-apprenant-savoir), l'enseignant est toujours positionné au sommet du triangle.

Cette gestion des activités de classe par le seul enseignant n'est pas compatible avec la réalisation d'un projet pédagogique. En effet, le projet repose sur des **réalisations collectives, co-construites et négociées par les différents acteurs** du projet. Dans ce dispositif didactique, l'enseignant garde une position hiérarchique haute puisqu'il est considéré par les apprenants comme l'expert et le référent linguistique (rôles qu'il doit préserver pour ne pas faire dériver le projet). Toutefois, il perd son statut de coordinateur exclusif des différentes activités, ou plus exactement il partage cette organisation avec les différents protagonistes du projet. Ainsi est-ce la dynamique interactive du projet qui détermine les diverses activités auxquelles elle donne du sens. L'enseignant ne doit pas craindre de perdre le contrôle cognitif de la situation d'enseignement. Il doit, bien au contraire, profiter des opportunités qui surviennent dans le déroulement du projet pour atteindre les objectifs définis préalablement. Ces derniers sont alors accomplis par tous les protagonistes concernés qui gèrent ensemble les différentes activités nécessaires à la réalisation du projet.

Cette co-gestion du projet se répercute sur l'organisation spatiale de la classe. Un dispositif spatial polyfonctionnel peut être vécu par l'enseignant comme perturbateur de l'ordre social. En effet, dans un enseignement traditionnel basé sur la transmission de savoirs et la vérification du bon accomplissement de ces savoirs, un certain immobilisme spatial (les apprenants sont tous tournés vers l'enseignant, source de savoir) paraît légitime. L'enseignant contrôle, ainsi, l'ordre social dans sa relation aux apprenants par des règles de fonctionnement du type " pour poser une question, tu dois lever le doigt ". Les différentes activités qui émanent d'un projet pédagogique et les divers types de travaux qu'elles sous-tendent appellent une certaine mobilité des apprenants au sein de la classe. Pour ne pas générer de désordre cette circulation doit être régie par un contrat de communication co-construit par l'ensemble des intervenants du projet (il peut même faire l'objet d'un règlement écrit). Ce dernier a pour effet non seulement de diminuer les appréhensions de l'enseignant mais aussi de solliciter la responsabilisation des apprenants et donc leur socialisation.

Les obstacles inhérents à l'identité des apprenants

Les apprenants, en se positionnant comme " élèves ", endossent le statut de ceux qui ne savent pas et qui sont là pour apprendre (en non pas pour faire !). Ce rôle s'exprime souvent par une relative passivité de l'apprenant laissant la direction de la situation à l'enseignant (cf. le *public passif* de Galisson). Ce comportement est renforcé par ce que les didacticiens ont appelé les *règles pérennes* du contrat didactique qui régit la relation d'enseignement traditionnelle. Dans cette relation, l'apprenant est en constante évaluation de la part de l'enseignant, dans un système de " question-réponse " dans lequel l'apprenant, par souci de conformité, " déballe " le cours enseigné. Nous avons pu observer ce type de fonctionnement lors du déroulement d'un projet pédagogique qui consistait en un échange par mail entre une classe française en première année d'enseignement d'anglais et une classe canadienne apprenant le français. Les apprenants français étaient répartis en petits groupes pour produire un texte de présentation de leur ville et de leur collège. L'enseignant n'intervenait que sur sollicitation du groupe. Dans un des groupes, un apprenant a proposé, au sujet de leur collège, l'énoncé suivant : " *Our playground is bigger than your playground* ". Cette proposition n'a pas été rejetée même si l'ensemble du groupe avait conscience de la non-pertinence de cette information (au sens des maximes de Grice) : les apprenants, au contraire, semblaient assez fiers de leur travail car il leur permettait d'exprimer un savoir grammatical récemment étudié en classe. Cet exemple nous semble bien exprimer la difficulté des apprenants à identifier le destinataire de leur production : s'agit-il vraiment des élèves canadiens ? Le destinataire ne serait-il pas plutôt l'enseignant qui, grâce à un exercice déguisé, évaluera leurs prestations et sera alors satisfait par l'application de cette règle grammaticale exprimée de façon correcte par les apprenants ? Ce questionnement soulève le problème de la *définition de la situation* (J. Wertsch, 1984, B. Rogoff, 1990). Les activités des apprenants dépendent tout autant des caractéristiques objectives de la situation (dans l'exemple, l'échange avec le Canada) que de l'interprétation que les élèves se font de la situation dans le contexte particulier de la classe. J. Gumperz (cité par Schubauer-Léoni, 1997) parle de *conventions de contextualisation* pour signaler le côté coutumier des échanges interactifs entre l'enseignant et les apprenants, basé sur un système de " question-réponse-évaluation " qui rythme l'enseignement et qui fait que se constituent des *routines scolaires*. Ainsi comme le souligne M. L. Schubaeur-Léoni, le **métier d'élève** est traversé par des routines scolaires indépendamment des contenus spécifiques car " l'émergence d'une institution va de pair avec l'émergence d'actions typiques et d'acteurs typiques qui se reconnaissent comme tels tout en reconnaissant la typicalité des actions qu'ils ont à accomplir " (1997 : 16).

Il ressort de ce qui précède que la situation d'enseignement crée un contexte particulier, nourri d'attentes particulières : l'apprenant sait qu'il est là pour apprendre et que l'enseignant est là pour l'aider. Le processus d'apprentissage repose sur la médiation de l'enseignant. Le rôle de l'apprenant consiste, quant à lui, à donner une bonne interprétation des attentes de l'enseignant qui " contrôle la situation ". On pourrait dire que, dans ce contexte, l'apprentissage est " provoqué " par l'enseignant. Nous avons volontairement parlé d'obstacles inhérents au contexte d'enseignement pour insister sur le fait que cette réalité ne doit pas être ignorée mais prise en compte pour créer des conditions d'apprentissage optimales pour l'enseignement en général et pour la pédagogie du projet en particulier. Ces conditions reposent sur une lecture préalable des " habitus individuels et de groupe qui sont fabriqués au fil des histoires institutionnelles [des différents acteurs présents dans la situation d'enseignement] " (Schubauer-Léoni, 1997 : 19). Ainsi, les protagonistes impliqués dans un projet pédagogique pourront construire une définition commune de la situation décrivant explicitement le rôle et les attentes de chacun dans un contrat commun et particulier à cette situation.

Peut-on faire de la recherche dans le cadre d'une pédagogie du projet ?

Approche vygotskienne et facteurs pragmatiques dans l'acquisition d'une langue étrangère

La perspective vygotskienne est fondée sur l'idée que les processus cognitifs sont produits par des acteurs sociaux dans des activités sociales (Vygotsky, 1934). Ainsi la nature foncièrement sociale de la cognition est-elle marquée. Le facteur social n'est pas une variable extérieure au fonctionnement cognitif mais est intrinsèquement présent dans nos activités cognitives et langagières. Ces dernières sont donc situées : elles sont sous l'influence des caractéristiques objectives de la situation ou plus particulièrement de l'interprétation que les acteurs font de la situation en fonction des connaissances qu'ils ont sur le monde.

Cette approche contextuelle et interactionniste consiste en didactique des langues à accorder un rôle prioritaire pour l'acquisition à un emploi de la langue comme instrument à finalité sociale. L'apprentissage doit reposer sur des interactions signifiantes entre l'apprenant et la langue (d'où l'importance des facteurs pragmatiques), pour l'amener non pas à reproduire le système préétabli de la langue mais à construire une structure qui lui soit propre. En effet, la théorie vygotskienne considère que la structuration des connaissances ne se développe pas sur un mode séquentiel basé sur l'accumulation mais sur une re-structuration interne, par paliers, de l'ensemble des fonctions. L'accent est mis sur la responsabilité de l'apprenant dans la gestion du discours et dans l'enjeu communicatif, dépassant de ce fait la simple production de formes langagières. On passe ici d'un apprenant considéré comme simple sujet communicateur reproduisant un savoir préalablement acquis à un apprenant qui est un véritable sujet cognitif structurant qui construit sa propre relation à la langue étrangère au fur et à mesure de ses interactions avec cette langue.

La régulation facteurs pragmatiques-données automatisées

Il semble alors intéressant, en didactique des langues, de croiser cette approche socio-cognitive avec la théorie de l'énonciation de Culioli, ce qui permet de positionner l'apprenant (au sens de Vygotsky : sujet cognitif structurant) en énonciateur effectif en langue étrangère. En effet, Culioli (1990) définit l'énonciation comme " une suite d'opérations permettant de construire des valeurs référentielles à travers des systèmes de repérage par rapport à la situation d'énonciation ". Elle repose donc sur une construction progressive qu'effectue le sujet en confrontant et en ajustant son système de représentation à celui du co-énonciateur et à la situation d'énonciation, à travers des systèmes de repérage (repère de personnalité, repère de temporalité, repère situationnel et repères conceptuels).

Ce travail de repérage peut être effectué, en situation d'enseignement/apprentissage par l'intermédiaire d'activités communicatives en collaboration (*collaborative learning*) qui peuvent être du type " collaboration entre apprenants " ou du type " collaboration enseignant-apprenants " telle que la définit Vygotsky (1934) à travers le concept de " *zone proximale de développement* " et Bruner par la notion de " *scaffolding process* ". Ces auteurs insistent sur le rôle constitutif de l'expert (enseignant ou apprenant ayant un développement plus avancé) qui effectue un travail de tutelle en développant une démarche d'accompagnement, sollicitant un travail métalinguistique de l'élève sur la langue. Ainsi, les activités énonciatives, si elles sont réalisées sur un mode de collaboration, incitent l'apprenant à effectuer **un travail cognitif de type métalinguistique portant sur les opérations d'énonciation** (opérations de haut et de bas niveau), ce qui lui permettra de structurer ses compétences linguistiques et communicationnelles.

Ce travail, qui se situe sur un plan inter-psychologique (cf. la loi génétique du développement de Vygotsky, 1934), assure l'accès progressif à une certaine autonomie de la part de l'élève. Ce dernier adoptera, par la suite, une véritable " posture énonciative " faisant appel à une activité épilinguistique (Gombert, 1990) sur un plan intra-psychologique, c'est-à-dire une activité d'auto-évaluation (basée sur des opérations de haut niveau et de bas niveau, cf. Lindsay, Norman et Rumelhart) portant sur la structuration et l'ajustement de ses énoncés par rapport à la situation d'énonciation et aux objectifs visés dans la prise de parole.

POUR UNE RECHERCHE DE CE TYPE EN PÉDAGOGIE DU PROJET

En situant l'apprenant en tant qu'énonciateur, nous le positionnons en acteur de son apprentissage, acteur qui interagit dans la langue et prend en charge ses énoncés. L'apprentissage repose alors sur des résolutions de problème et sollicite un travail métacognitif et métalinguistique axé sur les stratégies de résolution mises en place par l'apprenant lui-même, en combinant les données linguistiques et pragmatiques. Au vu de ces principes théoriques, une recherche peut donc s'inscrire dans le cadre de la pédagogie du projet. Toutefois, l'analyse des données nous oblige à donner une réponse " mitigée ". En effet, il nous semble tout à fait pertinent et nécessaire de réaliser des recherches au sein même des situations d'enseignement, dans ce qu'on appelle les conditions *écologiques* du processus d'apprentissage/acquisition. Toutefois, travailler dans ce cadre oblige à rompre avec une attitude du chercheur inhérente aux situations expérimentales qui tend à " provoquer " les données en focalisant son attention sur les formes linguistiques plus que sur leur contexte d'émergence.

Ce que nous cherchons à révéler ici, c'est que si les travaux en didactique des langues et en psycholinguistique convergent actuellement ver la nécessaire prise en compte des usages linguistiques (facteurs pragmatiques), ils restent quelque peu hermétiques au fait que l'acquisition est une activité spécifique inscrite dans des activités socioculturelles spécifiques (au sens de Vygotsky). Cette dimension socioculturelle oblige à considérer l'acquisition, non pas comme un processus abstrait qui peut être appréhendé à partir des modèles généraux du chercheur, mais comme un processus engagé dans une histoire sociale et qui émerge sur un terrain social particulier régi par des règles sociales, cognitives et langagières particulières (le contrat didactique). Le chercheur doit prendre en compte cette dimension de l'acquisition, qui n'est pas une donnée extérieure ou secondaire du processus mais qui en est constitutive. Ainsi, la démarche du " chercheur sur le terrain" doit avoir comme point de départ une bonne lecture de la situation dans laquelle il intervient.

Conclusion

Notre contribution avait pour objectif de situer la pédagogie du projet au sein de l'enseignement du FLE et de la recherche en didactique des langues. Cette pratique pédagogique répond aux principes théoriques communément admis en didactique des langues (facteurs pragmatiques, sujet cognitif structurant sa propre relation à la langue dans ses interactions avec cette langue). Toutefois, notre réflexion nous a mené progressivement à souligner les enjeux didactiques qu'elle sous-tend. Il apparait qu'à chaque niveau d'analyse (la classe, la situation globale d'enseignement et la recherche), ce dispositif didactique nécessite une redéfinition de la situation dans laquelle il s'inscrit. Ce qui nous amène à conclure que les travaux en didactique des langues doivent prendre en compte non seulement les processus interactionnels constitutifs de l'acquisition, mais aussi le caractère contextuel de cette acquisition.

Références bibliographiques

BORDALLO, I. et GINESTET, J.P. (1993) : *Pour une pédagogie du projet*, Paris, Hachette éducation.

BOUTINET, J-P. (1993) : *Anthropologie du projet*, Paris, PUF.

BROUSSEAU, G. (1990) : " Le contrat didactique : le milieu ", in *Recherches en didactique des mathématiques*, vol 9/3, 309-336.

BRU, M. & NOT, L. (1990) : *Où va la pédagogie du projet ?*, Éditions Universitaires de Toulouse.

CULIOLI, A. (1990) : *Pour une linguistique de l'énonciation : Opérations et représentations*, 1, Paris, Ophrys.

DE LANDSHEERE, V. ET DE LANDSHEERE, G. (1976) : *Définir les objectifs de l'éducation*, Paris, PUF.

GAONAC'H, D. (1990) : " Acquisition et utilisation d'une langue étrangère. L'approche cognitive ", *Le français dans le monde*, numéro spécial, Paris, Hachette.

PORTINE, H. (1997) : " L'espace en didactique des langues ", in *Travaux de didactique du F.L.E*, n°37, 99-117.

ROGOFF, B, ET WERTSCH, J. W. (1984) : *Children's learning in the zone of proximal development. New directions for child development*, San Francisco, Jossey-Bass.

SCHUBAUER-LÉONI, M.L. (1997) : Sujet et conditions de possibilité du didactique, *Recherches en didactique des mathématiques*, 8-27.

TOCHON, F. (1989) : " L'atelier d'écriture : du projet aux organisateurs didactiques ", in *Pratiques*, 61, 91-107.

VASSILEF, J. (1996) : *La pédagogie du projet en formation*, Lyon, Chroniques sociales.

WALLON, H. (1942 /1970) : *De l'acte à la pensée*, Paris, Flammarion.

VYGOTSKI, L. S. (1934) : *Pensée et langage*, Paris, Messidor, 1985. Réédition : Éditions La Dispute, 1997.

Notes

Notes

Notes

I.S.B.N. 2.09.037100-5
Imprimé en France par I.M.E. - 25110 Baume-les-Dames
Dépôt légal : Janvier 2001 - Édition n° 01 - Collection n° 03
25/1455/2